数字经济时代
企业财务管理创新研究

张海燕 赵 暄 秦运范 著

郑州大学出版社

图书在版编目(CIP)数据

数字经济时代企业财务管理创新研究 / 张海燕，赵暄，秦运范著. -- 郑州：郑州大学出版社，2025.8.
ISBN 978-7-5773-1247-7

Ⅰ．F275

中国国家版本馆 CIP 数据核字第 2025DG3511 号

数字经济时代企业财务管理创新研究
SHUZI JINGJI SHIDAI QIYE CAIWU GUANLI CHUANGXIN YANJIU

策划编辑	王卫疆	封面设计	苏永生
责任编辑	孙理达　陈豪杰	版式设计	苏永生
责任校对	樊建伟	责任监制	朱亚君

出版发行	郑州大学出版社	地　　址	河南省郑州市高新技术开发区
经　　销	全国新华书店		长椿路11号(450001)
发行电话	0371-66966070	网　　址	http://www.zzup.cn
印　　刷	河南新华印刷集团有限公司		
开　　本	710 mm×1 010 mm　1 / 16		
印　　张	16.75	字　　数	350千字
版　　次	2025年8月第1版	印　　次	2025年8月第1次印刷
书　　号	ISBN 978-7-5773-1247-7	定　　价	69.00元

本书如有印装质量问题，请与本社联系调换。

前　言

在全球经济数字化浪潮的推动下,企业财务管理正在经历前所未有的变革。随着大数据、人工智能、区块链等新兴技术的飞速发展,传统的财务管理模式正逐渐被更为智能化、自动化的系统所取代。数字经济时代,财务管理已不再局限于会计核算和财务报告的职能,智能财务管理不仅承担着优化资源配置和风险管控的职责,还为企业的战略决策提供了实时的数据支持和预测分析。面对瞬息万变的市场环境和日益复杂的全球竞争,财务部门必须从传统的"核算中心"转型为"决策支持中心"。

本书旨在系统地梳理和探讨数字经济背景下企业财务管理的创新路径,分析智能财务系统对财务流程、风险管理、资金优化及战略决策的深远影响,并为企业在这一变革中的实施策略提供指导。

全书共分为十章,围绕数字经济与财务管理的互动展开。

第一章概述了数字经济时代企业智能财务的基本内涵和发展趋势,阐述了企业财务智能化转型中面临的主要困境,并提出了应对策略。本章为后续章节奠定了理论基础。

第二章从理论层面详细讨论了数字经济对传统财务管理的冲击与机遇。通过回顾财务管理的理论基础和流程,本章深入剖析了数字经济对财务决策、预算管理、资金管理等方面的深刻影响,提出了在新经济环境下企业应如何应对这些挑战并抓住新的机会。

第三章与第四章聚焦于企业财务管理的创新设计和流程优化。在财务管理环节创新部分,探讨了数字经济环境下财务预测、预算、决策、控制及分析的创新路径;而在财务管理流程创新设计部分,重点介绍了财务规划、资金筹集、成本控制和财务报告等核心流程的优化方案,强调了智能财务系统在提升决策效率和降低运营成本方面的独特价值。

第五章重点分析了数字经济时代财务风险管理的变革。通过对财务风险识别、量化评估及控制策略的深入探讨,展现了企业在新兴技术的加持下如何实现风险管理的智能化。同时，本章还对新兴技术在财务风险管理中的应用进行了具体阐述，帮助企业提升风险应对能力。

第六章是本书的重要组成部分，探讨了大型企业在智能财务实施中的具体策略和案例分析。通过对智能财务实施框架、案例和优化方向的系统梳理，为读者提供了实践层面的借鉴和启发，并展望了未来大型企业智能财务的发展趋势。

第七章以企业财务管理模式的实践探究为主题，分享了多家领先企业在智能财务系统实施中的成功经验，展现了财务管理数字化改革的不同路径。通过这些案例分析，读者能够更深入理解智能财务在不同业务场景中的应用价值。

第八章延续了第七章的实践思路，进一步探讨了财务共享平台的建设与实施路径。财务共享模式作为智能财务的重要组成部分，能够提升企业财务流程的集成度和管理效率。本章详细阐述了共享财务的流程设计、构建步骤及运营策略，帮助企业在数字经济时代实现财务管理的集中化和智能化。

第九章着眼于企业财务数字化标准化体系的建设。数字化财务系统的成功实施离不开顶层设计与数据标准化，本章分析了制度标准化、数据标准化及应用标准化的实现路径，为企业推动业财融合提供了理论依据与实践指导。

第十章展望了企业财务管理的未来发展趋势。在全球经济环境快速变化的背景下，技术革新和企业财务转型的互动不断加深，环境、社会责任和治理（ESG）问题日益成为财务管理的重要议题。未来，财务管理将更加注重技术革新、文化建设和人才培养，逐渐向战略性、智能化和可持续性方向转型。本章通过分析全球经济环境、技术进步与财务管理的融合路径，为未来财务管理的发展趋势提供了前瞻性思考。

本书的撰写得益于当前数字经济快速发展的背景，力求从理论和实践两个层面为读者提供企业财务管理创新的系统性研究成果。我们相信，随着数字化和智能化技术的不断进步，财务管理领域将迎来更加深刻的变革，而本书的探讨和研究将为企业在这一过程中提供有益的参考和借鉴。

本书由新疆科技学院张海燕、郑州工业应用技术学院赵暄和秦运范共同撰写，其中，张海燕写作第三章、第五章和第十章，赵暄写作第一章、第六章和第八章，秦运范写作第二章、第四章、第七章和第九章。

希望本书能为从事企业管理、财务决策以及研究数字经济时代财务管理的读者提供有价值的视角和工具，帮助他们在数字化浪潮中保持竞争优势，推动企业实现长期可持续发展。

目 录

第一章 数字经济时代企业智能财务概论 …… 1
- 第一节 数字经济概述 …………………………… 1
- 第二节 智能财务的基本内涵 …………………… 10
- 第三节 企业财务智能化转型的困境分析 …… 14
- 第四节 企业智能财务建设的整体思路 ……… 19
- 第五节 数字经济时代企业智能财务的发展趋势 …………………………………………… 27

第二章 数字经济和企业财务管理基础 …… 33
- 第一节 财务管理的理论基础 …………………… 33
- 第二节 传统财务管理流程 ……………………… 35
- 第三节 数字经济对传统财务管理的挑战与机遇 ……………………………………………… 39
- 第四节 数字经济时代企业财务管理的推进方法 ……………………………………………… 45

第三章 数字经济时代企业财务管理环节创新 …………………………………………… 55
- 第一节 数字经济时代财务预测 ………………… 55
- 第二节 数字经济时代财务决策 ………………… 58
- 第三节 数字经济时代财务预算 ………………… 64
- 第四节 数字经济时代财务控制 ………………… 71
- 第五节 数字经济时代财务分析 ………………… 77

第四章　数字经济时代财务管理流程创新设计 ………… 84
　　第一节　财务规划与预算管理 ……………………………… 84
　　第二节　资金筹集与投资管理 ……………………………… 86
　　第三节　成本控制与收益分析 ……………………………… 91
　　第四节　财务报告与决策支持 ……………………………… 95
　　第五节　内部控制与审计 …………………………………… 99

第五章　数字经济时代财务风险管理 ………………………… 105
　　第一节　数字经济对财务风险的影响 ……………………… 105
　　第二节　数字经济时代的财务风险识别 …………………… 111
　　第三节　财务风险评估与量化 ……………………………… 117
　　第四节　财务风险控制与缓解策略 ………………………… 123
　　第五节　新兴技术在财务风险管理中的应用 ……………… 129

第六章　大型企业智能财务的实施与优化 …………………… 136
　　第一节　大型企业智能财务的实施背景与重要性 ………… 136
　　第二节　大型企业智能财务的实施框架 …………………… 142
　　第三节　大型企业智能财务实施的案例分析 ……………… 149
　　第四节　大型企业智能财务实施的优化方向 ……………… 155
　　第五节　大型企业智能财务实施的挑战 …………………… 160
　　第六节　智能财务在大型企业中的未来展望 ……………… 163

第七章　数字经济时代企业财务管理模式实践探究
………………………………………………………………………… 171
　　第一节　HTJT 整合财务资源数字化改革实践 …………… 171
　　第二节　BFKJ 线上费用报销管理数字化改革实践 ……… 175
　　第三节　NBYH 风险管理数字化改革实践 ………………… 180
　　第四节　HDJT 资金管理数字化改革实践 ………………… 184

第八章　财务共享:智能财务平台实施路径 ………………… 188
　　第一节　商业智能驱动的共享财务模式 …………………… 188
　　第二节　财务共享服务中心的流程设计 …………………… 195
　　第三节　财务共享服务中心的构建步骤 …………………… 200
　　第四节　财务共享平台的深度运营策略 …………………… 204

第九章　企业数字化财务的标准化体系建设 …… 210

第一节　制度标准化：数字化财务的顶层设计 …… 210

第二节　数据标准化：实现数据价值的基础 …… 216

第三节　应用标准化：数据驱动的业财融合 …… 221

第十章　企业财务管理发展趋势与未来展望 …… 231

第一节　全球经济环境与企业财务管理 …… 231

第二节　技术革新与财务管理转型 …… 236

第三节　环境、社会和公司治理与财务管理的融合 …… 240

第四节　财务人才培养与文化建设 …… 246

第五节　企业财务管理的未来展望 …… 251

结语 …… 257

参考文献 …… 259

第一章

数字经济时代企业智能财务概论

第一节 数字经济概述

一、数字经济的兴起与发展

(一)数字经济的定义与内涵

数字经济(Digital Economy)是一个涵盖广泛的经济活动数字化转型领域的概念。它超越了互联网经济或电子商务的范畴,涵盖了通过互联网进行的交易、基于大数据的分析和决策、人工智能驱动的业务流程优化,以及物联网(IoT)、区块链等技术对传统行业的改造。在这一广义框架下,数字经济不仅涉及新兴的科技企业,还渗透到制造业、服务业、金融业等传统行业的各个方面。

1. 数字经济的核心要素

数字经济的核心要素包括数据、平台和网络。数据被称为数字经济时代的"新石油",其价值不仅体现在信息的存储和传输,更重要的是通过数据分析和挖掘,提供深刻的市场洞察和决策支持。平台则是连接消费者与生产者的纽带,通过平台经济,企业可以更高效地配置资源、优化生产流程。网络则是数字经济得以运行的基础设施,它包括互联网、5G通信技术以及各类信息传输和处理系统。

2. 数字经济对传统经济的影响

数字经济不是传统经济的延伸,而是对传统经济的深刻改造。它改变了企业的运营模式、价值链结构和竞争环境。例如,电子商务平台的崛起打破了传统零售业的地域限制,使得全球市场更加一体化;大数据分析的应用,使企业能够更精准地把握市场需求和消费趋势,从而提高市场反应速度和决策的科学性。

(二)数字经济的驱动力与发展趋势

数字经济的快速发展得益于科技创新的强力驱动。随着人工智能、云计算、物联网、区块链等新技术的逐步成熟,企业在数字经济中的竞争力越来越依赖于其对这些技术的应用能力。同时,全球化和消费升级的趋势也推动了数字经济的扩展,跨境电商、数字支付和在线服务等领域的迅速发展,正是这一趋势的体现。

1.科技创新的推动力

科技创新是数字经济发展的核心动力。人工智能的普及使得企业能够通过智能算法实现业务流程的自动化和智能化;大数据技术为企业提供了海量信息分析的能力,使得市场预测和风险管理更加精准;区块链技术则为企业提供了安全、透明的交易环境,特别是在金融和供应链管理领域,区块链的应用前景十分广阔。

2.全球化与数字化的融合

全球化的加速使得数字经济不再局限于某一地区或国家,而是逐步成为全球经济的主流形式。跨境电商、全球供应链和数字支付系统的发展,使得企业能够在全球范围内高效配置资源,开拓市场。同时,数字经济的发展也促进了全球化的深化,企业通过数字技术,可以更加便捷地进入国际市场,扩大其全球影响力。

3.数字经济的可持续发展趋势

随着全球对可持续发展的关注度不断提高,数字经济的未来发展也将更加注重绿色和可持续性。一方面,数字化转型将帮助企业提高资源利用效率,减少浪费,降低碳足迹;另一方面,数字技术本身的应用也在推动可持续发展,例如,通过智能电网和智慧城市的建设,实现能源的优化配置和环境保护。

二、数字经济对企业的影响

(一)企业运营模式的数字化转型

数字经济的崛起迫使企业进行运营模式的数字化转型,这种转型不仅体现在前端的客户服务和市场营销上,还体现在后端的供应链管理、生产制造和内部管理上。数字化转型为企业带来了运营效率的提升、成本的降低和客户体验的优化,但同时也要求企业具备强大的数据处理能力和技术创新能力。

1.前端数字化:客户关系管理与市场营销

在数字经济中,客户关系管理(CRM)和市场营销的数字化已经成为企业获取竞争优势的关键。通过大数据分析,企业可以深入了解客户需求,精准定位目标市场,制定个性化的营销策略。例如,电子商务平台通过分析消费者的购物习惯,推送个性化的推荐产品,提高转化率。同时,社交媒体和数字广告也成为企业获取客户、提升品牌知名度的重要工具。

2. 后端数字化：供应链与生产管理

数字化不仅改变了企业与客户的互动方式，也深刻影响了企业的供应链管理和生产制造过程。智能供应链通过物联网、大数据和云计算的结合，实现了全流程的数字化管理，使企业能够更快速地响应市场变化，优化库存和物流管理。同时，智能制造通过工业互联网和人工智能的应用，实现了生产过程的自动化、精细化和柔性化，显著提升了生产效率和产品质量。

（二）企业财务管理的智能化演进

随着企业运营的数字化转型，财务管理也正在经历智能化的变革。智能财务通过大数据、人工智能和区块链等技术的应用，打破了传统财务管理的局限，实现了财务数据的实时处理、财务流程的自动化和财务决策的智能化。这种智能化的财务管理不仅提高了企业的财务透明度和效率，还为企业的战略决策提供了更有力的支持。

1. 财务数据的实时处理与分析

在传统财务管理模式下，财务数据的处理通常存在滞后性，导致企业无法及时获取经营活动的财务状况。而智能财务通过大数据技术，实现了财务数据的实时采集、分析和呈现，使企业能够实时监控财务状况，快速识别风险和机会，做出及时的反应。例如，通过实时监控现金流和应收账款，企业可以更好地管理流动性，降低财务风险。

2. 财务流程的自动化

智能财务的另一重要特征是财务流程的自动化。通过人工智能和机器人流程自动化（RPA），企业可以实现从账务处理、报表编制到税务申报等财务工作的自动化操作，大大降低了人工操作的错误率，提高了工作效率。同时，自动化流程的应用也释放了财务人员的时间和精力，使其能够专注于更高价值的工作，如财务分析和战略规划。

3. 财务决策的智能化支持

智能财务通过机器学习和预测分析，为企业的财务决策提供了强有力的支持。通过对历史数据和外部环境的分析，智能财务系统可以为企业提供未来趋势的预测和决策建议，帮助企业制定更加科学的财务策略。例如，智能财务系统可以根据市场变化，预测企业的收入和成本走势，优化预算编制和资金管理。

三、数字经济下企业面临的挑战与机遇

（一）数字经济带来的挑战

尽管数字经济为企业带来了诸多机遇，但它也伴随着诸多挑战。这些挑战主

要体现在技术壁垒、数据安全和人才短缺等方面。企业在进行数字化转型时,必须克服这些障碍,才能充分发挥数字经济的优势。

1. 技术壁垒与创新压力

数字经济的核心在于技术创新,企业必须不断更新和优化其技术架构,以适应快速变化的市场环境。然而,技术创新的高成本和复杂性往往成为企业数字化转型的主要障碍。尤其是对于中小企业而言,缺乏足够的技术储备和资金支持,可能导致其在数字化竞争中处于不利地位。因此,企业需要制定清晰的技术发展战略,合理配置资源,以应对技术变革带来的压力。

2. 数据安全与隐私保护

随着数字化进程的推进,数据成为企业的重要资产,但与此同时,数据安全和隐私保护问题也愈发突出。数据泄露、网络攻击和隐私侵犯等问题,不仅会对企业的声誉造成损害,还可能导致法律责任和经济损失。因此,企业在推进数字化转型的过程中,必须高度重视数据安全问题,采取有效的安全措施,如加密技术、访问控制和数据备份等,确保企业和客户的数据安全。

3. 人才短缺与技能提升

数字经济的快速发展对企业的人才结构提出了新的要求。企业不仅需要具备财务、管理等传统技能的人才,还需要具备数据分析、人工智能、网络安全等新兴技术领域的专业人才。然而,当前市场上数字化人才供不应求,人才短缺成为企业数字化转型面临的一个重大挑战。企业需要加大对员工的培训投入,提高现有员工的数字化技能,同时积极引进和培养高素质的数字化人才,以应对这一挑战。

(二)数字经济带来的机遇

虽然面临诸多挑战,但数字经济也为企业创造了前所未有的机遇。这些机遇主要体现在市场拓展、运营效率提升、客户体验优化和创新能力增强等方面。通过有效利用数字经济的优势,企业可以在激烈的市场竞争中脱颖而出,实现长期可持续发展。

1. 全球市场的拓展

数字经济打破了传统市场的地域限制,为企业提供了进入全球市场的机会。通过电子商务平台、跨境电商和全球供应链,企业可以更便捷地进入国际市场,扩大市场份额,增强全球竞争力。例如,小型企业可以通过加入全球电商平台,迅速将产品推向国际市场,实现全球销售。此外,数字支付系统和跨境物流的完善,也为企业在全球范围内进行交易和配送提供了便利。

2. 运营效率的提升

数字经济通过自动化、智能化技术的应用,大幅提升了企业的运营效率。企业可以通过智能供应链管理系统优化资源配置,降低库存和物流成本;通过智能制造技术,实现生产过程的自动化和柔性化,提高生产效率和产品质量。运营效率的提升不仅有助于企业降低成本,还能够增强企业的市场响应能力,使其在竞争中更具优势。

3. 客户体验的优化

数字经济时代,客户体验成为企业竞争的重要因素。通过大数据分析和人工智能技术,企业可以深入了解客户需求,提供个性化的产品和服务,提升客户满意度。例如,企业可以利用大数据技术分析客户的购买行为,精准推送符合其偏好的产品;通过人工智能客服系统,提供24小时在线服务,快速响应客户需求,提升客户体验。优质的客户体验不仅能够增强客户忠诚度,还能够通过口碑传播吸引更多的潜在客户。

4. 创新能力的增强

数字经济为企业带来了前所未有的创新机遇。通过云计算、物联网、人工智能等新兴技术,企业可以进行产品和服务的创新,开拓新的市场空间。例如,企业可以通过物联网技术开发智能产品,通过人工智能算法提供个性化的服务方案。创新能力的增强,使企业能够持续推出符合市场需求的产品和服务,保持竞争优势。

四、数字经济时代企业的战略调整

面对数字经济带来的挑战与机遇,企业需要在战略上做出相应的调整,以适应新的经济环境。这种调整不仅体现在技术投入上,还体现在组织结构、管理模式和企业文化的变革上。

(一)技术战略的调整

在数字经济时代,技术已经成为推动企业竞争力和可持续发展的核心动力。企业在这一环境中,必须加大对前沿技术的投入,尤其是在大数据、人工智能、区块链等新兴技术领域的研发和应用上。这不仅仅是为了满足当前市场的需求,更是为了在未来的竞争中保持领先地位。因此,企业应当制定清晰的、可持续的长期技术发展战略,建立技术创新中心,并积极与科技公司、研究机构合作,持续保持技术领先优势。

1. 技术研发与合作创新

企业在技术战略调整中,首先应重视技术研发的持续性和创新性。通过设立内部创新实验室,企业可以集中资源进行前瞻性技术的研究和开发。这些实验室不仅是技术研发的前沿阵地,更是创新文化的孵化器,鼓励员工提出和试验新想法、新技术。内部实验室的设立使企业能够在快速变化的技术环境中,始终保持敏捷性和创新性。

然而,企业内部的研发资源毕竟有限,技术研发需要耗费大量的时间和资金。

因此，企业还应当通过外部合作的方式，加速技术创新的步伐。与高校、科研机构等进行战略合作，能够将外部先进的技术和理论引入企业内部，形成产学研结合的创新模式。例如，企业可以通过联合研发项目，与合作方共同攻克技术难题，并将研发成果快速转化为商业应用。通过这种方式，企业不仅可以降低研发成本和风险，还能缩短新技术的开发周期，快速将创新成果应用到市场中。

此外，企业还可以通过并购和投资的方式获取关键技术和人才，尤其是在人工智能和区块链等新兴领域。通过并购拥有先进技术的初创企业或与之达成战略合作，企业可以迅速提升自身在某些关键技术领域的能力，扩大技术储备，增强市场竞争力。

2. 数字化基础设施的建设

在数字经济时代，企业的技术战略不仅仅局限于新技术的研发，还包括对数字化基础设施的全面建设。先进的数字化基础设施是企业数字化转型的基石，它决定了企业能否高效地处理海量数据，快速响应市场变化，以及在全球竞争中占据有利位置。

首先，企业需要投资建设高效的数据中心和云计算平台。数据中心是企业数据存储和处理的核心，必须具备高效、可靠和可扩展的特性。随着业务的不断扩展，企业的数据量将持续增长，传统的IT基础设施可能无法满足这一需求。通过建设或租用先进的数据中心，企业可以确保其数据存储和处理能力能够跟上业务发展的步伐。此外，云计算平台的引入可以进一步提升企业的计算能力和资源利用效率，支持企业的灵活性和敏捷性。例如，云计算可以支持企业按需扩展或缩减计算资源，降低IT成本，同时提高业务连续性和灾难恢复能力。

其次，企业应大力发展高速网络环境。高速网络不仅是数据中心和云计算平台正常运作的前提，也是实现企业内部和外部高效通信的关键。在全球化和远程办公日益普及的背景下，高速、稳定的网络连接能够确保员工、合作伙伴和客户之间的无缝沟通和协作，从而提高工作效率和客户满意度。

此外，信息安全基础设施的建设同样至关重要。在数字化转型过程中，企业的数据传输、存储和处理面临着越来越多的安全威胁，如网络攻击、数据泄露和内部风险。为了确保企业数据的安全性，企业必须建立全面的信息安全策略，并投资建设强大的安全基础设施。这包括数据加密技术、防火墙、入侵监测系统等一系列安全防护措施。此外，企业还需要定期进行安全审计和风险评估，确保安全策略的有效性和持续改进。

3. 技术战略的实施与持续优化

技术战略的成功不仅依赖于前期的规划和投资，还取决于其在企业内部的有效实施和持续优化。为此，企业需要建立一套完善的技术管理体系，确保技术战略能够与企业的业务目标和发展方向紧密结合，并根据市场和技术环境的变化进行动态调整。

在技术战略的实施过程中,企业应注重跨部门协作,确保技术研发、运营、市场和财务等各个部门能够通力合作,实现技术与业务的深度融合。例如,在开发新技术时,企业技术部门应与业务部门紧密沟通,了解业务需求,从而开发出真正符合市场需求的技术解决方案。此外,企业还应建立技术成果转化机制,将研发成果快速转化为产品和服务,推动技术商业化。

持续优化是技术战略得以成功的重要保障。企业应建立技术评估和反馈机制,定期审视技术战略的实施效果,评估技术投资的回报率和市场竞争力。同时,企业还应关注外部技术的发展趋势,及时调整自身的技术战略,保持技术领先优势。例如,企业可以定期召开技术战略研讨会,邀请外部专家和内部技术骨干共同讨论技术发展的方向和挑战,为战略调整提供参考。

4. 人才与文化的支撑

技术战略的实施和成功,离不开高素质的人才和创新的企业文化。企业在制定技术战略的同时,还应高度重视技术人才的培养和引进,以及创新文化的营造。

首先,企业应通过完善的人才培养机制,提升现有员工的技术能力,尤其是在大数据、人工智能、区块链等新兴技术领域的专业技能。企业可以通过内部培训、外部进修和跨部门轮岗等方式,帮助员工不断提升技能水平,适应技术发展的需求。此外,企业还应加大技术人才的引进力度,通过招聘和合作,引进具备前沿技术背景的高端人才,增强企业的技术竞争力。

其次,企业应积极营造创新文化,鼓励员工大胆创新、尝试新技术,并对有创新成果的员工给予奖励。这种创新文化的营造,不仅能够激发员工的创造力,还能够推动企业整体技术水平的提升。例如,企业可以设立内部创新基金,支持员工开展创新项目,或举办技术创新大赛,激励员工积极参与技术创新。

(二)组织结构与管理模式的调整

数字经济的迅猛发展对企业的组织结构和管理模式提出了全新的要求。传统的金字塔式管理模式由于层级繁多、信息传递缓慢,已经无法适应现代市场环境的快速变化。为了在激烈的竞争中保持竞争力,企业必须对组织结构进行调整,使其更加灵活和扁平化,同时引入适应数字经济特点的管理模式,增强企业的创新能力和市场响应速度。

1. 扁平化管理与团队协作

扁平化管理是一种通过减少管理层级来加快信息流动和决策速度的管理模式。在数字经济时代,信息的传播速度和决策的实时性变得尤为重要,传统的层级式管理结构往往阻碍了信息的有效传递和决策的迅速执行。通过实施扁平化管理,企业可以缩短信息传递的链条,使得管理层能够更快速地获取一线市场信息,从而做出更为及时的决策。

(1)信息流动与决策效率的提升。扁平化管理的一个显著优势在于,它可以显著减少信息在不同管理层级之间的延迟。这种模式下,信息可以更加直接地从业务一线传递到决策层,使得企业能够迅速了解市场动态和客户需求,并及时做出调整。例如,在一家实施扁平化管理的科技公司中,市场部门的反馈能够在极短的时间内传达到公司高层,从而使企业能够迅速调整产品策略或市场推广计划。这种快速的反应机制在瞬息万变的市场环境中显得尤为重要。

(2)跨职能团队的组建与协作。在数字经济背景下,创新往往需要多学科、多部门的协同合作。为此,企业可以通过组建跨职能团队来打破部门间的壁垒,促进内部资源的整合与协同。这些团队由来自不同职能部门的专业人才组成,围绕特定项目或目标展开工作。跨职能团队的成员可以包括研发、市场、销售、财务等多个部门的代表,他们共同负责从概念到产品的整个开发周期。

例如,一家汽车制造企业在开发新款智能汽车时,组建了一个跨职能团队,团队成员包括研发工程师、市场分析师、供应链管理人员和财务顾问。通过跨职能团队的紧密协作,该企业能够在产品设计的初期就考虑到市场需求、成本控制、技术可行性等多个方面的问题,从而有效缩短产品开发周期,并提升新产品的市场适应性和竞争力。

2. 敏捷管理与决策机制

在数字经济时代,市场的不确定性和复杂性大幅增加,企业需要具备极强的敏捷性,以应对快速变化的外部环境。敏捷管理是一种强调灵活性、快速响应和持续改进的管理方法,它能够帮助企业在快速变化的市场中保持竞争力。

(1)敏捷管理方法的应用。敏捷管理方法起源于软件开发领域,但其理念已逐渐被广泛应用于各行业中。敏捷管理强调迭代式开发、快速反馈和持续优化。在产品开发过程中,企业不再追求一次性完成所有功能的"大而全"产品,而是通过小步快跑的方式,逐步迭代产品版本,不断根据市场反馈进行优化调整。这种方法不仅缩短了产品的上市时间,还提升了产品的市场适应性。

例如,一家互联网公司在开发一款新的移动应用时,采用了敏捷开发模式。团队将开发过程分为多个小的迭代,每个迭代周期仅持续数周。每次迭代完成后,团队都会发布一个功能完善的应用版本,并根据用户反馈进行下一次迭代的功能优化。这种方法使得应用版本在短时间内获得了广泛的用户反馈,并迅速调整以满足市场需求,从而在竞争激烈的市场中获得了先发优势。

(2)数据驱动的决策机制。数字经济时代的数据量巨大且多样,如何有效利用这些数据进行决策,成为企业成败的关键。数据驱动的决策机制通过收集、分析和解读实时数据,为企业战略决策提供科学依据。与传统的经验决策相比,数据驱动的决策具有更高的准确性和时效性,可以显著降低决策过程中的不确定性。

在一个数据驱动的组织中,决策者可以通过数据分析工具实时监控市场趋势、客户行为、产品性能等多方面的数据,进而做出更加理性和精准的决策。例如,一家零售企业通过引入大数据分析平台,能够实时追踪销售数据、库存水平和客户偏好。借助这些数据,企业可以快速调整商品供应链、定价策略和营销活动,最大化销售利润并减少库存积压。此外,数据驱动的决策机制还可以帮助企业预测市场走势,制定更加长远的战略规划,确保企业在竞争中占据主动地位。

(3)敏捷管理与数据驱动决策的整合。敏捷管理与数据驱动决策并非独立存在,而是可以有机结合,形成更为高效的管理模式。在这种模式下,企业可以通过数据实时反馈,快速调整敏捷管理中的每一个迭代周期。敏捷管理的灵活性与数据驱动的精准性相结合,能够让企业在快速变化的市场中保持高度的适应性和竞争力。

例如,一家快速消费品企业在推广新产品时,结合了敏捷管理与数据驱动的决策模式。企业首先通过敏捷开发模式快速推出产品的初版,并通过市场数据分析实时监控销售情况和消费者反馈。根据这些数据,企业能够在产品推广的每个阶段迅速做出调整,如改变市场营销策略、优化产品包装设计,甚至调整产品的配方。这种灵活的管理模式使企业能够在产品上市初期迅速积累市场份额,并根据消费者需求进行产品迭代,从而在市场中占据有利地位。

(4)组织结构与管理模式调整的未来展望。随着数字经济的进一步发展,企业的组织结构与管理模式调整将更加深入。未来,企业可能会更加广泛地采用扁平化管理和敏捷管理,形成更加灵活的组织架构。同时,数据驱动决策的理念将渗透到企业管理的各个层面,成为企业制定战略和进行日常运营的重要依据。

在这种背景下,企业的领导者需要具备更高的敏捷性和更强的决策力,能够迅速识别市场机会和风险,并做出正确的战略调整。此外,企业还需持续投资于数字化技术和数据分析能力的提升,确保在未来的竞争中始终保持领先地位。

(三)企业文化与人才战略的调整

企业文化和人才是数字经济时代企业发展的重要保障。企业需要营造创新、开放和合作的企业文化,吸引并留住具备数字化思维和技能的人才,以支持企业的长期发展。

1. 创新文化的培育

数字经济要求企业具备持续创新的能力。为此,企业需要营造鼓励创新的文化氛围,激发员工的创造力和积极性。例如,企业可以通过设立创新奖、开展创意比赛等方式,鼓励员工提出创新想法,并将这些想法转化为实际项目。同时,企业还应鼓励员工跨部门合作,通过知识共享和团队协作,推动企业内部的创新。

2. 数字化人才的培养与引进

数字经济的发展对人才的要求发生了根本性变化,企业需要具备数据分析、人工智能、区块链等领域的专业人才。企业可以通过内部培训、外部引进和校企合作等方式,培养和引进数字化人才。例如,企业可以与高校合作,开展定向培养计划,提前锁定优秀毕业生;同时,企业也可以通过内部培训,提升现有员工的数字化技能,确保人才队伍与企业的发展需求相匹配。

3. 开放与合作的企业文化

数字经济下,企业的成功往往依赖于开放与合作。企业需要建立开放的企业文化,鼓励与外部企业、科研机构和政府部门的合作,形成共赢的生态系统。例如,企业可以通过建立产业联盟或创新合作平台,与合作伙伴共享资源和技术,共同推动产业的数字化转型。

第二节 智能财务的基本内涵

一、智能财务的定义

智能财务是指将人工智能、大数据、云计算、区块链等新兴数字技术与财务管理深度融合,实现财务流程自动化、智能化,提高财务决策的科学性和精准性,为企业创造更大价值的新型财务管理模式。它不仅仅是技术在财务领域的应用,更是一种理念和思维方式的转变,旨在推动企业财务管理从传统的核算型、管控型向价值创造型、战略支持型转变。

二、智能财务的特征

(一)数据驱动

智能财务以数据为核心,通过对海量财务数据和业务数据的收集、整理、分析和挖掘,为企业提供全面、准确、及时的财务信息。数据的质量和数量直接影响着智能财务的效果,因此,企业需要建立完善的数据治理体系,确保数据的真实性、完整性和可用性。

(二)技术融合

智能财务融合了多种新兴数字技术,如人工智能、大数据、云计算、区块链等。这些技术相互协作,共同为智能财务提供支持。例如,人工智能可以实现财务流程的自动化和智能化,大数据可以为财务决策提供数据支持,云计算可以提供高效的计算和存储资源,区块链可以提高财务数据的安全性和透明度。

(三)流程优化

智能财务通过对财务流程的再造和优化,实现了财务流程的自动化和智能化。传统的财务流程往往存在着烦琐、低效、易出错等问题,而智能财务通过引入自动化技术和智能化算法,可以实现财务流程的自动化处理,提高财务工作的效率和质量。

(四)价值创造

智能财务的最终目标是为企业创造价值。通过提高财务决策的科学性和精准性,优化资源配置,降低成本,提高效率,防范风险,智能财务可以为企业带来实实在在的经济效益和社会效益。

三、智能财务的构成要素

智能财务主要由智能财务技术、智能财务人员和智能财务流程三个方面构成。

(一)智能财务技术

智能财务技术涵盖人工智能技术、大数据技术、云计算技术和区块链技术。人工智能技术通过机器学习实现财务预测、风险评估和财务决策等功能,利用自然语言处理完成财务报告的自动化生成和财务数据的智能分析,借助计算机视觉达成财务票据的自动识别和财务报表的自动审核。大数据技术包括:①数据采集,通过多种渠道收集企业内部和外部的财务数据和业务数据;②数据存储,采用分布式存储技术以确保数据的安全性和可靠性;③数据分析,运用数据分析算法和工具挖掘数据中的潜在价值。云计算技术分为:①基础设施即服务(IaaS),为企业提供计算、存储、网络等基础设施资源;②平台即服务(PaaS),为企业提供开发、测试、部署等平台服务;③软件即服务(SaaS),为企业提供财务软件等应用服务。区块链技术包含分布式账本,确保财务数据的真实性、完整性和不可篡改,以及包括智能合约,实现财务交易的自动化执行和管理。

(二)智能财务人员

智能财务人员包括财务专业人员、信息技术人员和业务人员。财务专业人员需具备扎实的财务专业知识和技能,能够理解和应用智能财务技术,同时具备创新思维和战略眼光,为企业的财务管理提供战略支持。信息技术人员应具备深厚的信息技术知识和技能,能够开发和维护智能财务系统,并且具备良好的沟通和协作能力,与财务专业人员密切合作。业务人员要了解企业的业务流程和业务需求,为智能财务系统的开发和应用提供业务支持,同时具备数据分析和决策能力,能够利用智能财务系统提供的信息进行业务决策。

(三)智能财务流程

智能财务流程包含财务核算流程、财务分析流程和财务决策流程。财务核算流程通过智能财务系统实现自动化记账,自动识别和记录财务交易,达成记账的自动化,以及根据预设的模板和规则自动生成财务报表,提高报表生成的效率和准确性。财务分析流程运用大数据分析技术进行数据挖掘,挖掘财务数据中的潜在价值,为财务分析提供数据支持,同时利用人工智能技术实现财务分析的自动化和智能化,提高分析的效率和准确性。财务决策流程以数据为依据,运用智能财务技术进行财务预测、风险评估等,为财务决策提供科学依据,通过实时获取财务数据和业务数据实现财务决策的实时化,提高决策的及时性和有效性。

四、智能财务的发展历程

(一)萌芽阶段

在智能财务发展的萌芽阶段,企业初步将信息技术引入财务管理领域。会计电算化的应用使得财务人员从繁重的手工记账中解脱出来,极大地提高了财务工作的效率。财务软件的出现则进一步规范了财务核算流程,增强了数据的准确性和一致性。然而,此阶段仍存在诸多局限性。数据孤岛现象较为突出,不同部门、不同系统之间的数据难以实现有效共享和整合,导致信息流通不畅。同时,财务流程较为烦琐,虽然部分环节实现了信息化,但整体流程的优化程度有限,难以满足企业日益增长的管理需求。

(二)发展阶段

随着大数据、云计算、人工智能等新兴技术的蓬勃发展,企业对智能财务的探索逐步深入。在这一阶段,企业认识到数据的价值,着手建立数据中心。通过整合企业内部的财务数据和业务数据,打破了数据孤岛,实现了数据的共享和分析。这使得企业能够更全面地了解自身的运营状况,为决策提供更有力的支持。同时,企业积极引入自动化技术和智能化算法,对财务流程进行优化。自动化技术的应用实现了财务流程中重复性工作的自动化处理,如数据录入、凭证生成等,大大提高了工作效率。智能化算法则为财务分析和决策提供了新的手段,如通过机器学习算法进行财务预测、风险评估等。

(三)成熟阶段

进入成熟阶段,智能财务已成为企业财务管理的主流模式。企业建立了完善的智能财务体系,实现了财务流程的全面自动化和智能化。从财务核算到财务分析,再到财务决策,各个环节都充分运用了先进的技术手段。在财务核算方面,自动化记账和报表生成系统能够实时准确地反映企业的财务状况。在财务分析方面,大数据分析和人工智能技术的深度融合,使得企业能够对海量数据进行快速挖掘和分析,为决策提供精准的信息支持。在财务决策方面,科学的决策模型和实时数据的支持,提高了决策的科学性和精准性。同时,企业将智能财务与战略规划、业务运营深度融合。智能财务不再仅仅是财务部门的工具,而是贯穿于企业的各个层面,为企业的价值创造和可持续发展提供有力支持。通过对财务数据和业务数据的深度分析,企业能够更好地优化资源配置、创新商业模式、提升竞争力。

五、智能财务的应用场景

（一）财务核算与报表编制

在财务核算与报表编制方面，智能财务系统发挥着重要作用。通过自动化记账功能，系统能够自动识别和记录财务交易，实现记账的完全自动化。这不仅大大减轻了财务人员的工作负担，还提高了记账的准确性和及时性。自动化报表生成则依据预设的模板和规则，快速自动生成财务报表，极大地提高了报表生成的效率和准确性。同时，利用大数据分析技术和人工智能算法对财务报表进行深入分析，能够为企业提供全面而准确的决策支持。例如，通过分析财务报表中的各项数据指标，可以发现企业经营中的优势和不足，为企业管理层制定战略决策提供有力依据。

（二）预算管理与成本控制

智能财务在预算管理与成本控制领域也有着广泛的应用。在预算编制过程中，智能财务系统可以收集和分析历史数据和市场信息，为预算编制提供丰富的数据支持。通过对历史数据的分析，了解企业过去的经营情况和预算执行情况，为制定合理的预算目标提供参考。同时，结合市场信息，预测未来市场趋势和企业发展需求，使预算更加科学合理。预算执行监控方面，系统能够实时监控预算执行情况，及时发现偏差。一旦出现偏差，系统可以自动发出预警，提醒相关人员采取措施进行调整。在成本控制方面，运用大数据分析技术和人工智能算法，对成本进行分析和预测。通过分析成本结构和成本变动趋势，找出成本控制的关键点，为企业制定成本控制策略提供决策支持。

（三）资金管理与风险控制

智能财务为企业的资金管理与风险控制提供了强大的工具。通过智能财务系统收集和分析企业的财务数据和业务数据，可以对资金需求进行准确预测。这为资金筹集和调配提供了决策支持，使企业能够合理安排资金，避免资金短缺或闲置。在资金风险管理方面，运用大数据分析技术和人工智能算法，对资金风险进行识别、评估和预警。系统可以实时监测资金流动情况，发现潜在的风险因素，并及时发出预警，帮助企业采取相应的风险控制措施。资金优化配置也是智能财务的重要应用之一。通过系统对企业的资金进行优化配置，提高资金使用效率，降低资金成本。例如，根据企业的资金需求和收益目标，合理安排资金在不同项目和资产之间的分配，实现资金的最优配置。

（四）税务管理与合规审计

在税务管理方面，智能财务系统实现了税务申报的自动化。通过自动生成税务申报表，提高了税务申报的效率和准确性，减少了人为错误的发生。同时，运用大数据分析技术和人工智能算法对税务风险进行识别、评估和预警。系统可以分析企业的税务数据和业务数据,发现潜在的税务风险点,并及时提醒企业进行防范。在合规审计方面,智能财务系统对企业的财务数据和业务数据进行实时监控和审计,确保企业的财务活动符合法律法规和企业内部规章制度的要求。通过实时监控,及时发现违规行为,并采取相应的整改措施,保证企业的合规经营。

第三节 企业财务智能化转型的困境分析

一、企业财务智能化转型的背景与意义

(一)智能财务转型的驱动因素

随着数字经济的迅猛发展,企业的财务管理模式正在经历深刻的变革。传统财务管理以人工操作和经验判断为主,面对复杂多变的市场环境,常常显得力不从心。大数据、人工智能和区块链等新兴技术的应用,为财务管理的智能化转型提供了强大的技术支撑。然而,智能财务不仅仅是技术的简单应用,它涉及企业战略、组织结构和文化等多方面的深层次变革。

1. 技术变革的推动力

在数字经济时代,技术创新是企业财务智能化转型的主要推动力。大数据技术赋予企业强大的数据分析能力,能够从海量的业务数据中提炼出有价值的信息,支持企业的决策。人工智能技术使得财务预测和风险管理更加精准,减少了人为操作的误差。区块链技术则为财务信息的安全和透明提供了保障,特别是在跨境交易和供应链管理中,区块链的应用潜力巨大。

然而,技术的引入并不是一蹴而就的,它往往需要企业对现有的财务系统进行全面升级和改造。同时,技术的应用也对企业的人才结构提出了更高的要求,需要培养和引进具备数据分析和技术应用能力的复合型人才。

2. 市场竞争的驱动力

在全球化竞争日益激烈的背景下,企业必须通过智能化手段提高财务管理的效率和精度,以保持竞争优势。智能财务能够帮助企业更快地响应市场变化,优化资源配置,降低运营成本,提升盈利能力。特别是在跨国经营的企业中,智能财务的应用可以有效解决不同国家和地区财务管理标准不一的问题,提高全球运营的协调性和一致性。

然而,市场的推动力同时也加剧了智能化转型的紧迫性和复杂性,企业必须在快速变革中找到平衡点,既要推动财务智能化转型,又要避免对现有业务造成过大冲击。

(二)智能财务转型的战略意义

企业财务智能化转型不仅是应对数字经济挑战的必要手段,更是实现企业战略升级的重要途径。通过智能化转型,企业可以实现财务管理的自动化、数据化和智能化,提升财务决策的科学性和精准性,从而更好地支持企业的战略目标。

1. 提升决策支持能力

智能财务通过实时数据分析和智能预测,能够为企业提供更加精准的财务信息支持,帮助企业在复杂多变的市场环境中做出科学的决策。企业可以通过智能财务系统实时监控财务状况,及时发现问题并采取相应措施,减少决策失误,提高企业的整体运营效率。

2. 强化财务风险管理

智能财务系统通过大数据分析和人工智能预测,可以提前识别潜在的财务风险,并提供相应的应对策略。这种前瞻性的风险管理能力,有助于企业在风险发生之前采取预防措施,减少财务损失,增强企业的抗风险能力。

二、企业财务智能化转型面临的主要困境

尽管企业财务智能化转型具有重要意义,但在实际操作中,企业往往面临多重困境。这些困境不仅来源于技术层面,更涉及组织管理、人才培养和文化变革等诸多方面。

(一)技术应用的复杂性与挑战

1. 技术整合与系统兼容问题

企业在推进财务智能化转型过程中,面临的一个重要问题是如何将新技术与现有的财务系统进行有效整合。许多企业的财务系统由于历史原因,存在技术老化、系统分散等问题,与新兴技术的兼容性差,难以直接引入智能化解决方案。例如,传统的 ERP 系统可能无法与大数据分析平台或人工智能算法无缝对接,这就需要企业对现有系统进行改造或重构,增加了技术实施的难度和成本。

此外,智能财务系统的引入往往需要全新的技术架构,这不仅包括软硬件的升级,还涉及数据标准的统一和信息系统的重构。如果企业无法有效解决系统兼容性问题,智能财务的实施效果将大打折扣,甚至可能导致系统运行的中断和数据丢失等严重后果。

2. 数据质量与安全问题

智能财务依赖于高质量的数据支持,但在实际操作中,企业往往面临数据质量不高、数据来源不统一、数据治理机制不完善等问题。这些问题导致智能财务系统难以提供精准的分析和预测结果,影响财务决策的有效性。

此外，随着数据的重要性日益提高，数据安全问题也成为智能财务转型中的一大挑战。企业在引入智能财务系统时，必须确保财务数据在传输、存储和处理过程中的安全性，防止数据泄露和不当使用。特别是在区块链技术的应用中，虽然其具有天然的安全优势，但在实际操作中仍需面对技术漏洞、网络攻击等潜在威胁，企业需要建立完善的数据安全防护体系。

（二）组织结构与管理模式的阻力

1. 传统管理模式的惯性

智能财务转型要求企业在管理模式上进行深刻变革，而传统管理模式的惯性往往成为转型的重要阻力。传统财务管理以职能分工为基础，强调各部门各司其职，缺乏跨部门的协同和信息共享。而智能财务的实施则需要打破这种部门壁垒，实现财务信息的实时共享和全流程管理。

此外，传统管理模式下的决策过程往往依赖于经验判断和逐级审批，这与智能财务所倡导的数据驱动决策和扁平化管理存在冲突。企业在推行智能财务转型时，必须在组织结构和管理模式上进行调整，以适应智能财务的运行机制。

2. 传统企业文化的阻力

企业文化对智能财务转型的成败具有重要影响。传统的企业文化往往对变革持谨慎态度，员工可能对智能财务的引入产生抵触心理，担心智能化会取代人工、增加工作难度或导致失业。这种文化阻力会影响智能财务系统的推广和应用，降低员工的参与度和配合度。

要克服这种文化阻力，企业需要在推进智能财务转型的同时，注重文化变革，培养员工对新技术的接受度和使用意愿。通过开展培训、沟通和激励措施，企业可以逐步改变员工的观念，使其认识到智能财务对提升工作效率和职业发展的积极作用，从而提高员工的积极性和参与度。

（三）人才短缺与技能提升的难题

1. 专业人才的供需矛盾

智能财务的实施需要具备高水平的数据分析、人工智能应用和系统开发能力的专业人才。然而，当前市场上此类专业人才供不应求，特别是既具备财务管理知识又熟悉智能技术的复合型人才更为稀缺。企业在智能财务转型过程中，往往面临专业人才难以招募和留用的困境。

为解决这一问题，企业需要通过内部培养和外部引进相结合的方式，加快培养智能财务人才。企业可以通过与高校和科研机构合作，开展定向培养计划，提前锁定优秀毕业生；同时，通过内部培训和岗位轮换，提升现有财务人员的数字化技能，使其能够适应智能财务系统的要求。

2. 现有员工的技能转型难题

智能财务的引入对现有财务人员的技能提出了新的要求，传统的财务知识和操作技能已无法满足智能财务系统的需求。现有财务人员在面对智能财务系统时,可能感到技能不足,难以胜任新的工作要求,这将影响智能财务系统的有效实施。

企业需要为现有财务人员提供全面的技能提升计划,帮助他们掌握智能财务所需的技能。这不仅包括技术操作层面的培训,还涉及财务人员思维方式的转变及其数据驱动的决策意识和创新能力的提升。通过持续地学习和实践,现有财务人员可以逐步适应智能财务系统,发挥其在智能财务转型中的重要作用。

三、应对企业财务智能化转型困境的策略

虽然企业在财务智能化转型中面临诸多困境,但通过系统的策略规划和有效地执行,可以逐步克服这些挑战,实现财务管理的智能化升级。

(一)制订清晰的战略规划

企业在推进财务智能化转型时,首先需要制订清晰的战略规划。这一规划应涵盖智能财务转型的总体目标、具体步骤、资源配置以及时间表等内容。通过明确的战略规划,企业可以在转型过程中保持方向一致,避免盲目实施带来的资源浪费和管理混乱。

1. 设定明确的转型目标

企业应根据自身的业务特点和发展需求,设定财务智能化转型的具体目标。这些目标可以包括提升财务管理效率、增强财务决策的准确性、提高风险管理能力等。明确的目标可以为企业提供清晰的方向指引,确保智能财务转型围绕这些目标展开,从而实现预期的效果。

2. 制定系统的实施步骤

在制定智能财务转型的实施步骤时,企业需要考虑技术、组织、人才等多方面的因素,确保每一步的实施都具备可行性和可操作性。企业可以采用分阶段实施的策略,首先在部分业务单元或部门进行试点,在总结经验后再逐步推广至全公司。这种渐进式的实施方法可以有效降低转型风险,确保智能财务系统的平稳运行。

3. 合理配置资源与预算

智能财务转型需要企业投入大量的资源,包括资金、技术、人力等。企业应根据转型规划,合理配置资源,确保各项工作都有充足的支持。同时,企业还应制定合理的预算,控制成本,避免因过度投入导致的财务压力。在资源配置过程中,企业应优先保障关键环节的资源供给,确保转型工作的顺利推进。

(二)加强技术与数据管理

成功的智能财务转型离不开先进技术的支持和高质量数据的支撑。企业需要在技术与数据管理方面采取一系列措施,确保智能财务系统的稳定性和有效性。

1. 技术架构优化与系统整合

为了确保智能财务系统的成功实施,企业需要对现有的技术架构进行优化和升级,确保新旧系统之间的无缝衔接。企业可以采用模块化设计的方式,逐步引入和整合新技术,减少对现有系统的冲击。此外,企业还可以借助云计算技术,实现财务系统的集中化管理,提升系统的灵活性和扩展性。

在系统整合过程中,企业还应注重数据标准的统一,确保各部门、各业务单元的数据格式、口径一致,从而实现数据的高效整合和共享。通过技术架构的优化与系统整合,企业可以建立起稳定、灵活的智能财务平台,为后续的智能化管理奠定坚实基础。

2. 数据治理与安全防护

数据是智能财务的核心资产,企业需要建立完善的数据治理机制,确保数据的质量、完整性和安全性。在数据治理方面,企业应制定统一的数据标准和管理流程,规范数据的采集、处理和存储,避免数据混乱和失真。同时,企业还应通过数据清洗、去重等技术手段,提升数据的准确性和可靠性。

在数据安全方面,企业应采取多层次的安全防护措施,包括数据加密、访问控制、漏洞扫描等,防止数据泄露和网络攻击。此外,企业还应定期进行数据备份和灾难恢复演练,确保在意外情况下能够快速恢复数据,保障智能财务系统的正常运行。

(三)推动组织结构与文化变革

智能财务转型不仅是技术上的变革,更是组织和文化层面的深刻调整。企业需要通过组织结构的优化和企业文化的塑造,为智能财务系统的实施提供有力支持。

1. 优化组织结构与管理流程

智能财务转型要求企业具备更加扁平化和灵活的组织结构。企业可以通过减少管理层级、赋予基层更多的决策权来加快信息传递速度,提高决策效率。同时,企业还应重新设计管理流程,消除部门之间的信息壁垒,促进跨部门的协同合作。例如,企业可以设立智能财务办公室,专门负责协调和推进财务智能化转型工作,确保各项工作按计划顺利进行。

2. 塑造创新与合作的企业文化

文化变革是智能财务转型成功的关键。企业需要营造鼓励创新、开放合作的企业文化,增强员工对智能财务系统的认同感和参与度。企业可以通过宣传培训、内部交流和激励措施,鼓励员工积极参与智能财务转型,提出改进建议和创新方案。

在文化塑造过程中,企业还应注重培养员工的数字化思维和团队合作意识,鼓励跨部门的沟通和协作,形成全员参与、共同推进的良好氛围。通过文化的变革,企业可以为智能财务转型创造良好的内部环境,提升转型的成功率。

(四)加大人才培养与引进力度

人才是智能财务转型的核心要素,企业需要通过系统的培养和引进策略,打造一支高素质、专业化的智能财务团队。

1. 内部人才的技能提升

企业可以通过开展专项培训、岗位轮换和实战演练,提升现有财务人员的智能化技能。培训内容应包括数据分析、人工智能应用、财务系统操作等,帮助员工掌握智能财务所需的技术和知识。同时,企业还应鼓励员工通过继续教育、参加行业会议等方式,持续学习前沿技术和管理方法,保持专业素养的更新。

2. 外部专业人才的引进

在现有员工技能提升的同时,企业还需要从外部引进具备智能财务专业知识和实践经验的高端人才。企业可以通过建立人才库、合作招聘、校企合作等方式,吸引优秀的智能财务人才加入团队。此外,企业还可以与高校和科研机构合作,参与人才定向培养,为企业的智能财务转型提供人才储备。

通过内部培养和外部引进相结合的方式,企业可以逐步建立起一支强大的智能财务团队,为智能财务转型提供坚实的人才保障。

第四节 企业智能财务建设的整体思路

财务管理作为企业管理的核心环节,必须不断创新和转型,以适应数字经济的发展要求。智能财务作为一种新型的财务管理模式,将人工智能、大数据、云计算、区块链等新兴数字技术与财务管理深度融合,实现了财务流程的自动化、智能化,提高了财务决策的科学性和精准性,为企业创造了更大的价值。因此,企业应积极探索智能财务建设的整体思路,推动财务管理的创新和发展。

一、企业智能财务建设的目标

(一)提高财务管理效率

从管理学的角度来看,效率是指在特定的资源投入下实现最大的产出。在企业财务管理中,提高效率意味着以更少的时间和成本完成财务流程,从而为企业创造更大的价值。引入自动化技术和智能化算法是实现财务管理效率提升的关键途径。

自动化技术可以替代传统财务流程中的大量重复性人工操作，如数据录入、凭证生成、报表编制等。通过预设的规则和程序，自动化系统能够快速、准确地处理这些任务，大大减少了人工操作的时间和错误率。例如，采用机器人流程自动化（RPA）技术，可以模拟人类财务人员的操作，自动从各种数据源获取数据，并进行相应的财务处理。

智能化算法则进一步提升了财务管理的效率和质量。机器学习算法可以通过对历史财务数据的学习，自动识别财务模式和趋势，预测未来的财务状况，为企业的决策提供参考。同时，智能化算法还可以对财务数据进行实时分析和监控，及时发现异常情况，提高财务管理的及时性和准确性。

总之，通过引入自动化技术和智能化算法，企业能够实现财务流程的自动化处理，减少人工操作的时间和成本，提高财务管理的效率和质量，为企业的可持续发展提供有力支持。

（二）提升财务决策的科学性和精准性

在数字经济时代，企业面临着日益复杂的市场环境和激烈的竞争压力，财务决策的科学性和精准性至关重要。利用大数据分析、人工智能等技术对海量的财务数据和业务数据进行深入挖掘和分析，是提升财务决策科学性和精准性的有效手段。

大数据分析技术可以从多个维度收集和整合企业的财务数据和业务数据，包括内部财务报表、销售数据、采购数据、生产数据等，以及外部市场数据、行业数据、宏观经济数据等。通过对这些数据的清洗、整理和分析，企业可以获得更全面、准确的信息，为财务决策提供科学依据。

人工智能技术，如机器学习和深度学习算法，可以对大数据进行深入挖掘，发现数据中的隐藏模式和趋势。例如，通过建立财务预测模型，企业可以利用历史数据预测未来的销售收入、成本、利润等财务指标，为企业的预算编制、投资决策等提供参考。同时，人工智能技术还可以进行风险评估和预警，帮助企业及时发现潜在的财务风险，采取相应的防范措施。

总之，利用大数据分析和人工智能等技术，企业能够对海量的财务数据和业务数据进行深入挖掘和分析，为财务决策提供科学依据，提高决策的精准性和有效性，降低决策风险，提升企业的竞争力。

（三）实现财务与业务的深度融合

在传统的企业管理模式中，财务与业务往往存在一定的壁垒，导致财务数据与业务数据的割裂，影响了企业的决策效率和效果。从管理学的角度来看，实现财务与业务的深度融合是提高企业整体绩效的关键。

打破财务与业务之间的壁垒,首先需要建立财务数据与业务数据的实时共享和交互机制。通过信息化系统的建设,将财务系统与业务系统进行集成,实现数据的实时传输和共享。这样,财务人员可以及时了解业务活动的进展情况,为业务决策提供财务支持;业务人员也可以随时获取财务数据,了解企业的财务状况,更好地进行业务决策。

促进财务与业务的协同发展,需要建立跨部门的协作机制。财务部门与业务部门应加强沟通和合作,共同制订企业的战略规划和业务计划。财务人员应深入了解业务流程和业务需求,为业务部门提供专业的财务分析和建议;业务人员应积极配合财务部门的工作,提供准确的业务数据和信息。通过财务与业务的协同发展,企业能够更好地实现资源的优化配置,提高企业的整体绩效。

总之,实现财务与业务的深度融合,打破财务与业务之间的壁垒,建立财务数据与业务数据的实时共享和交互机制,促进财务与业务的协同发展,能够为企业的战略决策提供有力支持,提升企业的竞争力。

(四)增强企业的风险管控能力

在数字经济时代,企业面临着各种风险,如财务风险、经营风险、市场风险等。增强企业的风险管控能力是企业可持续发展的重要保障。通过建立智能风险预警系统,企业能够实时监控企业的财务风险和经营风险,及时发现风险隐患,采取有效的风险防范措施。

智能风险预警系统利用大数据分析和人工智能技术,对企业的财务数据和业务数据进行实时监测和分析。通过建立风险指标体系,系统可以自动识别潜在的风险因素,并发出预警信号。例如,系统可以通过对财务比率的分析,发现企业的偿债能力、盈利能力、运营能力等方面的问题;通过对市场数据的分析,预测市场变化趋势,及时发现市场风险。

一旦发现风险隐患,企业应及时采取有效的风险防范措施。这包括调整财务策略、优化业务流程、加强内部控制等。同时,企业还应建立健全风险管理制度,明确风险责任,加强风险培训和教育,增强员工的风险意识和应对能力。

总之,通过建立智能风险预警系统,实时监控企业的财务风险和经营风险,及时发现风险隐患,采取有效的风险防范措施,企业能够增强自身的风险管控能力,降低风险损失,保障企业的可持续发展。

二、企业智能财务建设的原则

(一)战略导向原则

从管理学的视角来看,企业的战略目标是其发展的核心指引。企业智能财务建设必须紧密围绕这一核心目标展开,为企业的战略决策提供坚实有力的支持。

在建设过程中,企业应深入分析自身的发展战略,充分考量业务模式的特点以及管理需求的具体情况。通过对这些因素的综合研判,制定出符合企业实际状况的智能财务建设方案。这一原则要求企业在智能财务建设的各个阶段,始终以战略目标为导向,确保各项决策和行动都与企业的整体发展方向保持一致。例如,若企业的战略目标是拓展国际市场,那么智能财务建设方案就应考虑如何优化跨国财务管理流程、应对不同国家的财务法规差异等问题。

(二)数据驱动原则

在当今的数字经济时代,数据已成为企业的重要资产。智能财务建设应以数据为核心,充分挖掘和发挥数据的价值。企业需要建立完善的数据治理体系,这是确保数据真实性、完整性和可用性的关键举措。通过制定数据标准、规范数据采集和存储流程、加强数据质量监控等措施,保证数据的可靠性。同时,应积极利用大数据分析、人工智能等先进技术,对数据进行深入挖掘和分析。这些技术能够从海量的数据中提取有价值的信息,为企业的财务管理和决策提供科学依据。例如,通过大数据分析可以发现销售趋势与财务指标之间的关联,为企业的预算编制和成本控制提供参考;人工智能算法可以预测财务风险,帮助企业提前采取防范措施。

(三)技术创新原则

企业应积极主动地引入先进的数字技术,不断创新财务管理模式和方法。在建设智能财务的过程中,必须充分考虑技术的可行性、稳定性和安全性。对各种技术方案进行全面评估,选择最适合企业实际情况的方案。同时,企业要加大技术研发和应用的力度,提高自身的自主创新能力。这不仅有助于提升企业的财务管理效率和质量,还能增强企业在市场中的竞争力。例如,企业可以探索区块链技术在财务领域的应用,实现财务交易的可追溯性和安全性;或者利用云计算技术降低财务信息系统的建设和维护成本。

(四)协同发展原则

智能财务建设应高度重视财务与业务的协同发展。传统模式下,财务与业务之间往往存在壁垒,这严重阻碍了企业的整体发展。为打破这种壁垒,企业需要实现财务数据与业务数据的实时共享和交互。通过信息化系统的整合,确保财务部门能够及时了解业务活动的进展情况,为业务决策提供准确的财务支持;业务部门也能随时获取财务数据,更好地理解企业的财务状况,从而做出更明智的业务决策。同时,应加强与信息技术部门、业务部门等的沟通和协作。只有各部门共同努力,才能推动企业的智能财务建设顺利进行。例如,财务部门与业务部门可以共同制订项目预算和成本控制方案,信息技术部门为智能财务系统的建设提供技术支持。

三、企业智能财务建设的步骤

(一) 规划与设计阶段

1. 明确建设目标和需求

在企业智能财务建设的初期,明确的目标和需求是确保项目成功的关键一步。企业需要从整体战略出发,结合自身的业务特点和管理需求,确定智能财务系统的建设方向。智能财务的目标不仅仅是财务流程的自动化,更应当是通过智能化手段增强财务的战略支持能力、优化财务资源的配置并提升决策效率。因此,在制定目标时,企业应考虑如何利用大数据、人工智能等技术手段,将财务数据的采集、分析和使用提升到一个新的层次。在需求分析的过程中,企业需要深入了解自身财务管理现状与未来的业务发展趋势,以确保智能财务建设目标与企业整体发展战略相一致。此外,还应充分考虑外部环境的变化,例如市场竞争、政策变化等,确保智能财务系统能够灵活应对这些变化,并提供前瞻性的财务管理支持。

2. 制订建设方案

在明确建设目标和需求的基础上,企业需要制订详细的智能财务建设方案。建设方案是项目成功实施的核心指引,必须涵盖系统的建设内容、技术路线、实施步骤以及组织保障等方面。方案的制订不仅需要技术可行性和经济可行性的综合考虑,还要确保方案的稳定性和安全性。特别是在技术选择方面,企业应当根据自身的实际情况,选择符合发展阶段和管理需求的技术方案,并确保技术的可扩展性,以便未来能够随时引入新技术,保持财务管理系统的领先地位。同时,建设方案的制订还需要考虑到企业现有的财务管理能力、IT基础设施以及人员技能等因素,确保系统建设能够顺利推进,不至于出现技术与实际需求脱节的问题。

3. 进行可行性分析

在方案制订后,进行详细的可行性分析是保证方案切实可行并能够成功落地的关键步骤。可行性分析需要从技术、经济和管理等多个维度进行评估,确保方案不仅在技术上可行,且在经济上能够为企业带来可观的收益,并且在管理上有足够的资源和支持来推动项目实施。在技术可行性评估中,企业需要重点考虑所选技术的成熟度、安全性以及与现有系统的兼容性;在经济可行性评估中,企业应权衡项目投入与未来收益之间的关系,确保项目的投资回报率符合企业的预期;在管理可行性评估中,企业需要分析是否具备足够的组织资源和管理能力来支持项目的推进,包括人员的技术储备、管理层的决策能力以及全员对智能财务的接受度等。

(二) 实施与推进阶段

1. 建立项目团队

智能财务系统的建设与实施需要一个跨职能的专业团队进行协调与执行,团队成员应涵盖财务、IT、业务等多个领域。财务人员将确保系统的设计与企业财务需求高度匹配，IT人员负责技术选型和系统开发，业务人员则提供系统应用的场景支持，确保系统与业务的深度结合。项目团队的建立不仅是项目推进的组织保障，也是保证项目实施过程中各方沟通顺畅、资源协同的基础。项目团队的领导应由企业高层直接参与，以确保在整个过程中能够快速做出关键决策，解决可能出现的各种问题。

2. 进行技术选型和系统开发

在项目团队建立后，技术选型与系统开发是智能财务建设中最具技术含量的部分。企业需要根据前期制订的方案选择合适的技术平台和系统开发路径。技术选型不仅要考虑到先进性和稳定性，还应确保技术方案能够长期适应企业的发展需求。因此，企业在选择技术时，应充分评估各类财务管理软件、云计算平台、数据分析工具以及人工智能技术的优缺点，并选择适合企业业务模式的技术方案。在系统开发过程中，项目团队需要严格按照项目计划进行开发，确保系统功能与预期一致，同时重视系统的可扩展性与安全性，保证未来的技术升级与扩展能够顺利进行。

3. 进行数据治理和整合

智能财务系统的成功运行离不开高质量的数据支撑，因此，数据治理与整合是实施阶段的重点工作。企业在实施智能财务系统时，需对内部与外部的财务数据、业务数据进行全面的梳理和整合，确保数据的准确性和一致性。数据治理不仅仅是对数据进行物理上的整理，还包括对数据标准、数据流程的规范化管理。数据整合过程中，企业应制定统一的数据标准，确保各部门之间数据的兼容与共享。在数据质量的把控上，企业必须确保数据的真实性、完整性与及时性，为后续的数据分析与智能决策提供坚实的基础。

4. 进行系统测试和上线

在智能财务系统开发完成后，系统测试和上线是确保系统功能与性能符合需求的关键步骤。全面的系统测试应涵盖功能测试、性能测试、安全测试等多个维度，确保系统能够在各种业务场景下稳定运行。在测试过程中，企业还应关注系统的用户体验，确保系统操作简便、反馈快速，并能够有效减少人工干预。在系统通过测试后，企业可以进行小规模的试运行，及时发现潜在问题，并在全面上线前进行修正。系统最终在进行全面上线时，企业应确保所有相关人员已接受相应的培训，具备操作系统的能力，并能及时解决系统运行中的突发问题。

（三）优化与完善阶段

1. 进行系统评估和优化

智能财务系统上线后，企业应定期对系统的运行效果进行评估，分析系统在实际操作中的表现以及对财务管理的支持效果。评估的重点应放在系统的运行稳定性、数据准确性以及对企业决策的支持程度上。通过评估,企业可以发现系统的不足之处,并及时提出优化和改进的建议。优化工作应根据实际业务需求不断进行调整,使系统更加符合企业的发展需要。

2. 持续推进技术创新和应用

智能财务系统的建设并不是一蹴而就的,而是一个持续创新和发展的过程。随着技术的不断进步,企业需要密切关注大数据、人工智能、区块链等新兴技术的发展趋势,持续引入新的技术手段优化财务管理系统的功能和性能。通过技术的不断创新,企业可以提升财务系统的智能化水平,为财务决策提供更强大的支持。未来的智能财务系统不仅仅是一个工具,更应成为企业财务管理中的战略性资源,帮助企业实现更高层次的管理目标。

3. 加强人才培养和团队建设

智能财务系统的建设和优化离不开高素质的专业人才,因此,企业需要持续加强财务人员与信息技术人员的培训和教育。人才培养应聚焦于提升员工的综合素质,使其不仅具备财务专业知识,还能够掌握前沿技术的应用。同时,企业应鼓励财务人员与技术人员之间的跨领域合作,形成财务与技术深度融合的团队。良好的团队建设和持续的人才培养将为企业的智能财务建设提供长期支持。

四、企业智能财务建设的保障措施

(一)组织保障

1. 建立领导机制

智能财务的成功实施需要高层管理的推动和决策支持,因此,企业应成立智能财务建设领导小组,由高层领导担任组长,全面负责项目的推进。领导小组不仅要在项目的初期制定发展战略,还应在项目的实施过程中解决遇到的各种问题,确保智能财务系统建设符合企业的发展目标。定期召开会议,及时沟通项目进展情况和遇到的挑战,是领导小组保障项目顺利进行的关键举措。

2. 明确职责分工

为了确保智能财务项目的顺利推进,企业应明确各部门在建设过程中的职责与分工。财务部门负责智能财务系统的具体需求与使用,信息技术部门负责技术支持与系统维护,业务部门则应积极提供业务需求和数据支持。通过合理的分工协作,各部门能够各司其职,确保项目在各个环节上的高效运作。

(二)技术保障

1. 建立技术标准和规范

智能财务系统建设过程中,统一的技术标准和规范是确保系统运行稳定和数据互通的基础。因此,企业应制定并完善数据标准、接口标准、安全标准等相关规范,确保不同系统之间能够顺利集成与协作。同时,在技术标准的制定过程中,应结合行业标准和企业自身特点,确保系统建设符合企业的长期发展需求。

2. 加强技术研发和创新

企业在推进智能财务建设过程中,应持续加大对技术研发的投入,鼓励技术团队开展技术创新,持续加大对技术研发的投入,提升企业在技术层面的自主创新能力。技术研发不仅包括对现有技术的优化,还应关注前沿技术的发展趋势,提前布局相关技术的应用。例如,在财务数据的安全性管理方面,可以考虑将区块链技术的应用范围进一步拓展,以实现更加透明和安全的财务操作流程。同时,企业应不断引入新的分析工具和算法,以提升智能财务系统对财务数据的处理能力,从而实现更为精准的预测和决策支持。这种技术的持续创新将帮助企业保持财务管理的竞争优势,并为未来的发展提供坚实的技术保障。

(三)人才保障

1. 加强人才培养和引进

在智能财务的建设过程中,人才始终是最关键的因素之一。企业应加大对财务人员和信息技术人员的培训和教育力度,以提高他们的专业素质和技术水平。培训计划不仅应覆盖智能财务系统的操作与应用,还应包括对前沿技术的理解与实践能力的培养,尤其是对于大数据分析、人工智能技术的运用等。此外,企业应通过人才引进计划,积极吸纳复合型人才,尤其是那些既具备财务管理经验又具备信息技术背景的专业人员。这类复合型人才可以有效地推动智能财务系统的建设与优化,实现技术与业务的深度融合。

2. 建立激励机制

企业应为在智能财务建设过程中表现突出的员工设立有效的激励机制,激励机制既包括物质奖励,也包括精神层面的认可。通过合理的奖励机制,企业可以激发员工的工作积极性和创新潜力,确保项目团队在高效运转的同时,也能持续地为智能财务建设贡献智慧与力量。有效的激励机制还能够帮助企业吸引和保留高端人才,保障企业在智能财务建设上的长期稳定发展。

(四)安全保障

1. 建立安全管理体系

智能财务系统建设的安全性直接影响企业的财务管理稳定性,因此,建立完善的安全管理体系尤为重要。安全管理体系应包括制定全面的安全策略、建立有效的安全制度以及运用先进的安全技术手段,确保财务数据的安全性。安全策略不仅仅局限于外部网络攻击的防护,还应包括内部数据泄露的防控,以及权限管理与访问控制的设计。通过构建完备的安全制度,确保智能财务系统在任何情况下都能保证数据的完整性和可用性。

2. 加强数据安全保护

数据安全是智能财务系统的核心问题,特别是在数字经济时代,财务数据的丢失、泄露或滥用将给企业的运营带来严重的负面影响。企业应采取全面的数据保护措施,包括数据加密、严格的访问控制以及多层次的安全验证机制,确保只有授权人员能够访问关键财务数据。同时,企业应建立完善的数据备份和恢复机制,以应对系统故障、数据丢失等突发情况,确保数据的安全与持续可用性。此外,随着隐私保护法规的不断完善,企业还需要确保其智能财务系统符合最新的法规要求,避免因为数据使用不当而遭遇法律风险。

总体来看,智能财务的建设是企业实现财务管理现代化、智能化的重要举措。通过精心规划、技术保障、人才培养和安全措施,企业可以构建一个高效、安全、智能的财务管理体系,从而在数字经济的浪潮中保持竞争优势,并实现财务管理的长期可持续发展。

第五节　数字经济时代企业智能财务的发展趋势

一、智能财务的发展背景与主要趋势

(一)智能财务发展的背景

在全球数字经济迅速发展的背景下,企业财务管理的环境发生了深刻变化。传统的财务管理模式在应对复杂多变的市场环境时,逐渐显现出其局限性。企业不仅需要处理海量的财务数据,还必须及时应对瞬息万变的市场需求和监管环境。在此背景下,智能财务应运而生,并逐步成为企业财务管理转型的核心方向。

1. 技术进步推动智能财务发展

人工智能、大数据、区块链和物联网等技术的快速发展,为企业财务管理的智能化提供了坚实的技术基础。人工智能可以通过机器学习和算法优化,实现财务数据的自动化处理和智能分析;大数据技术能够从海量的业务数据中提炼出有价值的信息,支持企业的财务决策;区块链技术则为财务信息的安全和透明提供了保障,特别是在跨境交易和供应链金融中,区块链的应用前景十分广阔。

2. 市场竞争加剧彰显智能财务的必要性

随着市场竞争的加剧,企业必须通过智能化手段提高财务管理的效率和精度,以保持竞争优势。智能财务能够帮助企业更快地响应市场变化,优化资源配置,降低运营成本,提升盈利能力。特别是在全球化经营的企业中,智能财务的应

用可以有效解决不同国家和地区财务管理标准不一的问题,提高全球运营的协调性和一致性。

(二)智能财务发展的主要趋势

智能财务的未来发展将呈现出几个显著的趋势。这些趋势不仅反映了技术的进步,也体现了市场需求和监管环境的变化。理解这些趋势,有助于企业在财务管理的转型过程中,更好地把握方向,提升竞争力。

1. 全面自动化与实时分析

智能财务的一个重要发展趋势是财务流程的全面自动化和财务数据的实时分析。未来,企业的财务管理将越来越依赖于自动化系统,通过人工智能和机器人流程自动化(RPA),实现从数据采集、账务处理到报表生成的全流程自动化。这种自动化不仅提高了财务工作的效率,还减少了人为操作的错误,提升了数据的准确性和可靠性。

实时分析是智能财务的另一个关键趋势。随着大数据技术的普及,企业可以实时获取和分析财务数据,及时发现问题并做出相应的调整。这种实时性使得企业能够更加敏捷地应对市场变化,优化资源配置,提升运营效益。

2. 智能预测与决策支持

智能预测和决策支持将成为未来智能财务的核心功能。通过机器学习和人工智能,企业可以对历史财务数据进行深入分析,预测未来的市场趋势和财务表现。这种智能预测不仅能够帮助企业制定更加科学的预算和财务计划,还能够提前识别潜在的风险,提供相应的应对策略。

此外,智能财务系统可以整合企业的多维度数据,支持高层管理者进行战略决策。例如,通过对财务、运营、市场等数据的综合分析,智能财务系统可以为企业提供全方位的决策支持,帮助管理层做出更准确的判断,提升企业的整体竞争力。

3. 财务共享服务与智能平台建设

财务共享服务中心的建设将进一步推动智能财务的发展。未来,越来越多的企业将通过建立财务共享服务中心,实现财务管理的集中化和标准化。这不仅有助于降低运营成本,还能够提升财务管理的效率和质量。

在财务共享服务中心的基础上,智能财务平台的建设将成为企业财务管理的新趋势。智能财务平台通过整合大数据、人工智能和区块链技术,为企业提供一个统一的财务管理平台,实现财务信息的实时共享和智能化处理。这样的平台不仅能够提升财务管理的透明度,还能够支持企业在全球范围内的财务协调和控制。

二、智能财务对企业运营的深远影响

智能财务的发展不仅仅是财务管理领域的革新,它还将对整个企业运营模式和管理结构都产生深远的影响。企业在推进智能财务的过程中,需要全面考虑这些影响,确保智能财务与企业整体战略的协调一致。

(一)运营效率的显著提升

1. 流程优化与成本控制

智能财务通过自动化和智能化的技术手段,能够大幅提升企业的运营效率。传统的财务流程往往涉及大量的手工操作和重复性工作,而智能财务系统可以通过流程优化,实现这些工作的自动化处理。这不仅减少了人工成本,还降低了由于人为操作导致的错误和风险。

智能财务还能够通过实时数据分析,帮助企业更好地控制成本。通过智能预算管理和成本分析系统,企业可以实时监控各项开支,及时调整预算,优化资源配置,减少不必要的支出,从而提升企业的盈利能力。

2. 财务透明度与内控加强

智能财务的另一个显著影响是提升了企业财务管理的透明度。通过智能财务系统,企业的各项财务活动都可以得到实时监控和记录,确保财务信息的完整性和准确性。这种透明度不仅有助于提高财务报告的质量,还能够增强企业的内控能力,防范财务舞弊和违规操作。

智能财务系统还可以与企业的风险管理系统相结合,通过实时数据监控和风险预测,帮助企业提前识别潜在风险,采取相应的防范措施。这种内控能力的提升,有助于企业在复杂多变的市场环境中,保持财务稳健,确保长期可持续发展。

(二)企业决策的科学化与精准化

1. 数据驱动的决策支持

在数字经济时代,数据已经成为企业最重要的资产之一。智能财务通过对海量数据的分析和挖掘,为企业提供了强大的决策支持。通过智能财务系统,企业可以将财务数据与运营数据、市场数据相结合,进行多维度的综合分析,从而做出更加科学和精准的决策。

这种数据驱动的决策支持,不仅能够帮助企业及时把握市场机遇,提升市场竞争力,还能够降低决策的风险和不确定性。例如,企业可以通过智能财务系统,预测未来的市场需求和财务表现,提前调整生产计划和销售策略,确保企业在市场竞争中处于有利位置。

2. 战略规划的前瞻性

智能财务不仅能够支持企业的日常运营决策,还能够为企业的战略规划提供前瞻性的支持。通过对历史数据的深度分析和未来趋势的智能预测,企业可以制订更加科学合理的战略规划,确保企业的长期可持续发展。

智能财务系统还可以帮助企业识别和评估潜在的市场风险和机遇,支持企业制定应对方案,增强企业的战略弹性和应变能力。这种前瞻性的战略规划,有助于企业在全球化竞争中,保持战略主动性,赢得市场先机。

三、智能财务发展的挑战与应对策略

尽管智能财务的发展趋势带来了诸多机遇,但企业在推进智能财务的过程中,仍然面临一系列的挑战。这些挑战不仅来自技术层面,还涉及组织管理、人才培养和文化变革等方面。

(一)技术复杂性与数据管理挑战

1. 技术集成与系统兼容

智能财务系统的实施往往需要整合多种技术平台和系统,而这些技术和系统之间的兼容性和集成性,往往是企业面临的主要挑战之一。企业在推进智能财务时,必须确保各类技术和系统之间的无缝对接,避免因技术兼容问题导致的系统故障和数据丢失。

企业可以通过采用模块化设计和标准化接口,提升技术集成的灵活性和可靠性。同时,企业还需要建立完善的技术支持和维护体系,确保智能财务系统的长期稳定运行。

2. 数据安全与隐私保护

智能财务的实施依赖于大量的财务数据和业务数据,这些数据的安全性和隐私保护,是企业必须面对的另一大挑战。在智能财务系统的运行过程中,数据泄露、网络攻击等安全问题,可能对企业的财务信息和商业机密造成严重威胁。

为应对这些挑战,企业需要建立全面的数据安全防护体系,包括数据加密、访问控制、数据备份和灾难恢复等措施。此外,企业还需要定期进行安全评估和漏洞扫描,确保智能财务系统的安全性和稳定性。

(二)组织变革与人才发展的需求

1. 组织结构的调整与管理模式的变革

智能财务的实施不仅是技术变革,更是组织和管理模式的深层次调整。传统的财务管理模式往往以职能部门为中心,决策层级多、信息传递缓慢,而智能财务要求企业具备更加扁平化、灵活化的组织结构,以适应快速变化的市场环境和实时数据处理的需求。

2. 扁平化组织结构的构建

在智能财务时代,企业需要逐步打破传统的层级结构,构建更加扁平化的组织架构。这种架构能够缩短信息传递路径,提升决策的速度和效率,确保企业能够及时应对市场变化。此外,扁平化的组织结构有助于推动跨部门的协作,增强企业内

部的信息共享和资源整合。

企业可以通过设立跨职能团队或项目管理办公室(PMO),专门负责智能财务的实施和管理。这种团队不仅要具备财务知识,还需要掌握数据分析、人工智能等技术,从而确保智能财务系统的高效运行。

3. 管理模式的创新

智能财务的推广还需要企业在管理模式上进行创新。传统的管理模式往往依赖经验决策和逐级审批,而智能财务强调数据驱动的决策和实时响应。这种变化要求企业在管理流程中引入智能化工具,通过数据分析和智能算法支持管理决策,减少主观判断和人为错误。

例如,企业可以通过智能报表和实时监控系统,实现财务信息的动态管理和分析,及时识别潜在风险并采取相应措施。此外,智能财务系统还可以帮助企业优化资源配置和运营流程,提升整体管理效能。

(三)人才培养与文化变革

1. 智能财务人才的培养

智能财务的实施对企业的人才结构提出了新的要求。企业不仅需要传统的财务专业人才,还需要具备数据分析、人工智能应用和系统开发能力的复合型人才。然而,市场上此类人才供不应求,成为企业推进智能财务的主要瓶颈。

为应对这一挑战,企业需要制订系统的人才培养计划,通过内部培训、岗位轮换和继续教育,提升现有员工的智能财务技能。例如,企业可以与高校和培训机构合作,开展定向培养计划,为员工提供数据分析、人工智能应用等专业课程,确保其能够胜任智能财务的相关工作。

同时,企业还应加强外部人才的引进,通过猎头招聘、校企合作等方式,吸引具备智能财务知识和实践经验的高端人才加入企业。通过内部培养和外部引进相结合的方式,企业可以建立起一支强大的智能财务团队,确保智能财务系统的成功实施和长期发展。

2. 企业文化的变革

智能财务的成功实施不仅依赖技术和人才,还需要企业文化的支持。传统的企业文化往往对变革持谨慎态度,员工可能对智能财务的引入产生抵触心理,担心智能化会增加工作难度或导致失业。要克服这种文化阻力,企业需要在推进智能财务的同时,注重文化变革,培养员工对新技术的接受度和使用意愿。

企业可以通过宣传培训、内部沟通和激励措施,营造开放、创新的企业文化。例如,企业可以设立创新奖,鼓励员工提出智能财务方面的改进建议,并将这些建议付诸实践。同时,企业还可以通过透明的沟通机制,向员工解释智能财务带来的益处,减少员工的顾虑,增强他们的参与积极性。

（四）应对市场与监管环境的变化

1. 市场动态的敏捷应对

智能财务的发展趋势要求企业具备快速响应市场变化的能力。在竞争日益激烈的市场环境中，企业必须通过智能财务系统，及时获取市场信息和客户需求，快速调整业务策略。例如，企业可以利用智能财务系统中的实时数据分析功能，监控市场趋势和竞争对手动态，及时调整产品定价和销售策略，确保企业在市场竞争中处于有利位置。

同时，智能财务还能够帮助企业优化供应链管理，减少库存积压和物流成本，提高供应链的敏捷性和响应速度。这种市场动态的敏捷应对能力，使得企业能够在快速变化的市场环境中，保持竞争优势。

2. 适应监管环境的智能合规

随着智能财务系统的推广，企业在财务管理中的合规要求也越来越高。各国政府和监管机构对企业财务信息的透明度和准确性提出了更高的要求，特别是在数据隐私保护、财务审计和反洗钱等方面的监管日益严格。

企业需要通过智能财务系统，确保其财务活动符合各项监管要求。例如，企业可以通过区块链技术，建立透明、可追溯的财务记录，确保所有交易信息的真实性和完整性。同时，智能财务系统还可以实时监控企业的合规情况，及时识别潜在的合规风险，并自动生成合规报告，帮助企业应对监管审查。通过智能合规，企业不仅能够满足日益严格的监管要求，还能够增强其在市场中的声誉和公信力，赢得更多的客户和合作伙伴信任。

数字经济时代，企业智能财务的发展趋势不仅反映了技术的进步，更体现了市场需求和监管环境的变化。智能财务的发展将对企业的运营模式、管理结构和战略决策产生深远的影响。企业在推进智能财务的过程中，需要全面考虑这些影响，制定清晰的战略规划，合理配置资源，加强技术管理和人才培养，推动组织和文化变革，确保智能财务系统的成功实施。

未来，随着智能财务技术的不断成熟和市场环境的进一步发展，企业的财务管理将进入一个全新的智能化时代。企业需要不断提升其智能财务能力，增强市场敏感性和应对能力，确保在全球竞争中占据有利位置，实现长期可持续发展。通过本章的学习，希望读者能够深入理解智能财务的发展趋势和挑战，掌握应对策略，为企业在数字经济时代的财务管理创新提供理论支持和实践指导。

第二章

数字经济和企业财务管理基础

第一节 财务管理的理论基础

一、财务管理的基本概念与职能

财务管理是企业管理的重要组成部分,涉及资金的筹集、分配、使用和控制,其最终目标是通过优化资源配置来实现企业的财务目标。财务管理的理论基础源于传统经济学与管理学,逐步发展为现代企业不可或缺的管理工具。财务管理的核心职能包括筹资管理、投资管理、运营管理和分配管理。筹资管理主要关注企业资金来源的多样性、成本和风险的平衡,而投资管理则通过分析各种投资机会的收益与风险,决定企业资源的最佳分配方式。运营管理的重点在于企业日常资金的流转和管理,以确保企业的经营活动能够顺利进行并持续产生价值。最后,分配管理关注利润的分配和再投资,以优化企业的长期发展。

财务管理不仅仅是对资金的简单管理,更是一个系统性的战略过程。在数字经济时代,企业面临的外部环境变得更为复杂和动态,这要求企业的财务管理必须具备更高的灵活性与前瞻性。在这种背景下,传统财务管理的理论基础需要在数字化转型的背景下得到扩展和深化。例如,随着全球经济一体化进程的加速,企业的财务管理职能不仅局限于国内市场,还要应对跨境资金流动、外汇风险和国际税务合规等问题。这就要求企业在传统的财务管理职能基础上,融入国际财务管理、风险控制和战略决策等方面的内容。

二、企业财务管理的目标和原则

企业财务管理的目标经历了从"利润最大化"到"股东财富最大化"的发展过程。传统财务管理的目标侧重于短期利润的提升，这一目标在企业早期阶段具有一定的合理性。然而，随着现代企业的成长，尤其是在数字经济时代，企业的目标不再仅仅局限于利润的最大化，而是更加关注长期的可持续发展和股东价值的最大化。企业的股东财富最大化体现在企业的市场价值提升、股东权益增长以及分红收益的持续稳定上。这一目标的确立推动了企业在资本市场中的积极参与，也使得企业的财务管理更加注重资本结构的优化、风险的控制和长期战略的制定。

财务管理的原则包括收益性、流动性、安全性和时间价值原则。收益性原则强调财务管理必须以企业增值为核心，确保每一项财务决策都能够带来正的经济回报。流动性原则则要求企业保持适当的资金流动性，以应对经营过程中的不确定性。安全性原则是财务管理的底线，确保企业的资金不会遭受过度风险的侵蚀。时间价值原则是财务管理理论的重要基石，强调资金的时间价值，即资金在不同时间点的价值差异，资金的早期投入可以通过投资获得更高的回报。因此，财务管理中的投资决策必须充分考虑资金的时间价值，以提高资金的利用效率。

三、财务管理理论的发展与演变

财务管理理论的发展历程反映了企业管理思想的进化与技术进步的推动。早期的财务管理理论主要关注企业资金的筹集与使用，强调企业内部的资金流转和成本控制。20世纪中期，随着资本市场的发展，资本结构理论、风险管理理论、公司治理等概念被逐步引入财务管理，推动财务管理理论的多元化和系统化。资本结构理论强调企业在筹资过程中如何平衡债务与权益的关系，以降低资本成本和提升企业价值。风险管理理论则引导企业在财务管理过程中更加注重风险的识别、评估与控制，尤其是金融市场中的波动风险和操作风险。

进入21世纪，信息技术的快速发展以及全球化进程的加快，进一步推动了财务管理理论的演变。大数据、人工智能、区块链等新兴技术的应用，促使企业财务管理从单纯的资金管理向数据驱动型的智能决策转型。数字经济的崛起使得财务管理的边界进一步扩展，企业必须在动态的全球市场中快速响应财务风险，并利用先进的技术手段提升财务管理的效率和精准度。此外，现代财务管理还特别关注企业的社会责任和可持续发展，这些内容与传统财务管理中的利润导向形成了显著的对比。企业在进行财务决策时，不仅要考虑股东利益，还要平衡社会责任和环境保护等多方利益，推动企业的长远发展。

四、现代财务管理的新趋势

在数字经济的背景下,财务管理正在经历一场深刻的变革。

首先是智能化财务的普及。智能财务通过引入大数据分析、人工智能和云计算等技术,实现了财务流程的自动化与智能化管理。传统的财务管理需要大量的人工参与,耗时耗力,而智能财务系统能够实时处理和分析海量数据,提供实时决策支持,显著提高了财务管理的效率和准确性。智能财务的核心在于通过数据驱动财务决策,使企业能够更加敏捷地应对市场变化。

其次是财务共享服务的广泛应用。财务共享服务中心(FSSC)是通过集约化管理企业内部的财务流程和资源,提升财务管理的集中度和效率。共享服务模式能够整合企业的财务资源,减少冗余操作和重复劳动,实现规模效应,从而降低企业的运营成本。同时,财务共享服务模式的应用还能够提高财务数据的透明度,增强财务控制能力和风险管理能力。

最后是财务管理的战略定位愈加重要。随着企业规模的扩大和竞争环境的复杂化,财务管理在企业战略决策中的作用变得日益突出。财务管理不仅仅是企业运营的后勤保障,更是企业战略实施的重要支撑。通过对财务数据的深度分析,财务管理能够为企业的战略决策提供关键的参考依据,帮助企业识别潜在的市场机会和风险,并制定相应的财务战略。

第二节 传统财务管理流程

一、筹资管理

筹资管理是传统财务管理流程的起点,它决定了企业如何获取所需的资金。企业在筹资过程中,面临着多种资金来源的选择,包括内部融资(如利润留存)和外部融资(如债务融资、股权融资)。在筹资管理中,企业的首要任务是确定资金需求和资金来源的组合,这需要综合考虑企业的资本结构、融资成本、融资风险以及市场环境的变化。企业筹资的目标不仅在于获得足够的资金以支持企业的经营和发展,还在于通过优化资本结构,降低资金成本和提升财务稳定性。

在传统的筹资管理中,企业主要通过银行贷款和发行债券等方式筹集资金。债务融资具有税收优惠的优势,能够在一定程度上降低企业的融资成本,但过高的债务比例也会增加企业的财务风险,甚至可能引发财务困境。股权融资则通过发行股票吸引投资者,筹集企业发展的长期资本。股权融资的优势在于不需要偿还,但也会稀释现有股东的控制权。传统筹资管理的核心在于平衡企业的资本结构,使得企业既能保持足够的资金支持其发展,又能控制融资成本和风险。

数字经济的兴起对企业筹资管理提出了新的挑战和机遇。新兴的互联网金融平台、股权众筹等融资方式逐渐成为企业融资的重要渠道。这些新的筹资方式不仅打破了传统金融体系的局限,还为中小企业和创新型企业提供了更加灵活的融资手段。此外,随着资本市场的全球化发展,企业还可以通过海外资本市场进行融资,这为企业跨国运营提供了更多的资金支持。

二、投资管理

投资管理是企业利用筹集的资金进行资源配置的过程,旨在通过有效的投资决策实现企业价值最大化。在传统的投资管理中,企业主要通过资本预算来评估各种投资机会的可行性与预期收益。资本预算通常包括净现值法(NPV)、内部收益率法(IRR)、回收期法等工具,通过这些工具企业能够评估投资项目的风险与回报,确定最优的投资方案。传统的投资管理流程较为稳健,企业往往倾向于选择那些具有较高稳定性和长期回报的投资项目,如房地产、基础设施建设等。

投资管理还包括对营运资本的管理。营运资本是企业用于日常运营的流动资金,其管理的核心在于优化现金、存货和应收账款的周转速度,以确保企业的正常运转。传统的投资管理主要关注现金流的平衡与周转速度。在传统财务管理中,企业会通过严谨的财务规划和控制,确保营运资本在满足企业日常运营需求的基础上能够被高效利用。现金管理、应收账款管理和存货管理是传统投资管理中的关键环节。通过优化这些环节,企业能够减少资金的占用成本,提高资本的使用效率,进而增强企业的流动性和财务弹性。

然而,随着数字经济的到来,传统投资管理也在经历变革。首先,企业的投资选择更加多元化。新兴技术领域的投资,如人工智能、云计算、大数据等,成为企业实现长期增长和创新驱动的重要方向。这些投资领域虽然具有较高的潜在回报,但也伴随着不确定性和风险。为了应对这些变化,企业的投资管理需要具备更强的风险评估和应对能力,通过前瞻性的数据分析和市场预判,提高投资决策的科学性和有效性。

其次,数字化工具的应用大幅提升了投资管理的效率和精准度。例如,通过大数据分析和人工智能技术,企业可以对大量的市场数据、行业动态以及竞争对手的财务状况进行深度分析,发现隐藏的市场机会和投资风险。这种数据驱动的投资管理模式帮助企业做出更为精确和及时的投资决策,避免了传统投资管理中信息滞后带来的决策失误。

三、运营管理

运营管理是财务管理流程中的核心环节,其主要任务是对企业的日常经营活动进行有效的资金管理与控制。传统财务管理中的运营管理重点在于通过对企业现金流、应收账款、存货等方面的管理,确保企业运营的顺畅并提高资本的使用效率。现金流管理是运营管理的核心,企业通过合理的资金调度和周转计划,确保在任何时候都有足够的现金来支持企业的日常运营。

应收账款的管理在传统财务运营管理中也占据重要地位。应收账款的周转速度直接影响企业的资金回流速度,进而影响企业的流动性。在传统管理中,企业通过严格的信用政策、定期催款以及坏账处理来确保应收账款能够及时收回,降低资金被占用的风险。此外,存货管理是传统运营管理中的重要部分,企业通过库存的合理控制,确保在不产生库存积压的情况下满足生产与销售需求。

在数字经济时代,运营管理面临着前所未有的变化和挑战。首先是运营节奏的加快和复杂性的提升。随着全球市场的互联互通和供应链的全球化,企业的运营周期变得更为动态和不可预测,传统的静态管理模式难以应对这种高速变化。数字化技术的应用使得运营管理更加实时化、动态化,企业通过智能化的运营系统可以实时监控资金流、库存水平和供应链状况,快速调整运营策略。

其次,数字经济时代的运营管理越来越依赖于数据驱动的决策。大数据和人工智能技术帮助企业在海量的运营数据中提炼出有价值的洞见,优化生产、采购、销售等各个环节的资金流动和资源配置。这不仅提高了运营管理的效率,还为企业提供了更高的灵活性,以应对市场的快速变化和不确定性。企业可以通过数据模型和预测分析,提前制订运营计划,确保资金和资源的最佳使用。

四、分配管理

分配管理是企业财务管理流程的最后一个环节,涉及企业利润的分配与再投资决策。传统财务管理中的分配管理主要基于股东价值最大化的原则,通过合理的利润分配方案来平衡企业的长远发展与股东的短期利益。在传统的分配管理模式下,企业通常会根据其财务状况和长期发展战略,决定是否进行利润分配,如何分配股东红利,以及如何将部分利润留存用于再投资。

企业的分配决策不仅涉及股东的利益,还与企业的资本结构、发展阶段和未来的投资机会密切相关。例如,处于快速扩张期的企业往往会倾向于减少现金分红,将更多的利润用于内部留存和再投资,以支持未来的增长。相反,处于成熟期的企业由于增长机会有限,更倾向于将利润分配给股东,以提高股东的回报率。

数字经济的快速发展对传统分配管理也带来了新的变化和要求。首先,资本市场的全球化以及资本流动的加速,促使企业在进行利润分配时,必须更加关注全球投资者的需求和国际资本市场的动态。其次,随着企业在数字化转型中的持续投资,利润留存和再投资的比例可能会进一步提高,特别是对创新和技术研发领域的投资将成为企业保持长期竞争力的关键。因此,企业在进行分配管理时,需要更加关注如何在股东回报与未来投资之间找到平衡点。

此外,数字化技术也为企业的分配决策提供了更加科学的依据。通过对市场数据、竞争对手财务数据和宏观经济数据的分析,企业能够更加精准地评估利润分配的影响,并做出更加合理的决策。分红管理的核心不再是股东价值最大化,而是通过科学的财务管理和战略决策,为企业的长期可持续发展奠定基础。

五、财务控制

财务控制贯穿于整个财务管理流程中,是确保企业财务目标得以实现的关键环节。传统财务管理中的财务控制主要通过预算管理、财务分析和内部审计等手段进行。预算管理是财务控制的基础,企业通过制定详细的财务预算,确定资金的使用方向和额度,并对实际的资金使用情况进行跟踪与比较,以确保资金被合理、高效地利用。财务分析则通过对财务报表和运营数据的分析,发现企业财务状况中的问题和潜在风险,并为管理层提供决策支持。内部审计是财务控制中的最后一道防线,通过独立的审计部门对企业的财务运作进行监督,确保财务制度的执行情况和财务数据的准确性。

在数字经济时代,财务控制的复杂性进一步增加,企业需要面对更多的外部风险和内部控制挑战。首先,全球化的市场和更加复杂的供应链使得企业在资金流动中的风险控制变得更加困难。其次,信息技术的迅速发展也带来了数据安全和信息披露的风险,财务管理必须确保在数字化转型过程中,企业的财务数据安全不受威胁。

现代财务控制更加强调技术的应用和流程的优化。通过引入自动化流程、实时数据监控和智能化的财务分析工具,企业能够更加及时地发现财务管理中的风险和问题,快速采取纠正措施。此外,区块链技术的应用也为企业的财务控制提供了新的解决方案,特别是在财务数据的真实性和透明度方面,区块链能够确保企业的财务数据不被篡改,并通过智能合约实现自动化的财务控制流程。

总的来看,传统财务管理流程在数字经济的推动下,正经历着深刻的转型。筹资、投资、运营、分配和财务控制的各个环节都在数字化技术的影响下,变得更加高效、智能和灵活。企业需要不断适应这些变化,通过创新的财务管理手段和工具,提升财务管理的效率与决策质量,从而在竞争激烈的市场环境中保持领先优势。

第三节　数字经济对传统财务管理的挑战与机遇

一、数字经济对传统财务管理的冲击

(一)信息技术对财务管理的影响

1. 信息流的复杂化与实时性要求的提升

在数字经济时代,信息技术的飞速发展对企业的财务管理带来了深远影响。传统财务管理依赖于固定的财务周期和相对静态的财务数据。然而,随着信息技术的普及,企业的业务数据变得更加复杂和多样化,财务管理的实时性要求显著提升。企业必须能够快速获取和处理来自不同业务部门、市场和外部环境的动态数据,以做出及时且准确的财务决策。

例如,企业在全球范围内运营时,需要实时监控汇率变化、跨境支付情况、国际税收政策调整等外部因素,这些都对传统的财务管理模式构成了挑战。企业财务部门需要从依赖事后数据分析,转变为实时的数据处理和决策支持,确保企业能够快速响应市场变化,维持财务稳健性。

2. 数据整合与分析的挑战

传统财务管理系统通常是孤立的,数据处理主要依赖于手工输入和单一系统内的处理。这种模式下,数据之间缺乏有效地整合与共享,导致信息孤岛现象的产生。数字经济背景下,企业面临海量数据的整合需求,包括来自供应链、客户关系管理(CRM)、销售管理、运营管理等多个系统的数据。

为了应对这一挑战,企业必须重视财务数据与业务数据的整合,并引入大数据分析技术。这不仅要求财务管理系统具备强大的数据处理能力,还要求财务人员具备数据分析和解读的能力。企业通过整合各类数据,可以形成全局性的财务视角,从而在财务规划、预算编制、成本控制等方面进行更精准的决策支持。

(二)传统财务管理模式的局限性

1. 决策支持滞后与风险管理不足

传统财务管理模式往往以历史数据为基础,进行事后分析和报告。这种模式存在信息滞后、决策反应慢等问题,尤其在面对快速变化的市场环境时,容易导致决策延迟和风险未能及时识别与管理。数字经济要求企业能够在短时间内整合大量信息,并在瞬息万变的市场中做出快速反应。

例如,传统的预算编制和执行通常按照年度或季度进行,缺乏对中期调整和动态变化的敏感性。企业在市场环境发生重大变化时,常常难以及时调整预算和资

源配置,从而导致资源浪费或市场机会错失。这就要求企业转向更加灵活的财务管理模式,例如滚动预算和实时预测,确保决策的敏捷性和准确性。

2. 财务管理系统的集成与自动化不足

在传统财务管理中,许多流程依赖手工操作和分散的系统,效率低下且易出错。这种局限性在数字经济时代被放大,企业不仅需要处理更大规模的数据,还必须确保数据的准确性和一致性。分散的系统和手工操作带来的信息延迟和不一致性,会直接影响到财务报告的准确性和决策的可靠性。

为了解决这些问题,企业需要将财务管理系统与其他业务系统进行全面集成,并大力推进财务流程的自动化。通过自动化系统,企业能够减少人为操作错误,提升数据处理效率,同时确保财务信息的准确性和实时性。自动化还能够解放财务人员,使其能够集中精力进行更高价值的分析和决策支持工作。

二、数字经济带来的财务管理机遇

(一)数字化转型与财务管理创新

1. 智能财务管理的兴起

数字经济时代的技术进步,尤其是人工智能、大数据、云计算等技术的应用,为财务管理带来了全新的创新机遇。智能财务管理系统的兴起,使得企业能够自动化处理日常财务工作,如账务处理、报表生成、预算编制等,极大地提高了财务管理的效率和准确性。

智能财务管理系统不仅能够处理大规模的财务数据,还能通过机器学习和数据挖掘技术,识别财务数据中的模式和趋势,为企业的财务预测、风险管理和决策支持提供科学依据。例如,基于大数据的风险预测模型可以帮助企业提前识别潜在的财务风险,并制定相应的应对策略,提升企业的财务稳健性。

2. 业财融合推动财务管理升级

数字经济推动企业业财融合的发展,即将财务管理与企业的业务运营紧密结合,实现数据的共享和协同。通过业财融合,财务管理不再是一个独立的部门,而是贯穿于整个企业运营过程的管理活动。财务数据与业务数据的结合,使得企业能够在更高层次上进行综合分析和决策支持。

例如,企业可以通过业财融合系统,将销售数据、客户数据与财务数据整合,进行更加精准的收入预测和成本控制。同时,企业还可以通过这一系统,实时监控各项业务活动的财务表现,确保企业资源的最优配置和运营效率的最大化。

(二)财务管理的战略转型

1. 传统财务管理向战略型财务管理转变

在数字经济背景下,企业的财务管理职能正在发生根本性转变,逐渐从传统的事务性角色向战略合作伙伴角色转变。财务管理部门不再仅仅是企业的"管家",而是企业战略制定和实施的核心参与者。通过对财务数据和业务数据的深度分析,财务管理能够为企业的战略决策提供重要支持,并帮助企业在市场中保持竞争优势。

例如,财务部门可以通过对市场数据的分析,识别出潜在的市场机会,并评估不同战略方案的财务可行性和风险,从而为企业的战略制定提供科学依据。此外,财务管理还可以通过资源配置优化,确保企业战略目标的顺利实现。

2. 财务管理的风险管控职能强化

数字经济带来了更为复杂的市场环境和经营风险,企业的财务管理职能需要进一步强化风险管控能力。通过引入先进的风险管理工具和技术,财务部门能够更加精准地识别、评估和管理财务风险,确保企业的稳健经营。

例如,企业可以通过大数据分析和人工智能技术,建立财务风险预警系统,实时监控企业的财务状况和市场变化,提前识别潜在的风险因素。此外,企业还可以通过智能化的风险管理系统,对不同业务线的风险进行量化分析和动态监控,从而制定有效的风险应对策略,降低风险对企业财务健康的影响。

三、应对数字经济挑战的财务管理策略

(一)强化数据分析与决策支持能力

1. 构建企业级数据平台

为了应对数字经济带来的挑战,企业需要构建统一的企业级数据平台,实现财务数据与业务数据的全面整合与共享。通过这一平台,企业可以打破信息孤岛,实现跨部门的数据协同,为决策提供全面的数据支持。例如,企业可以通过数据平台,将销售、生产、采购等业务数据与财务数据进行整合,进行全局性的财务分析和预测,提升决策的科学性和准确性。

2. 提升财务人员的数据分析能力

在数字经济背景下,财务人员的角色和技能要求发生了变化。传统的财务技能已经无法满足新环境的需求,财务人员需要掌握数据分析和挖掘技能,能够通过对大量数据的分析,为企业决策提供支持。例如,财务人员需要熟悉大数据分析工具,能够对企业的经营数据进行深度分析,识别出隐藏的趋势和风险,并为企业的财务决策提供科学依据。

(二)推进财务管理系统的数字化转型

1. 实施智能财务管理系统

企业应当积极引入智能财务管理系统,通过自动化技术提升财务工作的效率

和准确性。智能财务管理系统可以自动处理大量的日常财务任务,如账务处理、报表生成、预算编制等,节省财务人员的时间,使其能够专注于更高价值的分析和决策支持工作。

例如,一家大型制造企业通过实施智能财务管理系统,实现了财务流程的自动化和标准化,不仅减少了人工操作的错误,还提高了财务报告的准确性和及时性。该系统还通过对财务数据的实时分析,帮助企业提前识别潜在的财务风险,并制定相应的应对策略。

2. 加速财务管理与业务系统的整合

在数字经济时代,财务管理不应再是孤立的职能,而应当与企业的业务系统深度整合,形成一个全面的、协同的管理体系。通过将财务管理与业务运营系统整合,企业能够实现数据的无缝流通,确保财务信息能够实时反映业务活动的变化,从而提高企业整体运营的透明度和反应速度。

3. 财务管理与业务流程的集成

为了加速财务管理与业务系统的整合,企业需要对其现有的业务流程进行重新设计,确保财务流程能够与业务流程紧密结合。通过实施集成化的管理系统,企业可以将财务管理嵌入各个业务环节中,使得财务信息的采集和分析更加实时和精准。

例如,在供应链管理中,企业可以通过集成的财务和供应链系统,实现从采购、生产到销售的全过程财务监控。每一笔采购订单、生产调度和销售交易都会自动生成相应的财务数据,并实时更新至财务管理系统。这样,企业不仅能够实时掌握库存和现金流状况,还能通过对各业务环节的财务数据进行分析,优化资源配置和成本控制。

4. 推进企业资源计划系统的全面应用

企业资源计划(ERP)系统是实现财务管理与业务运营整合的重要工具。通过全面应用 ERP 系统,企业可以将财务管理、生产管理、销售管理、人力资源管理等各个业务模块集成在一个平台上,实现全方位的管理和控制。

在数字经济背景下,ERP 系统的应用不仅能够提高企业内部信息的透明度,还能够通过数据的集中处理和分析,支持企业的战略决策。例如,一家零售企业通过 ERP 系统的全面应用,实现了从供应链管理、库存控制到财务核算的全流程自动化。该系统帮助企业大幅减少了手工操作的工作量,提升了数据处理的效率和准确性,同时还支持企业的实时财务分析和决策。

5. 强化财务管理系统的扩展性和灵活性

在数字经济的推动下,企业的业务环境和市场需求变得更加动态和复杂。为了适应这种变化,企业的财务管理系统必须具备足够的扩展性和灵活性。企业应当选择和开发那些能够根据业务变化进行快速调整的财务管理系统,确保系统能够与企业的发展需求同步。

例如,当企业进入新的市场或开发新的产品线时,财务管理系统能够快速响应,通过调整系统设置或增加新的模块,支持企业在新业务领域的财务管理需求。此外,系统的灵活性还体现在其能够快速适应外部环境的变化,如税收政策调整、汇率波动等,确保企业财务管理的合规性和稳健性。

(三)加强财务风险管理与控制

1. 构建全面的风险管理框架

数字经济带来了新的市场机会,但同时也带来了更加复杂的风险环境。企业需要构建全面的财务风险管理框架,涵盖信用风险、市场风险、流动性风险、操作风险等多个方面。通过这一框架,企业能够系统化地识别、评估和应对财务风险,确保企业的财务稳健性。

构建全面的风险管理框架需要企业在以下几个方面进行深入工作:

(1)风险识别:通过大数据分析和外部市场监控,企业能够及时识别出潜在的财务风险。例如,企业可以通过分析客户信用记录和市场变化,识别出可能导致坏账的风险因素。

(2)风险评估:企业需要对识别出的风险进行量化评估,确定其对企业财务状况的潜在影响。利用现代风险管理工具和模型,企业可以对不同风险情景进行模拟分析,评估其可能带来的财务损失。

(3)风险应对:基于风险评估的结果,企业应制定相应的风险应对策略,如调整投资组合、优化资产负债结构、实施对冲策略等,以减少风险的潜在影响。

2. 引入先进的风险控制技术

为了提高财务风险管理的效率和准确性,企业需要引入先进的风险控制技术,如人工智能和区块链技术。这些技术能够帮助企业实现更高水平的风险监控和管理,使风险控制变得更加智能化和自动化。

(1)人工智能:通过机器学习和深度学习算法,人工智能技术可以实时分析海量数据,自动识别潜在的风险信号,并生成风险预警。例如,人工智能系统可以通过分析市场数据,预测股价波动趋势,从而帮助企业调整投资策略,规避市场风险。

(2)区块链技术:区块链技术的不可篡改性和透明性,使其成为金融交易和风险管理的理想工具。企业可以通过区块链技术建立透明的财务交易记录,防止欺诈行为,并实现对财务数据的实时监控和审计。

3. 加强企业内部控制与审计

在数字经济背景下,企业的内部控制和审计工作需要进一步加强,以确保财务管理的合规性和有效性。企业应当建立健全内部控制制度,覆盖财务管理的各个环节,并定期进行内部审计,以发现和纠正潜在的问题。

(1)内部控制制度的完善:企业需要制定全面的内部控制制度,涵盖财务报表的编制、预算执行、资金管理等各个方面。这些制度不仅要确保财务数据的准确性和完整性,还要防范内部舞弊和操作风险。

(2)内部审计的强化:内部审计是确保企业内部控制制度有效执行的重要手段。企业应定期开展内部审计,重点审查高风险领域和关键控制点,及时发现问题并提出整改建议。同时,内部审计还应与外部审计相结合,确保企业财务管理的透明性和合法性。

四、数字经济时代企业财务管理的展望

(一)智能财务管理的全面普及

随着技术的不断发展,智能财务管理将成为未来企业财务管理的主流趋势。通过进一步应用人工智能、大数据、区块链等技术,企业的财务管理将实现全面的自动化和智能化,财务人员将从事务性工作中解放出来,更多地参与到战略决策和风险管理中。

1. 全面智能化的财务管理系统

未来的财务管理系统将具备更强的智能化能力,能够自动处理企业的大部分财务工作,包括自动生成财务报表、实时监控财务状况、预测未来财务趋势等。这些系统还将具备自我学习和优化的能力,随着使用时间的增加,系统的决策支持能力将不断提升。

2. 财务管理职能的战略转型

随着智能财务管理的普及,企业财务管理职能将从传统的"财务管家"角色,向更具战略性的角色转变。财务人员将不再仅仅负责财务数据的整理和报送,而是成为企业战略制定和执行的重要参与者,通过对财务数据的深度分析,为企业的长期发展提供战略支持。

(二)业财融合的进一步深化

未来,随着技术的进步和管理模式的创新,业财融合将进一步深化,企业财务管理与业务运营的界限将变得更加模糊。财务管理将更加主动地参与到业务运营中,形成真正意义上的全方位业财融合。

1. 实时业财一体化管理

未来的业财融合将更加注重实时性,企业可以通过集成化的管理系统,实现财务与业务数据的实时同步和共享,确保财务决策能够及时反映业务变化。实时业财一体化管理将帮助企业提高市场响应速度,增强企业的竞争力。

2. 业财融合推动企业整体价值提升

随着业财融合的深化,财务管理将从成本中心逐渐转变为价值创造中心。通

过将财务管理嵌入业务决策中,企业可以更好地识别和把握市场机会,优化资源配置,从而实现企业整体价值的提升。

第四节　数字经济时代企业财务管理的推进方法

一、数字化转型背景下的财务管理需求

(一)数字经济背景下企业财务管理的变革动力

数字经济的崛起不仅改变了全球市场的运行机制,也对企业内部的管理流程,尤其是财务管理提出了新的要求。企业的经营环境变得更加复杂和动态,传统的财务管理模式无法适应新经济下的信息处理需求和决策时效性。企业财务管理的变革动力来自两个方面:一是外部市场的快速变化及其带来的不确定性,如客户需求变化快、市场周期缩短、竞争加剧等;二是内部管理的效率提升需求,在数字经济背景下,企业迫切需要通过数字化工具和技术来提高财务管理的效率,优化资源配置,并提升决策精准性。

企业在数字经济背景下,不仅要应对全球市场的竞争压力,还要面对快速变化的监管环境和技术发展带来的复杂风险。因此,财务管理的数字化转型成为不可避免的趋势。传统的手工记账、静态报表分析、年度预算等方法在快速变化的市场中变得力不从心,财务管理必须引入更先进的数据处理技术和信息化工具,实现从"事后核算"到"事前预测"和"实时决策"的转变。这种变化需要财务管理从传统的被动记录转变为主动支持企业战略的决策引擎,通过数据分析驱动企业的财务决策和资源优化配置。

1. 提高管理效率的需求

数字经济的特征之一是数据量的爆炸式增长,企业的各个业务环节产生的大量数据成为财务管理的核心资源。如何有效整合这些数据、实现自动化处理,并从中提取出有价值的信息,是企业提高财务管理效率的关键。在传统的财务管理模式下,数据采集和处理往往依赖手工操作,效率低下且容易出现错误。数字化技术的引入,为企业财务管理提供了自动化、实时化的数据处理能力。通过大数据技术和人工智能,企业可以实时获取经营数据,进行动态分析,优化资金的使用效率。

2. 决策支持的提升需求

在数字经济时代,企业的市场竞争不仅体现在产品和服务层面,还体现在决策的速度和准确性上。财务管理作为企业决策的重要组成部分,必须为企业的战略

制定和执行提供有效支持。传统财务管理中的静态分析和历史数据报表已经无法满足企业快速变化的需求,企业需要通过引入数据分析和预测工具,提升财务决策的前瞻性和敏捷性。数据驱动的财务管理不仅能够提供精准的业务预测,还可以通过模拟分析帮助企业评估不同策略下的财务影响,为企业决策提供有力支持。

(二)数字经济对财务管理角色的转型要求

数字经济正在重塑企业的组织结构和职能分工,财务管理作为企业运营的核心支撑,必须适应这一变化。财务管理的角色已经从传统的"核算和监督"逐步向"战略支持"和"业务赋能"转变。在这一转型过程中,财务管理不仅要承担财务数据的记录和分析职责,还要深入业务运营过程,通过数据支持业务决策,为企业创造更高的经济价值。

财务管理的角色转变可以体现在两个维度:一是财务职能与业务的深度融合,财务部门不再是一个独立的后勤部门,而是与业务部门紧密协同,通过财务数据指导业务运作。二是财务管理的战略性增强,财务管理不仅仅是对过去财务数据的分析,还要通过前瞻性的财务规划和资源调配,为企业的长期战略决策提供支持。通过这些转型,财务管理在企业中的地位不断提升,成为推动企业可持续发展的重要力量。

1. 财务管理的业务协同作用

数字经济时代,企业的各个业务板块之间的协同作用日益加强,财务管理不再是孤立的功能模块,而是贯穿整个业务流程的核心环节。财务数据不仅反映企业的经营状况,还能指导业务策略的制定和实施。通过实时的财务数据监控,企业可以快速调整资源配置,优化业务流程,提升整体运营效率。财务管理通过与业务部门的深度合作,实现数据共享和流程优化,提升了企业的整体运作效率。

2. 战略支持功能的强化

随着企业规模的扩大和市场竞争的加剧,财务管理在企业战略制定中的地位日益突出。财务管理不仅需要提供准确的财务数据,还要对企业的长期发展进行前瞻性规划。财务管理者通过对市场数据、行业动态和企业内部运营数据的分析,能够为企业的战略决策提供科学的支持。在数字经济背景下,企业的战略制定需要更加灵活和动态,财务管理通过数据驱动的分析工具,可以帮助企业快速捕捉市场变化,优化资源配置,支持企业实现战略目标。

二、企业财务管理数字化的核心技术

(一)大数据与财务数据的整合应用

在数字经济时代,企业的财务数据来源日益丰富,除了传统的财务报表和会计记录,企业还需要整合业务运营、市场动态、客户行为等各类数据。这些数据的整合和应用需要借助大数据技术。通过大数据分析,企业可以从海量数据中提取出关键的财务信息,优化财务决策流程。

大数据的应用不仅能够提高数据处理的效率,还能帮助企业进行更深入的财务分析。例如,通过大数据技术,企业可以分析不同市场和客户群体的行为模式,从而制定更精准的销售策略和财务预算。大数据还可以帮助企业优化资金流动,通过实时监控企业的现金流状况,确保资金的高效使用。此外,大数据技术还能够对企业的财务风险进行预测和预警,帮助企业提前识别潜在的财务风险,并采取相应的应对措施。

1. 大数据在预算管理中的应用

预算管理是财务管理的重要环节,通过大数据分析,企业可以更精确地预测未来的业务发展趋势和资金需求,制订更加科学的预算方案。传统的预算管理往往基于历史数据和固定的增长率假设,而大数据技术则能够根据实时的市场变化和业务动态,动态调整预算方案,提升预算的灵活性和精准性。此外,大数据还能够对预算执行情况进行实时监控,通过自动化的数据处理和分析,帮助企业及时发现预算偏差并进行纠正。

2. 大数据在风险管理中的作用

风险管理是财务管理中的关键任务,企业在复杂的市场环境中面临多种财务风险,如汇率波动、利率变化、市场价格波动等。通过大数据技术,企业可以对市场环境、行业动态、客户行为等进行实时监控,预测潜在的风险点。大数据分析能够通过对历史数据的挖掘和未来趋势的预测,帮助企业提前制订应对方案,减少风险对企业财务的负面影响。特别是在金融市场波动剧烈的情况下,大数据技术能够帮助企业实时调整投资组合和财务策略,降低市场风险。

(二)人工智能与财务自动化

人工智能技术的发展为企业财务管理带来了革命性的变化。通过机器学习和自然语言处理等人工智能技术,企业可以实现财务管理的高度自动化和智能化。人工智能能够帮助企业自动化处理财务数据、生成财务报表、进行风险评估和预测,大幅度减少了人工操作的工作量,提升了财务管理的效率和准确性。

1. 智能报表生成与分析

人工智能技术可以自动生成财务报表,通过算法分析企业的财务数据,快速生成符合企业管理需求的各类报表。这种智能化的报表生成不仅提高了工作效率,还能够避免人工操作中的错误。人工智能还可以通过对报表数据的深度分析,发现隐藏的财务问题和风险点,帮助企业管理者做出更加精准的决策。

2. 智能化预算与预测

在预算管理中,人工智能可以通过对历史数据和市场动态的分析,自动化地生成预算建议,并根据实时数据的变化进行调整。这种智能化的预算管理不仅提高了预算编制的效率,还增强了预算的灵活性和准确性。企业通过智能预算工具,可以根据不同的市场环境和业务情景进行财务预测,提升财务管理的前瞻性。

（三）区块链技术在财务管理中的应用

区块链技术以其去中心化、不可篡改和高度透明的特点,逐渐在财务管理领域获得应用。区块链技术可以帮助企业解决传统财务管理中的数据安全和透明性问题,特别是在跨境交易、供应链金融和财务审计等领域,区块链技术的应用大大简化了财务管理的流程,提高了数据处理的效率和准确性。区块链技术的应用能够有效提高财务数据的可信度和透明度,降低财务欺诈的风险,简化审计流程,提升企业整体财务管理的合规性。

1. 区块链在财务数据管理中的应用

在传统的财务管理中,数据的可信度和可追溯性一直是企业面临的重大挑战。区块链技术通过分布式账本的方式,确保财务数据的不可篡改和可验证性,从而提高数据的透明性和安全性。每一笔交易都在区块链上得到记录,形成一个不可更改的时间戳,确保所有财务数据的真实性和完整性。这种数据管理方式不仅提高了财务数据的可信度,还简化了数据审核和合规流程,大大提高了企业的财务管理效率。

2. 区块链在供应链金融中的应用

区块链技术特别适用于复杂的供应链金融领域。在传统的供应链中,财务信息的传递效率低下且容易出现信息不对称的问题,而区块链的去中心化特性能够打破这些障碍。通过在区块链上记录供应链中的每一笔交易,企业能够实时追踪到供应商、生产商、分销商的所有财务活动。这不仅能够帮助企业提高供应链的透明度和效率,还能够降低财务欺诈的风险,增强企业对供应链的财务控制能力。

3. 区块链在审计中的应用

区块链技术同样为财务审计带来了巨大的变革。通过区块链,审计人员可以直接获取实时、透明的财务数据,简化了审计流程,减少了数据收集和验证的时间。区块链技术确保了数据的不可篡改性,使得审计人员能够更加快速、精准地完成审计任务,提高了审计效率和数据的可信度。同时,区块链的智能合约功能可以自动执行财务规定和协议,进一步提升了企业财务管理的合规性和透明性。

三、财务管理的数字化转型策略

（一）制订数字化转型战略规划

在推进企业财务管理的数字化转型过程中,企业必须首先制订一个清晰、可行的战略规划。这一规划需要从企业整体战略出发,结合财务管理的具体需求,明确转型的目标和路径。财务管理的数字化转型不仅仅是技术的升级,还需要从组织架构、流程设计、人员培养等多个方面进行全面的改革,以确保财务管理能够顺利适应数字经济的要求。

企业的财务数字化转型战略规划应包括三个方面:一是技术选择与基础设施建设,企业需要选择适合自身业务发展的数字化技术,并构建与之匹配的基础设施;二是流程再造,传统的财务流程需要根据数字化技术进行优化与重构,以提高运营效率;三是人才培养与组织变革,企业需要提高财务人员的数字化能力,并调整组织架构以适应新的管理模式。

1. 技术选择与基础设施建设

财务管理的数字化转型首先依赖于合适的技术选择。企业需要根据自身的业务规模、行业特点和发展目标,选择适合的数字化技术,如大数据、人工智能、区块链、云计算等。同时,企业还需要建设与这些技术匹配的基础设施,确保系统的稳定性、扩展性和安全性。基础设施的建设包括数据存储、处理平台、网络安全系统等,企业需要确保这些技术能够支持财务管理的实时化和自动化需求。

2. 流程再造

财务管理的数字化转型还必须伴随财务流程的再造。在传统财务管理中,手工操作和多层级审批流程导致了财务管理效率低下。通过数字化转型,企业可以重构财务流程,将自动化、智能化的技术应用于日常的财务操作中,提升工作效率。比如,通过自动化系统,企业可以实现财务报表的自动生成、预算的实时调整、风险的提前预警等,大大减少了人工干预,降低了错误率。

3. 人才培养与组织变革

在财务管理数字化转型过程中,人才的作用至关重要。企业不仅需要通过培训提升现有财务人员的数字化技能,还需要从外部引入具有数字化背景的专业人才,尤其是在数据分析、信息技术管理等领域的专家。同时,数字化转型还会引发组织结构的变革,企业需要打破传统的职能部门边界,推动财务与业务部门的深度融合,形成数据共享、信息互通的管理体系。只有通过组织变革,企业才能真正实现财务管理的数字化转型。

(二)提升财务数据管理能力

在数字化转型过程中,财务数据管理的能力成为企业能否成功转型的关键要素。财务管理的数字化转型,不仅需要提升数据的处理能力,还要确保数据的准确性和安全性。企业需要构建完善的数据治理体系,从数据采集、清洗、存储、分析等环节入手,全面提升财务数据的管理能力。

1. 建立数据治理体系

数据治理是财务数据管理的基础,企业在推动财务管理数字化转型时,必须建立一套完善的数据治理体系,确保财务数据的质量和安全。数据治理体系应包括数据标准的制定、数据的清洗与整理、数据存储的安全管理等方面。通过规范化的数据管理流程,企业可以确保财务数据的完整性和准确性,避免数据的重复、错误和丢失。同时,数据治理体系还需要确保数据的透明性和可追溯性,为企业的财务管理提供强有力的支持。

2. 优化数据分析能力

在数字经济背景下,企业的财务管理不再仅仅依赖于财务报表中的传统数据,企业需要通过整合多源数据,进行更加全面、深入的分析。优化数据分析能力,不仅是提升财务部门的技术能力,还需要通过引入高级数据分析工具和算法模型,挖掘财务数据背后的商业价值。通过数据的深入分析,财务管理能够为企业的战略决策提供更加精确的支持,提高资源配置效率,降低运营风险。

(三)构建财务共享服务中心

财务共享服务中心(FSSC)是企业实现财务管理数字化转型的重要手段之一。通过将企业的财务资源和服务集中化,FSSC能够大幅提升财务管理的效率,降低财务运作成本。FSSC的构建不仅是财务流程的集约化管理,也是企业财务管理数字化的重要表现形式。

1. 集约化管理财务资源

通过构建FSSC,企业可以实现财务资源的集约化管理,将分散在各个部门和地区的财务操作集中到一个平台上进行统一处理。这样的管理模式能够大幅提升财务处理的效率,降低操作成本,避免冗余操作。此外,集约化管理还能够提高财务数据的透明度和一致性,确保企业在不同业务部门和地域的财务数据能够得到统一标准的处理和分析。

2. 提升财务管理的标准化与规范化

FSSC的优势还体现在财务管理的标准化与规范化方面。通过财务共享服务中心,企业可以统一财务流程、优化工作流程,并且通过自动化系统提高财务工作的准确性和效率。标准化的财务流程不仅能够减少人工操作中的错误,还能够为财务管理的进一步数字化提供基础支持。通过标准化的财务操作,企业可以更好地将人工智能、大数据等技术应用到财务管理中,推动财务管理的持续创新。

四、财务管理数字化转型的保障措施

(一)加强领导层的支持与参与

企业财务管理的数字化转型是一项系统性工程,涉及技术、流程、组织等多个层面的变革。成功的数字化转型离不开高层领导的支持与参与。企业领导层需要从战略高度认识到财务管理数字化转型的重要性,提供充足的资源支持,并积极参与到转型的各个环节中,确保财务管理数字化能够顺利推进。

1. 领导层的战略引导

领导层的战略引导是企业财务数字化转型成功的关键。企业高层需要根据市场发展趋势和自身的业务特点,制定符合企业长期发展的数字化转型战略,并将财务管理数字化作为重要的战略支撑点。通过领导层的引导,企业可以在财务管理转型中保持清晰的方向和目标,确保财务数字化转型与企业的整体战略相一致。

2. 高层的资源保障

财务管理的数字化转型需要大量的资金和人力投入,领导层的支持能够为企业提供充足的资源保障。企业高层不仅需要为财务管理的数字化转型提供资金支持,还需要在人力资源配置、技术选择和外部合作等方面给予必要的支持和投入。财务管理的数字化转型通常伴随着信息系统的升级、技术引进以及数据管理平台的搭建,这些项目需要大量的资源投入和长期维护。如果领导层能够提供足够的资源保障,确保项目能够顺利进行,将有助于推动财务管理转型的成功。

(二)构建健全的技术支持体系

财务管理的数字化转型依赖于信息技术的应用,技术体系的建设和维护是企业数字化转型的重要基础。企业在数字化转型过程中,需要建立健全技术支持体系,确保财务管理数字化系统的稳定性、安全性和可扩展性。同时,企业还应通过引进外部的专业技术团队或与技术供应商合作,确保系统的开发、运行和维护符合行业的最高标准。

1. 技术选型的合理性

在财务管理的数字化转型中,选择合适的技术平台和工具是关键。企业在技术选型时,不仅要考虑技术的先进性,还要结合自身的业务需求和发展战略,选择适合当前阶段且具有可扩展性的技术解决方案。例如,在云计算、大数据分析、人工智能等领域,企业需要选择与财务管理需求紧密结合的技术,确保技术平台能够满足未来的增长需求和技术演进。合理的技术选型有助于减少后期的系统升级和技术风险,确保数字化转型的持续推进。

2. 技术安全与系统稳定性

随着企业数据数字化程度的提升,财务管理中的数据安全性和系统稳定性变得尤为重要。企业在构建技术支持体系时,需要特别注重信息安全管理,采用先进的加密技术和多层次的防护机制,确保财务数据的安全性和隐私性。同时,企业还需要确保数字化系统的高可用性和稳定性,通过定期的系统维护、故障排查和备份恢复机制,防止因系统故障导致的业务中断和财务数据丢失。技术安全性和系统稳定性是企业数字化转型中不可忽视的重要环节,它们直接关系到企业财务管理的可信度和连续性。

(三)加强财务人员的技能培训与团队建设

财务管理的数字化转型不仅是技术的变革,财务人员的角色也随之发生变化。传统的财务工作强调核算和报告,而在数字经济背景下,财务人员需要具备更高的数字化素养和数据分析能力。企业在推进财务管理数字化转型时,需要加强对财务人员的技能培训,培养具备数字化思维和数据处理能力的财务管理人才。同时,企业还需要通过团队建设,促进财务部门与其他业务部门的协同,形成跨职能合作团队,推动财务管理的数字化落地。

1. 提升财务人员的数字化能力

数字化转型对财务人员的能力要求显著提升。企业需要通过系统的培训,帮助财务人员掌握大数据分析、人工智能应用、区块链技术等新兴技术的基本知识和操作技能。通过提高财务人员的技术水平,企业可以确保财务部门能够充分利用数字化工具,进行更加精准的财务分析和智能化决策。此外,财务人员还需要具备较强的战略思维和业务理解能力,能够通过数据分析为企业的战略决策提供支持。

2. 促进跨部门协同

数字化时代的财务管理要求财务部门与其他业务部门进行更加密切的合作。为了确保财务数据的完整性和一致性,企业需要打破财务部门与业务部门之间的壁垒,建立跨部门协同机制。在这样的机制下,财务人员不仅需要熟悉财务数据,还需要理解业务运营数据的来源和用途。通过加强跨部门的合作,企业可以实现财务数据与业务数据的整合,为决策提供更加全面的支持。这种协同机制不仅提升了财务管理的效率,还为企业的整体管理提供了新的发展动力。

(四)建立有效的绩效考核与激励机制

财务管理的数字化转型是一个长期的过程,企业需要通过有效的绩效考核和激励机制来确保转型工作的持续推进。在转型过程中,绩效考核机制不应仅仅局限于传统的财务指标,还应包括转型进展、数字化应用效果、团队协同能力等方面的考核。同时,企业应通过激励机制,调动员工的积极性,鼓励创新和变革,确保财务管理数字化转型能够按计划顺利推进。

1. 制定数字化转型的考核指标

为了确保财务管理的数字化转型取得实效,企业需要制定一套科学的绩效考核指标。这些指标不仅要考核财务数据的准确性和完整性,还应包括对数字化工具应用的效率、财务流程的优化程度、数据分析能力的提升等方面的评价。通过全面的考核体系,企业可以实时跟踪数字化转型的进展,发现转型中的问题并及时进行调整。

2. 设立转型激励机制

为了推动财务管理数字化转型的顺利进行,企业需要设立激励机制,鼓励员工积极参与到转型过程中。通过对在数字化转型中表现突出的个人和团队给予奖励,企业可以调动员工的积极性和创造力,推动财务管理的创新。激励机制不仅应包括物质奖励,还可以通过晋升机会、技能培训等方式激励员工,增强员工的归属感和责任感。

五、数字经济时代财务管理的未来趋势

(一)智能化财务的普及与深化

随着大数据、人工智能等技术的不断进步,财务管理的智能化水平将进一步提升。智能财务系统将全面应用于企业的各个财务管理环节,从资金管理、预算编制到风险控制、决策支持,智能化财务系统将帮助企业实现高度自动化和智能化的财务管理。

未来,财务管理不仅仅是数据处理和核算工具,而将成为企业战略管理的核心支撑系统。通过智能化财务系统,企业能够实时获取市场动态,进行精准的财务预测和决策优化,提升企业的市场响应能力和竞争力。

(二)财务管理的战略作用进一步提升

随着企业数字化程度的提高,财务管理将在企业战略制定与执行中发挥更加重要的作用。未来的财务管理将不再只局限于成本控制和资金调度,还将深入参与到企业的业务运营和战略制定中。通过对财务数据的深度分析,财务管理者将能够为企业的资源配置、市场拓展、产品研发等战略决策提供科学依据,帮助企业实现长期可持续发展。

财务管理的战略作用还体现在对企业长期投资决策的支持上。未来,财务管理将通过智能化工具和大数据分析,对不同投资项目的收益和风险进行全面评估,优化企业的资本配置,确保企业能够在快速变化的市场中抓住机会、控制风险。

(三)全球化财务管理的挑战与机遇

随着全球化的加深,企业的财务管理将面临更加复杂的国际化挑战。企业不仅需要应对跨国运营中的汇率波动、税收法规变化等外部环境,还需要通过全球化的财务管理系统,实现全球范围内的资金调度、财务数据整合与风险控制。

未来,跨国企业的财务管理将更加依赖于全球统一的财务管理平台,通过数字化工具实现全球财务数据的共享和实时分析,优化全球资源配置。与此同时,全球化的财务管理还需要面对各国的合规要求,企业必须建立健全合规管理体系,确保全球运营的财务管理符合不同国家的法律法规。

数字经济时代,企业的财务管理面临着前所未有的机遇与挑战。通过大数据、人工智能、区块链等数字技术的应用,企业能够实现财务管理的自动化、智能化和全球化,不仅提高了管理效率,还增强了企业在市场中的竞争力。在财务管理的数字化转型过程中,企业必须制订科学的战略规划,选择合适的技术平台,优化财务流程,培养数字化人才,确保转型工作的顺利推进。未来,财务管理将进一步融入企业的战略决策中,成为推动企业创新与发展的重要引擎。

第三章

数字经济时代企业财务管理环节创新

第一节 数字经济时代财务预测

一、数字经济对财务预测的影响

(一)信息环境的变化

随着数字经济的蓬勃发展,企业的财务管理环境发生了深刻变化,尤其是在财务预测环节,信息的获取和处理方式已被彻底重塑。数字经济的核心特征是数据的广泛应用与实时性,这极大地影响了财务预测的方式与效果。在传统财务预测中,企业往往依赖历史数据和经验进行预测,受限于数据的滞后性和有限性,这使得预测结果不够精准。然而,数字经济时代的数据来源更加广泛且实时,企业能够利用大数据技术对来自市场、消费者行为、供应链和竞争对手的海量数据进行综合分析,提供更加精细化、实时化的财务预测。信息流转速度的加快和数据维度的丰富,使得财务预测从以往的静态模式转变为动态的、可随时更新的过程。

数字经济还改变了企业获取信息的方式,传统的内部财务数据不再是唯一依据,外部环境数据、社交媒体数据、宏观经济指标等都成为财务预测的重要参考。企业不仅要分析自身财务数据,还必须结合外部市场的变化趋势。特别是通过大数据和人工智能技术,企业能够对这些信息进行实时捕捉和深度分析,极大增强了财务预测的准确性和前瞻性。

(二)技术驱动的财务预测模式转型

技术的飞速发展是数字经济时代财务预测创新的核心推动力。传统的财务预测依赖于有限的定量分析方法,如回归分析、时间序列分析等,难以应对复杂、多变的市场环境。随着人工智能、机器学习、大数据分析技术的广泛应用,财务预测不再局限于线性模型,能够对大量非线性因素进行综合分析,提供更为准确的预测结果。例如,机器学习技术能够通过训练模型,从历史数据中自动学习并优化预测算法,使预测更加精准。

数字技术使得预测不再是单一的年度或季度行为,而是持续的、动态的过程。企业可以通过预测模型的不断迭代,基于实时数据的输入,动态调整预测结果。人工智能还可以通过分析企业的运营数据,自动识别出影响财务表现的关键因素,提前预警潜在风险,并帮助企业制定相应的应对策略。这种技术驱动的财务预测模式,极大提升了企业的风险管理能力和战略决策的前瞻性。

1. 机器学习与预测模型的优化

机器学习技术为财务预测带来了深远影响,尤其在处理非线性数据和复杂变量时表现出色。通过算法的不断训练与自我优化,财务预测模型可以根据实际情况做出动态调整。机器学习算法能够从大量历史数据中挖掘规律,并在未来数据输入后进行优化,使预测的准确性逐渐提升。此外,机器学习还能够自动识别出关键变量之间的复杂关系,从而优化财务预测模型,帮助企业做出更为科学的预测决策。

2. 云计算对财务预测的影响

云计算为企业提供了强大的数据处理能力和灵活的计算资源,使得财务预测的规模化和实时性成为可能。通过云平台,企业能够大幅缩短数据处理的时间,并将财务预测系统与其他业务系统进行无缝集成,从而提高预测效率。此外,云计算还使得企业能够随时随地进行财务预测,增强了企业财务管理的灵活性和响应速度。

(三) 财务预测的实时化与精准化

在数字经济的背景下,财务预测的实时性变得尤为重要。市场变化加速、需求波动频繁,企业必须依赖于实时的财务预测来调整经营策略。通过对市场数据、供应链数据和消费者行为数据的实时捕捉,企业能够动态调整财务预测模型,迅速对市场变化做出反应。同时,精准化的预测要求企业能够将大数据和预测技术有效结合,从大量数据中提炼出有意义的财务信号。这种实时、精准的财务预测不仅提高了企业的财务管理效率,还为企业赢得了市场先机。

二、数字经济时代财务预测的创新路径

(一) 多维数据整合与智能化分析

数字经济使得企业在财务预测过程中可以利用更多维度的数据进行整合与分析。传统的财务预测往往依赖于企业内部的财务数据和有限的市场数据,而数字

经济时代的财务预测则涵盖了来自外部环境的多维数据,如消费者行为、社交媒体情绪、宏观经济指标等。多维数据的整合不仅可以提供更为全面的财务预测,还能够揭示出财务表现背后的深层次逻辑。智能化的数据分析工具能够自动化地处理这些多维数据,并通过模型分析提炼出关键财务变量,提升预测的精度和广度。

1. 大数据技术的深度应用

大数据技术在财务预测中的应用,使企业能够利用来自多个渠道的大量数据进行分析和决策。通过对企业内部数据和外部市场数据的整合,大数据技术能够为企业提供更加全面的市场洞察。例如,企业可以通过分析社交媒体数据,了解消费者对产品的反馈,从而对销售收入进行更为精准地预测。同时,大数据技术还能够帮助企业识别出财务数据中的异常情况,及时调整预测模型,提升财务预测的可靠性。

2. 数据清洗与建模优化

为了确保预测结果的准确性,数据清洗是财务预测的关键步骤。数字经济时代,企业面临的数据往往存在瑕疵和不完整性,未经处理的数据可能会导致预测模型产生误差。因此,企业需要通过数据清洗技术,去除无关数据、修正错误数据,确保数据的准确性与一致性。经过清洗的数据能够为预测模型提供更为精准的输入,帮助企业做出更为可靠的预测。此外,企业还需要对预测模型进行优化,通过不断调整模型参数和算法,使预测结果与实际财务表现更为接近。

(二)财务预测的场景化与个性化

在数字经济时代,财务预测不是基于历史数据的简单推演,而是与业务场景深度结合的动态过程。企业可以根据不同的业务场景进行个性化的财务预测,如针对不同的市场条件、销售渠道和产品线,设计差异化的预测模型。这种场景化的预测使得企业能够更加灵活地应对市场变化,并根据不同的业务需求调整资源配置和财务策略。

1. 业务场景的多样化预测

企业在数字经济中面临的业务场景多样化,财务预测必须具备足够的灵活性。企业可以根据市场动态、供应链波动、政策变化等因素,灵活调整预测模型。例如,在面对新产品发布时,企业可以通过分析历史销售数据、市场反馈和竞争对手策略,预测新产品的销售收入和利润;在应对供应链不确定性时,企业可以通过分析库存、物流成本等因素,预测现金流的波动。财务预测的场景化使得企业能够根据具体的业务需求,做出更为灵活和精准的财务决策。

2. 个性化财务预测策略

数字经济时代的财务预测还要求个性化的预测策略。不同企业的财务预测需求各不相同,行业特点、企业规模、市场定位等因素都会影响财务预测的侧重点。企业可以根据自身的战略目标和市场环境,设计个性化的财务预测方案。个性化的财务预测策略能够帮助企业更好地应对行业内的竞争压力,并根据具体的财务目标进行动态调整。例如,初创企业在早期阶段,可能更加关注现金流的稳定性和融资需求,而大型成熟企业则可能更重视利润率的优化和长期资本回报。通过个性化的预测模型,企业能够更加精准地定位自身在不同阶段的财务需求,制定更具针对性的管理策略。

(三)动态调整与灵活应对

数字经济的高速发展导致市场环境瞬息万变,传统财务预测模式中静态、长期的预测方式已无法满足企业的需求。为了应对市场波动,财务预测需要具备动态调整的能力。企业必须根据外部环境的变化和内部经营状况的实时数据,不断调整预测模型,确保预测结果与实际运营状况保持高度一致。

1. 实时数据更新与预测迭代

在传统的财务预测模式中,企业通常每年或每季度进行一次财务预测,这种静态的预测方式无法适应市场的快速变化。在数字经济时代,企业需要依靠实时数据更新和预测迭代机制,及时调整财务预测模型。通过引入实时数据流,如市场销售数据、客户需求变动、供应链波动等,企业可以动态调整预测模型的参数,并根据新的数据迭代预测结果。这种迭代方式不仅提高了预测的灵活性,还帮助企业及时调整财务决策,避免因市场变化导致的预测误差。

2. 预测误差的识别与纠正

由于市场的高度不确定性,财务预测模型难免会出现预测误差。企业需要具备及时识别和纠正预测误差的能力,以减少预测偏差对财务决策的影响。通过构建财务预测误差识别机制,企业可以快速发现预测与实际财务表现之间的差距,并分析其原因。通过调整模型参数或改进算法,企业能够在下一次预测中减少误差,逐步提高预测的准确性。

第二节　数字经济时代财务决策

一、财务决策的数字化转型

(一)决策环境的变迁

数字经济时代下,企业的外部环境和内部结构都发生了重大变化,财务决策的方式和依据也随之转型。在传统财务决策中,企业主要依靠历史财务数据、经验判断和有限的市场分析做出决策,这种方式较为保守且决策速度较慢。然而,数字经济带来的数据驱动、技术赋能使得财务决策进入了新的阶段。通过对市场、行业和企业内部运营数据的综合分析,财务决策从传统的基于历史数据的被动反应,转变为主动的、前瞻性的战略引导。

企业面临的决策环境也比以往更加复杂和动态。在全球化和市场联动的背景下,企业必须应对更广泛的外部变化因素,如宏观经济波动、政策调整、市场竞争加剧等。数字经济推动了信息的快速传递和处理,企业在财务决策中必须更加灵活应对外部变化。通过技术的应用,企业可以缩短决策周期,提高决策质量,在激烈的市场竞争中保持领先地位。

1. 市场复杂性与决策挑战

数字经济使得市场环境更加复杂化,企业在做出财务决策时需要考虑更多的变量和风险因素。市场信息的不对称性和全球经济的不确定性使得传统的决策工具和方法难以应对。例如,汇率波动、国际贸易摩擦、供应链中断等外部事件都会对企业的财务决策产生重要影响。这要求企业在财务决策中,必须具备更强的数据分析能力和风险应对机制。

2. 技术驱动的财务决策

技术的进步使得企业能够在财务决策中更加依赖数据和智能工具。通过大数据分析和人工智能算法,企业可以对大量复杂数据进行分析,从中提炼出关键的决策信息。智能化的决策系统不仅能够处理历史数据,还能够通过预测模型对未来的市场变化进行模拟,从而为企业提供前瞻性的财务建议。例如,人工智能可以通过对市场数据、竞争对手策略和客户需求的分析,帮助企业进行资本配置、预算优化和投资选择的决策。技术驱动的财务决策模式提高了企业的决策效率和精准性,减少了决策中的不确定性。

(二)智能决策系统的引入

随着技术的成熟和广泛应用,智能决策系统在企业财务管理中的作用日益突出。智能决策系统利用大数据、机器学习和人工智能技术,帮助企业自动化处理财务数据、分析市场趋势,并生成最佳决策方案。智能决策系统不仅可以减轻财务人员的工作负担,还能够提高决策的准确性和科学性,为企业的长期发展提供支持。

1. 自动化财务分析与决策支持

智能决策系统能够自动化处理和分析大量财务数据,从而为企业提供更加全面、深入的财务建议。例如,智能系统可以根据企业的现金流、成本结构、市场需求等关键财务数据,自动生成决策报告,并提出相应的策略建议。通过自动化财务分析,企业可以减少人为错误,提高数据处理的效率和准确性。与此同时,智能决策系统还能通过对历史决策结果的分析,帮助企业不断优化决策模型,提升财务决策的整体质量。

2. 预测分析与决策模拟

智能决策系统能够根据市场变化、历史数据和企业内部运营数据,进行多维度的预测分析,并为企业的财务决策提供模拟支持。例如,在进行投资决策时,企业可以通过智能决策系统模拟不同的投资场景,评估每种场景下的收益和风险,从而选择最优的投资方案。这种预测与模拟功能使企业能够在决策前充分考虑不同变量的影响,减少决策风险,提高决策的成功率。

(三)实时决策与灵活应对

数字经济加速了信息流动,使得市场变化更加频繁,企业必须具备实时决策的能力,以便在面对市场波动时能够迅速调整财务策略。传统的财务决策往往周期较长,决策滞后性问题严重,而数字化工具和技术使得企业能够实现实时的财务决策和调整。

1. 实时数据的应用

通过数字化平台和数据分析工具,企业能够实时获取市场信息、财务数据和业务运营数据,并基于最新的数据进行财务决策。例如,企业可以通过实时监控市场价格、供应链状态、销售表现等,及时调整资金分配和投资策略。这种基于实时数据的决策模式大大提高了企业应对外部环境变化的灵活性和反应速度。

2. 动态决策与快速调整

实时数据的应用还使得企业在财务决策中可以更加灵活地调整策略。企业可以通过不断更新的市场数据,动态调整财务预算、投资组合和资源分配方案,确保财务决策与市场环境的变化保持同步。例如,在面对市场需求骤变时,企业可以快速调整生产计划和资金流向,避免资源浪费和市场机会的丧失。动态决策能力使得企业能够在高度不确定的市场环境中保持灵活性和竞争优势。

二、数字经济时代的投资决策优化

(一)投资决策的数字化路径

数字经济时代,企业的投资决策过程日益依赖于数据驱动和智能化工具的支持。传统的投资决策往往由于有限的财务指标和市场分析,决策信息来源较为单一。然而,随着大数据和人工智能技术的广泛应用,企业可以通过更加全面和精准的分析方法优化投资决策。企业在进行投资决策时,不仅要考虑财务回报,还要综合考虑市场趋势、行业竞争、政策环境等多维因素。

1. 数据驱动的投资分析

大数据技术使得企业能够对投资项目进行更加精细化的分析和评估。通过整合来自市场、行业、竞争对手等多方的数据,企业可以对投资项目的潜在收益、风险和市场前景进行全面分析。例如,企业可以通过数据分析识别出市场需求的潜在增长点,预测投资项目的未来表现,从而优化投资决策。数据驱动的投资分析能够帮助企业降低投资盲目性,提高投资决策的科学性。

2. 智能投资组合管理

智能投资管理系统能够根据企业的投资目标和风险偏好,自动生成投资组合建议,并通过动态调整实现投资回报最大化。智能投资系统通过实时监控市场动态,优化投资组合结构,确保企业在不同市场环境下能够保持较高的投资收益率。通过应用智能投资管理工具,企业能够在复杂多变的市场中更加有效地管理投资风险,实现长期稳定的资本回报。

(二) 风险评估与动态管理

投资决策的核心之一在于如何进行有效的风险评估与管理。在数字经济时代,市场的不确定性增加,企业必须通过数据驱动的分析和智能化工具,动态评估投资决策中的风险,并及时调整策略以应对市场波动。传统的风险评估方法主要依赖历史数据和定性分析,而在数字经济中,企业需要引入大数据分析、机器学习等技术,从多维数据中识别潜在风险,并在投资过程中实时监控这些风险因素的变化。

1. 大数据技术下的风险评估

大数据技术为企业提供了更加精准的风险评估工具。通过对市场环境、行业动态、消费者行为、政策变化等多种数据的整合与分析,企业能够识别出投资项目中的潜在风险点。例如,通过对竞争对手的财务表现和行业趋势进行大数据分析,企业可以预测市场的未来走势,从而判断投资项目的风险与回报。此外,企业还可以借助大数据技术,对历史数据进行深度挖掘,发现以前被忽略的风险因素,并将这些因素纳入未来的投资决策考量中。

2. 动态风险管理与调整

数字经济环境下的投资风险管理需要具备高度的动态性。传统的风险评估方法通常是静态的,即在项目初期进行一次性风险评估,然而随着市场环境的变化,投资项目中的风险也会发生变化。企业可以通过构建动态风险管理机制,实时监控项目的运行状况、外部市场变化以及政策动向,及时调整投资策略。例如,企业可以根据市场波动情况,动态调整投资组合的配置比例,减少高风险项目的投资,或者在低风险时期增加对特定行业的投资,确保整体投资组合的风险控制在合理范围内。

(三) 智能化投资决策工具的应用

为了应对日益复杂的市场环境和多变的投资风险,企业在数字经济时代必须借助智能化投资决策工具,这些工具能够提供实时数据分析、自动化决策建议和风险预警功能。通过智能化工具的应用,企业能够更加高效地进行投资分析、组合优化和风险管理,提升投资决策的质量和效率。

1. 智能化的投资决策模型

智能化投资决策工具基于先进的算法和模型,能够自动化分析海量数据,为企业提供最优的投资策略。通过机器学习算法,智能投资决策工具可以在分析历史投资表现的基础上,优化投资模型,不断提升投资预测的准确性和稳定性。例如,企业可以利用智能化工具根据市场的实时变化,动态调整投资组合,从而最大化投资回报,最小化市场波动带来的风险。

2. 智能化风险预警系统

智能化风险预警系统通过对市场、政策、竞争环境的实时监控和数据分析,能够为企业提供及时的风险预警。当市场出现波动或外部风险因素增加时,预警系统能够自动向决策层发出信号,提醒企业及时调整投资策略,避免因市场突变带来的损失。例如,当政策环境发生重大变化,可能影响企业投资项目的利润率时,智能预警系统能够立即评估政策影响,提出调整建议,帮助企业避免不必要的风险。

三、资本结构优化与数字化决策

(一)资本结构决策的数字化工具应用

在数字经济时代,企业的资本结构决策不仅依赖于传统的财务比率和历史数据分析,还需要通过数字化工具和智能化决策系统来优化资本配置。资本结构优化的目标是实现资本成本的最小化和财务风险的可控化,确保企业在不同的市场环境中保持稳定的资本运作。

1. 数字化平台对资本结构分析的支持

通过数字化平台,企业能够实时监控资本市场的动态,获取关于融资成本、资本回报率、行业资本结构对比等关键信息。这些平台能够整合债务成本、股权融资成本等数据,帮助企业在进行资本结构决策时获得全面的信息支持。此外,数字化平台还能通过分析宏观经济数据和企业财务健康状况,辅助企业选择最合适的融资工具和资本配置策略,优化债务与权益的比例。

2. 资本结构优化模型的智能应用

智能化资本结构优化模型通过对企业资产负债率、债务期限、股东权益结构等要素的综合分析,帮助企业设计出最优的资本结构方案。例如,机器学习算法可以通过分析同类型企业的资本结构与经营绩效之间的关系,预测不同资本结构下企业的财务风险与盈利能力,从而为企业提供数据支持,帮助其实现资本结构的动态优化。

(二)债务与股权融资的数字化决策

企业在资本结构的调整中,面临的核心问题之一是债务与股权融资的平衡。数字经济为企业的融资决策提供了新的工具和方法,通过智能化的融资决策模型和市场分析工具,企业可以更加精确地判断何时应通过债务融资,何时应通过股权融资来实现资本扩张。

1. 债务融资的智能决策

在债务融资中,企业需要综合考虑债务成本、偿债能力以及利率波动等多种因素。数字化工具能够为企业提供利率预测、债务成本分析、市场信用评估等数据支持,帮助企业在融资时选择最优的债务工具。例如,企业可以通过数字化融资平台,实时监控市场利率的变化,并根据预测结果决定是否进行长期或短期债务融资,确保企业能够以最低的成本获取资金支持。

2. 股权融资的数字化优化

股权融资的决策通常涉及企业的股东结构和融资成本。通过智能化融资决策模型,企业可以根据市场的资本回报率、行业融资现状等因素,动态调整股权融资的比例,确保股权融资不会过度稀释企业的股东控制权。数字化工具还能够帮助企业分析融资后股价波动的风险,预测不同股权结构下的长期资本收益,帮助企业制定更具前瞻性的股权融资决策。

(三)资本运作的智能化管理

数字经济赋予企业更加灵活的资本运作管理能力,通过智能化工具和大数据分析,企业可以实时监控资本流动,优化资金分配,并在资本市场中抓住更多的投资机会。资本运作的智能化管理不仅能够提升资金的使用效率,还能帮助企业在资本市场中更加敏捷地应对变化。

1. 资本流动的智能化监控

企业通过智能化的资本管理系统,可以实时监控资金的流动情况,优化资本的流动性管理。智能系统能够根据企业的资金需求,自动调整现金储备、债务偿还计划和资本投资策略,确保资金在企业内部的高效运作。例如,当企业的资金流紧张时,智能系统能够及时识别资金缺口,提出相应的融资建议;当企业有富余资金时,系统能够自动寻找合适的投资项目,确保资金不会闲置。

2. 资本市场的智能化投资策略

通过智能化的资本市场分析工具,企业可以在资本市场上采取更加精准的投资策略。例如,智能系统可以通过实时分析资本市场的交易数据,帮助企业捕捉短期的市场波动机会,实现资本的快速增值。与此同时,企业可以通过智能投资模型优化长期资本配置,将资金投向具有长期增长潜力的市场和行业,确保资本的稳健增长。

四、数字经济时代财务决策的未来发展方向

未来的财务决策将逐步走向全局智能化,企业将依靠智能化决策系统进行更加自主的财务管理。通过全局智能决策系统,企业能够自动化处理来自不同部门、不同业务线的财务数据,实时生成最优的财务决策方案。财务决策的自主化不仅减少了人为干预的时间和精力,还大幅度提高了决策的科学性和准确性。

(一)全局智能化管理平台的建设

未来,企业将进一步整合各个业务系统,构建统一的智能化管理平台,实现财务、业务、运营等数据的无缝衔接。通过全局管理平台,企业可以在单一平台上获取全面的数据分析和决策支持,确保财务决策与企业战略的高度协同。全局智能化平台将极大地提升企业管理的效率,帮助企业在复杂的市场环境中做出更加科学和精准的财务决策。

(二)自主化财务管理的实现路径

自主化财务管理依赖于智能化决策系统的深度学习能力。通过对企业历史数据、市场动态和财务表现的综合学习,智能系统能够自动识别企业财务管理中的问题,并提出相应的解决方案。未来,企业的财务管理系统将具备自主优化能力,能够根据市场的变化自动调整财务策略,减少决策中人为偏差的同时,随着财务管理与企业战略的深度融合,财务部门在企业发展中的地位也在逐步提升。未来,财务决策不仅是企业战略制定的重要支撑,还将在企业的日常运营中发挥核心作用。通过智能化、自动化的财务管理系统,企业能够实现资源的最优配置,提升风险应对能力,从而在全球化和数字化背景下保持长远的竞争优势。

第三节 数字经济时代财务预算

一、数字经济背景下的财务预算变革

(一)数字技术对传统财务预算的冲击

随着数字经济的迅速崛起,企业运营的内外部环境发生了显著变化,财务预算作为企业管理的重要环节,也受到了深远影响。传统财务预算主要依赖于历史数据和静态分析,预算周期较长,调整灵活性较低。这种方式在过去相对稳定的市场环境中运作良好,但在快速变化的数字经济中,显得反应迟缓且缺乏应变能力。数字技术的出现,如大数据、人工智能和云计算,不仅加速了信息的流动,还改变了财

务预算的核心逻辑,使预算流程变得更加动态、智能和灵活。

1. 传统预算模式的局限性

在传统的预算管理模式中,企业财务预算往往基于过去年度的业绩数据,结合市场增长预期制定下一年的财务目标和资源分配方案。虽然这种方法在资源配置上具有一定的规划性,但由于依赖历史数据,它对外部市场的波动反应迟钝,无法及时反映业务的动态变化。尤其在数字经济背景下,企业运营环境变得极其复杂且难以预测,基于固定增长假设的预算模式难以满足企业快速调整的需求。

2. 数字化转型的驱动力

数字化转型要求企业通过引入智能化工具优化预算流程,利用实时数据动态调整预算目标和资源分配。大数据分析技术使得企业能够从海量数据中提取出有价值的信息,通过对市场、行业趋势、消费者行为等信息的实时监控和分析,预算决策能够更好地适应外部环境变化。此外,云计算技术的广泛应用使得预算的编制和调整可以更加灵活和即时化。企业通过搭建数字化预算平台,打破了传统预算的周期限制,实现了更高效的资源配置。

(二) 智能化财务预算的兴起

在数字经济时代,智能化预算系统应运而生。这类系统通过大数据、人工智能等技术的应用,使企业的预算从过去的静态规划转向动态调整。智能化预算不仅可以自动生成财务预测,还能根据市场和运营状况的变化,自动优化预算方案。

1. 智能化预算系统的优势

智能预算系统的核心优势在于其实时性和动态调整能力。通过大数据集成,智能预算系统能够实时获取市场、行业和公司内部运营的数据,快速分析并做出相应的预算调整决策。例如,当企业销售增长快于预期时,智能系统可以动态调高销售部门的预算支持,以抓住更多市场机会。而在出现市场波动时,系统也能够及时调整预算分配,确保企业不会过度消耗资源或承担过高的财务风险。

2. 智能化工具的应用场景

人工智能技术在财务预算中的应用非常广泛。通过机器学习算法,系统能够在处理大量历史数据后,自动识别出企业运营的周期性规律,从而提出更加精准的预算预测。同时,智能工具还能帮助企业进行多场景分析,不同的预算方案下模拟出企业的财务表现,帮助管理层做出更加科学的决策。这种基于数据驱动的预算系统增强了企业的战略执行力,使企业在面对复杂的市场环境时具有更强的应变能力。

二、数字经济时代财务预算的创新路径

(一)动态预算与滚动预算的结合

在数字经济环境下,传统的固定预算模式已不再适用,动态预算和滚动预算逐渐成为主流。这两者的结合为企业提供了更加灵活的财务管理工具。动态预算是指预算的调整依据企业运营过程中的变化而进行实时优化,而滚动预算则是通过定期更新预算计划,使企业始终能够掌控最新的财务和市场状况。

1. 动态预算的灵活性

动态预算通过持续的数据监控和实时反馈机制,帮助企业及时调整资源配置。它能够根据业务部门的绩效实时调整预算额度,使预算方案具有更强的弹性和应变能力。例如,在生产环节,动态预算能够根据销售预测的变化,及时调整生产线的预算,避免因需求变化而产生的库存积压或资源浪费。

2. 滚动预算的持续优化

滚动预算通过每月、每季度等频率的定期更新,使预算计划始终保持与市场和业务实际情况的同步。滚动预算最大的特点在于其持续性,使企业能够不断根据实际情况调整未来的预算目标。这一方式打破了传统预算的时间周期限制,使财务管理更加符合企业运营的节奏。例如,在新产品研发中,滚动预算能够确保研发资金的合理配置,减少不确定性带来的预算偏差。

(二)零基预算的重新应用

零基预算(Zero-Based Budgeting,ZBB)作为一种颠覆传统预算思维的管理工具,逐渐在数字经济背景下得到了新的应用。不同于增量预算以历史数据为基础,零基预算要求每一年度从"零"开始编制预算,迫使企业对所有支出进行重新评估,确保每一笔支出都有明确的商业价值和战略意义。

1. 零基预算在数字经济中的应用优势

在数字化转型的过程中,零基预算的应用优势在于其可以帮助企业消除无效支出,优化资源配置。零基预算通过每个部门、每个项目的成本效益分析,确保企业的每一项预算都有明确的价值贡献。例如,对于技术研发部门,通过零基预算可以评估每个项目的潜在市场价值和投资回报,帮助企业更好地分配研发资金。

2. 零基预算的实施挑战

尽管零基预算在优化资源配置方面具有明显优势,但其实施难度较大,特别是对于传统大规模运营的企业。零基预算的编制过程烦琐,要求企业对所有部门和业务进行彻底的分析和重新规划,这需要耗费大量的时间和人力资源。为了解决

这一问题,数字经济时代的企业可以借助智能预算系统,通过自动化分析工具加快零基预算的编制过程,减少人为干预,提高预算的效率和准确性。

（三）场景化预算与业务融合

数字经济时代的预算编制已经不再是财务部门的独立工作,而是与业务部门深度融合的管理工具。场景化预算根据不同业务线的需求,定制化设计预算方案,帮助企业更好地应对复杂的市场环境。通过将预算编制与业务场景相结合,企业能够实现更加精准的资源分配,增强预算的执行力和可操作性。

1. 预算与业务场景的结合

场景化预算的核心在于将业务流程与预算目标紧密联系。例如,销售部门的预算可以基于市场预测和客户行为分析动态调整,研发部门的预算可以根据项目的不同阶段和进展灵活分配资金。通过场景化预算,财务部门能够更好地理解业务需求,提供更加个性化的预算支持,确保预算方案与业务战略高度一致。

2. 跨部门协同的预算管理

场景化预算的实施依赖于跨部门的协同和数据共享。财务部门需要与业务部门、市场部门和技术部门密切合作,了解业务的实际需求和挑战。通过建立数据共享平台,各部门可以实时更新预算数据,使预算方案能够快速反应业务变化,避免资源浪费和不合理的资金分配。

三、数字经济时代财务预算的实施策略

（一）加强预算管理的数字化平台建设

在数字经济的背景下,企业必须通过搭建强大的预算管理平台,确保预算的编制、执行和调整过程能够与业务的数字化转型相匹配。数字化平台不仅能够提高预算编制的效率,还能确保预算数据的透明度和实时性,使各部门能够随时了解预算执行情况并做出相应调整。数字化平台的建设不仅是对技术的需求,也是管理模式的转型。在财务预算领域,数字化平台能够将预算编制、执行和监控等环节整合到一个系统中,帮助企业实现全流程管理和动态调整。

1. 预算管理系统的建设与集成

预算管理系统是企业数字化预算平台的核心。企业通过引入先进的预算管理软件,将各部门的预算数据集成到一个平台上,实现实时的数据共享和透明化管理。数字化系统能够自动汇总各部门的预算申请,并通过智能算法进行数据分析,帮助管理层更好地掌握整体预算状况。同时,系统还能对预算执行情况进行实时监控,自动生成分析报告,帮助企业发现预算执行中的问题并及时进行调整。

例如,企业可以通过系统设定预算审批流程,自动化处理各部门的预算申

请,减少审批时间。各部门还可以通过系统实时跟踪预算使用情况,避免超支或资金不足的情况发生。预算管理系统不仅提高了预算编制和执行的效率,还提升了各部门的协作能力和预算管理的透明度。

2. 数字化预算平台的可扩展性与灵活性

数字经济背景下,企业运营的复杂性和多样性要求预算管理平台具备高度的可扩展性和灵活性。企业需要根据自身的发展阶段和业务规模,灵活调整预算系统的功能模块和数据处理能力。可扩展的预算系统能够支持企业快速增长的需求,随着业务扩展进行系统升级,并通过模块化设计实现定制化功能,如针对特定行业的财务分析工具或风险评估模块。

通过高度灵活的系统架构,企业还可以实现与其他管理系统的无缝集成,如企业资源规划系统(ERP)、客户关系管理系统(CRM)等,从而实现全面的业务和财务信息联动。这种全方位的数据集成和系统扩展,增强了预算管理系统对复杂业务场景的适应能力,帮助企业快速响应市场变化。

(二)培养具备数字化技能的财务团队

数字经济时代的财务预算管理不再局限于传统的财务技能,财务团队必须具备处理大数据、运用智能化工具和掌握数据分析技术的能力。因此,企业需要通过培训和引进人才,培养具备数字化素养的财务团队,以确保财务预算管理的高效执行。

1. 财务人员的技术能力提升

财务预算的数字化转型要求财务人员具备一定的技术能力,特别是在数据分析、系统操作和智能工具运用方面。企业应为财务团队提供技术培训,帮助他们掌握先进的预算管理软件和大数据分析工具,使其能够独立进行数据处理和预测分析。同时,财务人员还需了解如何将这些技术应用到实际预算编制和管理中,从而提高预算的精度和科学性。

例如,企业可以通过与技术供应商合作,开展针对性培训,帮助财务人员理解智能算法的基本原理,学习如何使用机器学习技术进行财务预测。此外,企业还应鼓励财务人员持续学习,保持对新技术的敏感性,确保团队能够紧跟数字经济发展的步伐。

2. 跨职能协作能力的培养

数字化预算管理要求财务人员与其他业务部门保持紧密的沟通与合作。预算编制过程中,财务人员需要深入了解各业务部门的实际需求和市场变化,确保预算决策符合企业整体战略目标。因此,企业应鼓励财务团队参与跨部门的合作项目,培养他们的业务洞察力和跨职能协作能力。

通过跨部门的协同,财务人员能够更好地理解业务运作中的关键因素,并结合这些信息制订更加精准的预算方案。例如,在新产品开发阶段,财务部门应与研发和市场部门紧密合作,实时了解项目进展和市场需求变化,确保预算方案能够灵活适应市场波动。

(三)预算执行与监控机制的优化

预算的成功不仅取决于编制过程的合理性,而且需要通过有效的执行和监控机制,确保预算目标得以实现。数字经济时代,企业必须建立更加灵活且具备前瞻性的预算执行和监控机制,以便及时发现问题并做出调整。

1. 实时监控与数据反馈

在预算执行过程中,实时监控是确保预算方案有效实施的重要手段。通过预算管理系统,企业能够实时监控各部门的预算执行情况,并通过自动化的数据反馈系统,及时发现预算偏差或潜在的风险。例如,当某个项目的预算使用超过了预期,系统会自动生成警报,提醒相关负责人进行资金调整,避免预算超支。

此外,实时监控还能帮助企业提前发现预算执行中的趋势性问题,如某一业务部门持续高于预算的支出,财务部门可以通过数据分析工具查找原因,制定相应的纠正措施。通过这种实时反馈机制,企业能够在预算执行的过程中保持高度的灵活性和应对能力。

2. 绩效考核与激励机制的结合

为了确保预算执行的有效性,企业需要将预算执行与绩效考核和激励机制相结合。通过设定明确的预算执行指标,并将这些指标纳入部门和个人的绩效考核体系中,企业能够激励各部门更加积极地参与预算管理工作。此外,通过合理的激励机制,企业可以鼓励员工在预算执行过程中寻找创新的成本节约方案,从而优化资源配置,提升企业整体的经营效益。

例如,企业可以根据预算执行的效果设置奖励机制,对于能够保持在预算内完成工作且有显著成果的部门或个人,给予一定的物质奖励或晋升机会。这种激励机制不仅提高了预算执行的效果,还增强了员工对预算管理的责任感。

四、未来财务预算的趋势

(一)全自动化与智能化财务预算

随着数字化技术的不断发展,未来的财务预算将逐步实现全自动化和智能化。智能预算系统将能够根据历史数据、实时市场信息和企业运营情况,自动生成预算方案,并通过机器学习算法不断优化预算预测精度。这种智能化预算不仅减少了人为干预,还提高了预算决策的科学性和及时性。

1. 人工智能驱动的预算编制

人工智能技术将推动预算编制进一步智能化。未来,企业将通过智能算法自动生成预算方案,并根据不同的业务场景提供多种预算预测模型。例如,企业可以在产品生命周期的不同阶段应用不同的预算模型,确保预算决策与市场变化同步。通过自动化的预算编制,企业能够减少人工操作中的错误和主观偏差,提升预算编制的效率和准确性。

2. 实时数据与智能分析的深度应用

随着物联网和大数据技术的发展,企业将能够实时获取更加丰富的市场和运营数据,进一步提升预算管理的智能化水平。智能系统能够通过对这些实时数据的分析,自动调整预算方案,帮助企业更好地应对市场的快速变化。例如,当市场需求发生波动时,智能预算系统能够根据销售数据的变化,动态调整生产和销售预算,确保企业在面对市场波动时拥有足够的应对能力。

(二)财务预算的全球化协同

随着全球化进程的不断推进,未来的财务预算将更加注重全球化协同管理。跨国企业需要面对不同国家和地区的市场环境和政策差异,财务预算将不再仅仅是单一国家或区域的管理工具,而是涵盖全球资源配置的战略性管理手段。

1. 跨国预算的标准化管理

全球化背景下,企业需要通过标准化的预算管理流程,实现跨国业务的一体化管理。标准化的预算流程不仅能够提升预算编制的效率,还能增强各业务单位之间的协同,确保全球资源的最优配置。例如,通过统一的预算管理系统,企业能够将全球各个分支机构的预算数据整合到一个平台上,便于总部对全球预算的统一监控和管理。

2. 应对全球市场风险的预算弹性

未来,企业财务预算将更加注重应对全球市场风险。跨国企业在全球不同市场中运营,面临着汇率波动、政策变化、供应链中断等风险,企业的预算管理必须具备更高的弹性。通过动态预算和滚动预算的结合,企业能够灵活调整各地区的预算方案,及时应对全球市场环境的变化,确保企业财务健康和运营稳定。

数字经济时代的财务预算管理发生了深刻的变革。随着大数据、人工智能和云计算等数字技术的广泛应用,企业的预算编制从传统的静态模式逐渐向动态、智能化的方向转型。智能预算系统不仅能够提高预算编制和执行的效率,还能够通过数据驱动的方式增强预算决策的科学性和灵活性。

第四节 数字经济时代财务控制

一、财务控制的数字化变革

（一）传统财务控制模式的局限性

在传统企业管理中，财务控制主要依赖于人工操作和线下审核流程，通常通过财务报表分析、成本控制和预算监控等手段对企业的财务运作进行管理。这种模式下，企业的财务控制具有滞后性，决策依赖历史数据，难以实时反映企业运营中的问题。此外，传统的财务控制强调部门内的监督和约束，缺乏对整个企业跨部门业务流程的全面控制，这使得财务管理与业务管理的脱节问题频频发生。

1. 数据处理滞后

传统财务控制依赖于人工数据采集和处理，财务数据通常要经过多个流程才能形成分析结果，这种模式容易产生信息滞后，无法及时反映企业财务状况的变化。在数字经济时代，企业的运营环境复杂多变，市场变化频繁，依靠历史数据做出的财务控制和决策往往无法及时应对这些变化。这种滞后性不仅影响企业的反应速度，还可能导致决策错误和资源浪费。

2. 监督手段单一

传统的财务控制手段主要是通过成本核算、预算执行以及内部审计等方式对财务状况进行监控。然而，这种手段过于单一，且多集中于财务数据的事后分析，缺乏对实时业务数据的全面监督。同时，企业内部各部门的数据常常孤立，导致信息不对称，财务控制者难以掌握跨部门的资金流动和资源使用情况。部门之间的沟通壁垒也削弱了财务控制的有效性。

（二）数字经济时代财务控制的必要性

随着数字经济的迅猛发展，企业的运营模式和管理方式都发生了根本性的转变，财务控制的数字化已经成为企业管理的重要内容。数字经济下的企业财务管理不再仅仅是监督和控制财务数据的准确性，更是要通过智能化技术手段，实时获取、分析和优化财务流程，以提升财务决策的科学性和敏捷性。

1. 实时性与数据驱动的财务控制

在数字经济背景下，数据的实时性和海量性为企业财务控制带来了新的机遇。现代企业通过大数据、人工智能和云计算技术，能够实时获取企业内部及外部的各种财务数据，并将这些数据进行智能化处理，生成具有前瞻性的财务控制建议。数据驱动的财务控制不仅能够快速发现企业运营中的问题，还能帮助企业在风险发生前采取预防措施,减少可能的财务损失。

2. 流程自动化与全流程控制

数字经济推动了企业各项业务流程的自动化,财务控制也由此从单一的事后监督转向了全流程的动态控制。通过智能财务系统,企业能够实现从资金流动、资产管理、库存控制到收入和成本的全方位控制,避免传统控制模式下信息断层的发生。同时,自动化流程能够减少人为操作的错误,提高财务管理的透明度和效率。

传统财务控制与大数据驱动财务控制的对比详见表3.1。

表3.1 传统财务控制与大数据驱动财务控制的对比

对比维度	传统财务控制	大数据驱动财务控制
数据来源	内部财务数据,外部数据较少	内外部数据整合,数据来源多样化
分析方式	静态分析,基于历史数据	动态分析,基于实时数据与趋势预测
风险管理	事后风险处理,反应速度慢	实时预警与动态风险管理,反应快速
成本与利润控制	基于部门分摊的静态成本核算	基于大数据的成本优化与利润最大化分析

二、数字化技术在财务控制中的应用

(一)大数据在财务控制中的作用

大数据技术的应用使得财务控制从定性分析转向了数据驱动的定量分析。企业通过大数据平台整合来自市场、客户、供应链等多维度的数据,形成对企业财务活动的全景式监控,并对财务数据进行深度分析。这种基于数据的控制模式不仅提升了财务控制的精准度,还为企业提供了更为全面的财务风险预警系统。

1. 财务风险的实时监控

通过大数据技术,企业能够建立实时的财务风险监控系统,随时监测资金流动、应收账款、库存周转等关键财务指标的变化。大数据平台能够实时捕捉到企业财务运作中的异常情况,并自动生成风险预警报告,提醒管理者及时采取措施。例如,当应收账款周期过长时,大数据系统可以通过历史数据分析,预测资金流动可能出现的问题,并提出相应的解决方案。

2. 成本与利润分析的优化

大数据技术还能帮助企业优化成本和利润分析。通过对生产、采购、物流等业务数据的分析,企业可以更精确地识别各业务环节中的成本结构,发现潜在的成本控制点。同时,通过对市场数据的分析,企业能够更好地了解产品在不同市场和客户群体中的利润表现,帮助企业优化资源配置,最大化利润。

(二)人工智能在财务控制中的应用

人工智能技术的引入使财务控制实现了从手动操作到智能化处理的跃升。通过机器学习、自然语言处理等技术,人工智能能够在财务数据分析、审计和风险预警等方面提供强有力的支持。

1. 智能审计与异常检测

人工智能在财务审计中的应用能够有效提高审计的效率和准确性。传统审计工作需要人工核查大量财务报表和数据,而人工智能系统能够通过算法自动分析财务数据,并发现其中的异常情况。例如,人工智能系统可以识别出异常的资金流动、过高的成本支出等潜在问题,快速生成审计报告,并提出改进建议。这种智能审计工具不仅减少了人工工作量,还提高了财务审计的准确性。

2. 风险预测与自动化决策支持

人工智能在风险管理中的应用使企业能够更具前瞻性地预测财务风险。通过机器学习技术,人工智能系统能够从历史数据中识别出财务风险的潜在模式,并在未来的财务活动中进行自动化的风险预测。例如,人工智能系统能够预测供应链中的财务风险,帮助企业优化资金流动和库存管理。自动化决策支持系统还能够根据人工智能分析结果自动调整企业的财务控制策略,减少人为决策失误。

(三)区块链在财务控制中的应用

区块链技术的去中心化和不可篡改特性为财务控制提供了全新的保障手段。企业通过区块链技术可以实现财务数据的透明化管理,确保每一笔财务交易的真实性和可追溯性。区块链在供应链金融、合同管理、跨境支付等领域的应用,为企业的财务控制增加了安全性和透明度。

1. 数据安全与透明度

区块链技术能够确保财务数据的安全性和透明度。通过区块链,企业的财务数据被加密并记录在分布式账本中,确保每笔交易的数据无法被篡改,增强了财务数据的可信度。尤其是在企业与外部合作伙伴进行财务往来时,区块链技术能够确保所有交易的透明性,有效防止财务欺诈和舞弊行为的发生。

2. 智能合约的应用

智能合约是区块链技术的一项重要应用。通过智能合约,企业能够自动化执行财务交易,确保所有合同条款按照既定规则进行。例如,在跨境支付场景中,智能合约能够自动执行付款条件,当货物交付并确认无误后,系统将自动支付货款,无须人工干预。这不仅提高了财务流程的效率,还减少了人工操作中的风险。

三、数字经济时代财务控制的实施策略

（一）构建数据驱动的财务控制系统

在数字经济时代，企业应构建基于数据驱动的财务控制系统，整合大数据、人工智能和区块链等技术，实现全方位的财务管理。这种系统不仅能够帮助企业实时掌控财务状况，还能通过数据分析优化财务控制策略。

1. 数据采集与整合

数据采集是数据驱动财务控制系统的基础。企业需要通过数字化平台整合内外部数据，包括销售数据、成本数据、市场动态、供应链信息等。通过将这些数据进行集中管理，企业能够构建一个统一的数据平台，为财务控制提供数据支持。数据采集不仅限于财务部门内部，企业还需要通过与业务部门的数据共享，实现跨部门的全方位数据整合，确保财务控制覆盖业务运营的各个环节。

数据采集后，数据的清洗与整理是确保分析结果准确性的重要步骤。数据清洗可以去除不完整、重复或异常的数据，确保系统中数据的准确性和一致性。通过数据整合，企业能够形成全面的财务数据图景，为下一步的数据分析和决策支持提供基础。

2. 智能化分析与监控系统的建立

在建立数据驱动的财务控制系统后，企业需要借助人工智能和大数据分析工具进行智能化的财务分析和监控。通过智能化分析系统，企业能够实时监控财务数据，识别异常情况并提前预警。例如，企业可以设置资金流动、成本控制和应收账款等关键指标的自动监控阈值，一旦数据超出正常范围，系统会自动发出警报并建议相应的调整措施。

此外，智能化监控系统能够通过对历史数据的分析，预测未来可能出现的财务风险，并提出相应的优化策略。通过不断迭代和优化分析模型，企业的财务控制系统可以更加精准地预测市场波动对企业财务的影响，增强企业的风险应对能力。

（二）加强跨部门协作，优化财务控制流程

财务控制不仅是财务部门的职责，企业在数字经济时代的财务控制必须实现跨部门协同。业务部门的运营数据与财务数据紧密相关，只有通过有效地跨部门协作，才能实现全局财务控制的优化。

1. 业务与财务数据的互联互通

数字经济时代，业务运营与财务管理的融合程度愈发紧密。企业需要通过数字化平台实现业务与财务数据的互联互通，确保财务控制系统能够实时获取业务活动中的关键数据。这种互联互通不仅提高了财务数据的准确性，还能使财务控制系统对业务活动进行实时监控与反馈，帮助企业做出更为科学的决策。

例如,在库存管理方面,企业通过集成财务系统与供应链系统,可以实时监控库存资金占用,自动优化采购预算和生产计划,从而避免库存积压或供应链断裂。财务与业务部门的紧密协作可以有效提高资源配置效率,减少资金浪费。

2. 建立跨部门沟通机制

为了确保财务控制系统的有效实施,企业还需要建立常规化的跨部门沟通机制,确保财务部门与其他部门在数据共享、问题反馈和预算执行上保持良好的沟通与协作。定期的跨部门会议可以帮助各部门协调预算执行中的问题,调整财务控制的策略,并确保每个部门的预算和支出与企业的战略目标一致。

(三)引入动态财务控制机制

在数字经济中,市场环境瞬息万变,传统的静态财务控制已无法适应现代企业的快速调整需求。企业需要引入动态财务控制机制,使财务控制能够根据市场变化、业务需求和内部运营情况实时进行调整和优化。

1. 滚动预算与动态调整

滚动预算是一种灵活的预算控制方式,企业通过每月、每季度等定期更新预算,保持预算方案与市场环境的动态一致性。通过滚动预算,企业能够根据市场的实际情况,灵活调整财务控制目标和资金分配,减少因市场变化带来的预算偏差。

动态调整机制则使企业能够在市场发生突变时,快速调整财务控制策略。例如,当市场需求迅速增长时,企业可以通过动态财务控制系统快速增加生产和销售部门的预算支持;当市场不确定性增强时,企业可以及时缩减风险较高的投资项目,转向更加稳健的财务控制策略。动态财务控制机制的引入增强了企业的财务弹性,使其能够更加灵活地应对外部挑战。

2. 实时反馈与应急预案

在动态财务控制中,实时反馈机制是确保控制措施及时有效的重要手段。企业通过智能化系统实现财务数据的实时监控和反馈,一旦财务数据发生异常,系统会立即生成风险预警报告,并建议相应的应对措施。企业可以根据实时反馈调整控制策略,确保财务运作的稳定性。

为了应对市场波动和突发风险,企业还应制订详细的应急预案,确保在出现财务危机时能够快速反应。应急预案可以帮助企业在短时间内整合资源,确保关键财务活动的持续运作,同时减少危机对企业整体财务健康的冲击。

四、未来财务控制的发展趋势

(一)全自动化与智能化财务控制的普及

随着技术的不断进步,全自动化与智能化的财务控制将逐渐成为企业管理的主流。人工智能、区块链、大数据等技术的成熟应用,使得企业财务控制更加自动化、智能化和精准化。未来,财务控制不再需要大量的人力投入,系统将能够自动完成从数据采集、分析到控制反馈的整个过程。

1. 自动化流程的完善

在未来的财务控制中,自动化流程将得到进一步优化。企业通过全流程自动化的财务控制系统,能够实现从资金流动、成本控制到收入管理的全面自动化管理。通过自动化流程的完善,企业可以减少人为操作中的误差,并大幅提高财务管理的效率和透明度。

2. 智能化预测与决策支持

未来的财务控制系统将更加注重智能化预测与决策支持。通过不断优化的人工智能算法,企业将能够在财务控制中做出更加准确的预测,并通过智能化系统自动调整控制措施。财务控制系统将不仅成为财务管理的工具,还成为企业战略决策的重要支持平台。

(二)全球化财务控制的协同发展

在全球化的背景下,企业的财务控制不仅需要应对不同国家和地区的财务法规和市场环境,还需要在全球范围内实现财务资源的优化配置。未来,全球化的财务控制将依赖更加灵活的跨国协同机制,确保企业在全球市场中保持竞争力。

1. 全球化财务数据的整合

未来的财务控制将依托全球化的数据整合平台,帮助企业实现全球范围内的财务数据统一管理。通过整合全球财务数据,企业可以更好地掌握跨国运营中的资金流动和成本结构,优化全球资源配置,提升企业的整体竞争力。

2. 跨国财务风险管理

全球化财务控制的另一个重要发展方向是跨国财务风险管理。企业将通过智能化财务控制系统,实时监控全球范围内的财务风险,包括汇率波动、政策变化等。通过全球化的财务风险管理机制,企业能够提前识别风险并采取相应的防范措施,确保跨国运营的财务健康和可持续发展。

数字经济时代的财务控制已经从传统的静态、事后监督模式,转变为基于数据驱动的实时、动态控制模式。通过大数据、人工智能、区块链等技术的广泛应用,企业财务控制变得更加智能化、自动化和精确化。未来,随着技术的不断进步,企业的财务控制将逐步实现全流程的自动化与智能化管理,并在全球化背景下通过更高效的跨国协同机制,确保企业在快速变化的市场环境中保持财务的稳定与健康发展。

第五节 数字经济时代财务分析

一、数字经济对财务分析的影响

(一)财务分析的数字化转型

随着数字经济的快速发展,企业的财务分析方式发生了深刻变革。传统的财务分析主要依靠财务报表、历史数据和静态分析,侧重于定期的业绩评价和静态的财务健康状况评估。这种方式在相对稳定的商业环境中发挥了有效作用,但在数字经济时代,市场动态变化频繁,传统分析模式已显得滞后和僵化。数字化技术为财务分析提供了全新的方法,通过实时数据获取、动态分析和大数据支持,财务分析能够更加精准和全面。

1. 传统财务分析的局限性

传统财务分析模式虽然能够提供一定的财务健康状况,但由于其基于过去的数据,难以及时反映企业的动态变化和市场波动。财务报表分析往往存在数据滞后性,导致企业在决策时可能错失重要的市场机会。传统的分析工具如财务比率分析、现金流分析等在面对复杂多变的现代商业环境时,分析结果的及时性和预测性较为薄弱。

2. 数字经济推动下的财务分析创新

数字经济带来的核心变化是数据处理能力的飞跃。现代财务分析能够利用大数据、人工智能和云计算等技术,对企业的财务数据和运营数据进行动态监测和分析。通过这些技术,企业不仅可以对过去的业绩进行分析,还能够基于当前市场数据进行实时分析,甚至预测未来的财务表现。财务分析不再仅仅是事后反思的工具,而是企业战略规划和资源分配的核心支持工具。

(二)实时数据在财务分析中的应用

实时数据的获取和分析是数字经济下财务分析的显著特点之一。过去企业的数据来源有限,主要依靠内部的财务和业务数据,而现在企业可以通过外部市场数据、消费者行为数据和行业动态等多维度信息,构建全面的财务分析模型。这种实时数据的应用极大地增强了财务分析的动态性和前瞻性,使企业能够更加灵活地应对市场变化。

1. 实时数据的优势

实时数据的核心优势在于其能够反映当前的市场状况和企业运营状态,帮助企业快速识别风险和机会。例如,企业可以通过实时分析销售数据和市场反馈,调整销售预算和生产计划,避免资源浪费和市场失误。实时数据还可以帮助企业监控财务健康状况,防止财务危机的发生。通过实时分析企业的资金流动和成本变化,管理层可以及时做出反应,调整财务策略。

2.多维度数据整合与分析

数字经济环境下,企业的财务分析不仅依赖内部财务数据,还需要整合外部市场数据、行业趋势、消费者行为和供应链数据。通过对多维度数据的整合,企业能够更加全面地了解自身的财务状况和运营效率。例如,通过将市场动态与销售数据结合,企业可以预测未来的市场需求和销售趋势,从而优化财务规划和资源配置。多维度数据分析使企业的财务分析从静态走向动态,能够更好地反映企业在数字经济时代的竞争力。

传统财务分析与数字化财务分析的比较详见表3.2。

表3.2 传统财务分析与数字化财务分析的比较

比较维度	传统财务分析	数字化财务分析
数据来源	内部财务数据,信息单一	内外部数据结合,多维度数据整合
数据处理方式	静态数据,基于过去的分析	实时数据,动态分析与预测
分析结果的及时性	数据滞后,难以反映实时状况	实时更新,及时反映企业运营和市场动态
分析工具	财务报表、财务比率分析等传统工具	大数据、人工智能和云计算等智能工具
决策支持	事后分析,支持较为有限	前瞻性预测,动态支持战略决策

二、数字技术在财务分析中的应用

(一)大数据与智能分析

大数据技术的应用使企业的财务分析能力大幅提升。大数据不仅提供了更多的数据来源,还能够通过高级数据分析工具揭示出隐藏在海量数据背后的趋势和规律。在传统财务分析中,企业往往依靠有限的数据进行推理,而大数据技术通过整合和分析海量数据,可以为企业提供更为全面和深刻的建议。

1.数据挖掘与模式识别

通过数据挖掘技术,企业能够从大量非结构化数据中提取出有价值的信息。例如,企业可以通过分析客户交易数据、市场价格波动和供应链数据,预测未来的销售情况和市场走势。数据挖掘还可以帮助企业识别运营中的潜在问题,如通过分析库存周转数据发现库存管理中的瓶颈。模式识别技术能够自动识别财务数据中的异常情况,帮助企业及时发现潜在的风险,优化财务决策。

2. 预测分析与决策支持

大数据技术的另一重要应用是预测分析。通过对历史数据的分析,企业可以利用预测模型来预测未来的财务表现和市场变化。预测分析不仅能够帮助企业制订更加科学的预算和战略规划,还能为决策提供强有力的支持。例如,通过分析销售趋势和市场需求变化,企业可以更好地制订销售计划和采购策略,避免资源浪费和资金压力。预测分析还可以帮助企业更好地应对市场不确定性,通过提前预测市场波动调整财务政策。

(二)人工智能与机器学习

人工智能和机器学习技术在财务分析中的应用逐渐普及。这些技术使得财务分析从传统的定性分析转向了更加智能化的定量分析。人工智能技术能够自动化处理财务数据,进行数据分类、模式识别和趋势预测,从而减少人工操作中的误差,提高分析效率。

1. 智能报表生成与自动化财务分析

人工智能技术能够帮助企业自动生成财务报表,并对报表数据进行智能化分析。传统财务报表需要大量人工核算,而人工智能可以根据设定的算法规则自动处理财务数据,生成符合企业需求的财务报表。智能报表不仅提高了财务分析的效率,还减少了人工操作的失误,确保财务数据的准确性。

此外,人工智能系统还能够通过分析历史数据和实时数据,自动识别出财务运营中的潜在风险和机会。例如,企业可以通过智能系统识别销售下滑的趋势,及时采取市场营销措施,避免利润损失。

2. 机器学习与财务数据预测

机器学习是财务分析中的一项核心技术。机器学习算法能够通过分析历史财务数据,自动优化预测模型,提高未来财务预测的准确性。与传统的回归分析等方法相比,机器学习能够处理更多复杂的变量,识别出更复杂的财务模式和趋势。

例如,企业可以通过机器学习算法预测现金流波动、销售收入和成本变化,从而制订更加科学的财务规划。机器学习还能根据市场环境的变化,不断更新预测模型,确保企业的财务决策与市场实际情况紧密结合。

(三)云计算与财务数据管理

云计算技术的引入为财务分析提供了强大的数据存储和计算能力。过去,企业需要通过本地服务器处理大量的财务数据,成本高且效率低。而云计算能够提供强大的计算资源,支持企业快速处理和分析海量财务数据,提升了财务分析的效率和灵活性。

1. 云端数据存储与管理

通过云计算,企业可以将财务数据存储在云端,并通过互联网随时随地访问数据。云计算不仅提供了强大的数据存储能力,还能够提高数据管理的安全性和灵活性。例如,企业可以通过云计算平台实现财务数据的备份和恢复,确保数据的安全性和可用性。此外,云计算还支持多部门、多地域的财务数据共享,方便企业全球化运营中的财务管理。

2. 大规模数据处理与实时分析

云计算技术使企业能够快速处理大规模财务数据,并进行实时分析。例如,企业可以利用云计算平台分析全球各地的财务数据,并根据实时分析结果调整财务策略。这种实时处理能力使得企业能够更加快速地响应市场变化,提高财务决策的敏捷性。

三、数字经济时代财务分析的创新应用

(一)财务风险控制与管理

在数字经济时代,财务风险管理变得更加复杂且动态。通过数字化技术,企业能够更加全面地监控财务风险,提前识别潜在的风险因素并采取相应的措施。数字技术使得财务风险控制和管理不再局限于事后分析,而是转向实时监控与预测分析,帮助企业在风险发生前采取预防措施。

1. 实时风险监控与预警

在数字经济环境下,财务数据的实时性使得风险监控能够及时有效。企业通过建立财务风险预警系统,可以实时跟踪资金流动、债务结构、应收账款等关键财务指标。一旦发现异常情况,系统会自动触发预警,提醒管理层及时采取措施。例如,当企业的现金流紧张,或应收账款超出预期水平时,系统可以及时发出警告,帮助企业规避可能的财务危机。

实时监控不仅能够降低企业的风险暴露,还能够提升管理效率,减少人为失误对企业财务健康的影响。企业可以借助风险预警系统,动态调整资本结构、控制运营成本,避免因财务问题导致的战略失误。

2. 风险预测与模拟

财务风险的预测是企业在不确定环境中进行有效决策的关键。在大数据和人工智能的支持下,企业可以对财务数据进行深度分析,建立风险预测模型。例如,企业可以根据历史数据、市场波动情况和外部经济环境,预测未来的财务风险,提前制定应对策略。机器学习算法通过不断优化预测模型,能够帮助企业精确地预估各种财务风险,如利率波动、汇率风险、市场需求变化等。

除了预测,风险模拟也成为现代财务分析中的一项重要工具。企业可以通过

模拟不同情境下的财务表现,评估各类风险对企业财务健康的潜在影响,并据此调整业务策略。例如,企业可以模拟不同市场环境下的现金流变化,确保在市场下行时拥有足够的资金储备和应急预案。

(二)绩效分析与改进

数字化技术不仅使财务风险管理更加精准,也为企业绩效分析提供了新的视角。通过对财务数据的深度分析,企业可以更加全面地评估各业务部门的财务绩效,并根据分析结果进行改进。传统的财务绩效分析往往局限于财务报表中的利润、成本等指标,而在数字经济下,企业可以通过多维数据分析全面评估业务运营情况。

1. 全方位的财务绩效评估

财务绩效分析不再局限于单一的财务比率分析,而是通过整合销售数据、市场反馈、客户行为等多维数据,全面评估企业的运营状况。例如,企业可以通过对各地区销售数据和市场动态的分析,识别出表现最好的市场和产品线,从而优化资源分配。同时,企业还可以通过分析成本构成、生产效率等数据,发现运营中存在的潜在问题并采取措施改进。

数字化技术还支持动态绩效分析,即企业可以根据实时数据对各部门的财务表现进行持续评估和调整。通过自动化绩效分析系统,企业能够及时发现运营中的异常情况,避免在年度或季度报告后才进行改进,错失提高效率的机会。

2. 基于数据的绩效改进措施

在识别出绩效问题后,企业可以通过数字化分析工具,制定改进措施。例如,企业可以通过分析供应链数据,优化采购和生产流程,从而降低成本;或者通过市场数据分析,调整营销预算和策略,以提升销售转化率。基于数据的绩效改进不仅提高了企业的资源使用效率,还增强了企业对市场变化的敏感度。

(三)财务战略支持与决策优化

在数字经济时代,财务分析已经不仅仅是一项支持性工作,而是企业战略决策的重要组成部分。通过大数据、人工智能和云计算的应用,财务分析可以为企业提供更加准确的战略规划和决策支持。财务管理者不再只是处理和监督资金流动,还必须通过数据分析支持企业的长期战略发展。

1. 战略规划中的财务分析

现代企业的战略规划越来越依赖于财务分析的支持。通过数字化工具,企业可以更加精确地预测市场机会、资金需求和风险情况。例如,企业在制订扩展计划时,可以通过分析未来市场需求、行业趋势和竞争对手财务表现,评估扩展的可行性和风险。财务分析可以为企业的资源配置提供依据,确保企业在有限的资金条件下,实现战略目标的最大化。

此外,企业在进入新市场或推出新产品时,财务分析能够帮助评估投资回报率和潜在风险,从而做出更加科学的决策。通过财务模拟和风险预测,管理者可以清晰地了解不同战略决策对企业财务表现的影响,减少决策中的不确定性。

2. 决策优化与财务反馈机制

财务分析不仅支持战略决策的制定,还能通过实时反馈机制优化企业的运营决策。在企业日常运营中,财务数据能够反映业务流程中的问题,并通过自动化系统及时反馈给管理者。例如,当某个业务部门的成本超出预算或盈利能力下降时,财务分析系统可以自动生成报告,并建议调整运营策略或预算分配。这种基于财务数据的反馈机制能够帮助企业及时调整运营策略,确保战略目标得以实现。

四、数字经济时代财务分析的未来趋势

(一)智能化财务分析的普及

随着人工智能和机器学习技术的成熟,智能化财务分析将在未来进一步普及。智能财务分析系统将具备更高的自主学习能力,能够通过不断学习和优化,提供更加精准的财务预测和战略支持。智能财务分析不仅仅是工具,更将成为企业管理的一部分,帮助企业自动化处理财务数据、发现风险和制定决策。

1. 自动化与智能决策支持

未来的智能财务分析系统将具备更加完善的自动化能力,企业的财务分析流程将进一步简化。系统能够自动生成报表、实时监控财务数据,并根据算法模型自动优化预算和资源分配。这种自动化系统不仅减少了企业的人力成本,还提高了财务管理的效率和准确性。

2. 机器学习驱动的深度财务分析

未来,企业可以利用机器学习技术对财务数据进行更加深入地分析。机器学习算法能够自动识别出财务模式中的微小变化,并对未来趋势进行精准预测。例如,企业可以通过机器学习模型预测长期资金需求,提前调整资本结构。机器学习驱动的财务分析系统将具备更强的预测能力,帮助企业在快速变化的市场环境中做出更加科学的决策。

(二)财务分析与业务融合的加深

未来,财务分析将与企业的业务管理更加紧密地融合。财务分析不再是一个独立的职能,而是与业务数据、市场分析和战略管理共同作用的核心工具。通过财务分析与业务流程的深度结合,企业可以更加灵活地调整运营策略,提升整体竞争力。

1. 业务驱动的财务分析

未来的财务分析将更加注重业务数据的整合与分析。例如,通过分析客户行为数据,企业可以更加准确地预测未来的收入增长点,并基于此调整财务策略。同时,财务分析还可以通过整合供应链数据,优化库存管理和采购计划,减少资金占用,提高运营效率。

2. 财务与业务的双向反馈机制

未来的企业财务分析系统将具备双向反馈机制,既能够从业务数据中获取反馈,优化财务策略,又能够通过财务数据反作用于业务运营。例如,财务分析系统可以通过监控各业务部门的资金使用效率,提供业务流程优化建议,进一步提高资源利用率。这种双向反馈机制能够推动财务分析与业务管理的深度融合,形成一个相互支持的管理闭环。

数字经济时代,财务分析经历了从传统静态分析到数字化、智能化动态分析的深刻转型。大数据、人工智能和云计算等技术的应用,使得财务分析从过去的事后评价工具,演变为企业战略决策和运营管理的核心支持系统。通过实时数据分析、智能化预测和多维度风险管理,企业能够更好地应对市场变化和竞争压力,优化资源配置和财务决策。

第四章

数字经济时代财务管理流程创新设计

第一节 财务规划与预算管理

一、财务规划的基础与创新

(一)财务规划的定义与重要性

财务规划是企业实现战略目标的基础,它通过对资金的合理配置与管理,确保企业在不同发展阶段保持资金的充足性和使用的有效性。在传统财务管理模式中,财务规划通常基于历史财务数据,制订长期和短期的资金需求、分配和使用计划。然而,在数字经济时代,外部市场环境复杂多变,企业运营面临更多不确定性,传统的财务规划方式逐渐暴露出滞后性和僵化性,难以满足现代企业的需求。

数字经济时代要求企业的财务规划必须具有高度的灵活性与前瞻性,能够在动态环境中快速响应市场变化并调整资源配置。数字化技术的应用,为财务规划的创新提供了可能。通过大数据、人工智能等工具,企业可以对内外部数据进行全面分析,制订更加精准、灵活的财务规划,支持企业的战略决策和业务发展。

在数字经济环境中,企业的运营数据呈现出爆炸式增长,传统的财务规划方式已无法应对如此复杂的业务场景。数字化技术为财务规划提供了强大的数据支持,使得企业能够在更大的数据维度上进行精确的规划与决策。数字化财务规划不仅仅是为了提高财务管理的效率,更是为了提升财务与业务之间的协同效应,确保企业在复杂多变的市场环境中始终保持竞争力。

数字化财务规划还能够帮助企业实现更加动态的资金管理。通过对实时数据的监控与分析,企业可以快速调整财务规划,确保资金的合理配置与使用,避免因市场变化导致的资金浪费或短缺。此外,财务规划的数字化还可以通过模拟不同情境下的资金流动和风险暴露,帮助企业提前制订应对措施,从而降低财务风险。

(二) 基于战略的财务规划

财务规划不仅仅是财务部门的职能,更应成为企业整体战略的一部分。战略性财务规划要求企业的财务部门与其他业务部门紧密合作,基于企业的长期战略目标,制订能够支撑业务发展的财务方案。传统的财务规划方式往往缺乏与业务的深度融合,导致财务管理与业务运营脱节。在数字经济时代,财务规划必须基于企业的战略目标和市场前景,确保财务资源能够支持业务的持续创新与增长。

实施战略财务规划,首先要求企业明确财务目标与业务战略的高度一致性。在制订财务规划时,财务部门需要深度参与企业的战略制定过程,了解企业未来的业务方向和资源需求。其次,财务规划应具备灵活性,能够根据市场变化和业务发展需求进行动态调整。通过引入大数据分析工具,企业可以对市场环境、行业动态和竞争态势进行全面分析,确保财务规划能够及时反映外部市场变化。

在财务规划的执行过程中,企业还应建立有效地监控与反馈机制,确保财务规划能够切实支持企业的战略目标。例如,企业可以通过财务绩效指标的实时监控,及时调整财务资源的分配和使用,避免因市场波动或业务调整导致的资源浪费或错配。此外,财务规划的持续优化也十分重要,企业应根据实际运营情况,不断优化财务规划的内容和实施方案,提升财务管理的精准度和有效性。

二、数字经济时代的预算管理创新

(一) 预算管理的演变

预算管理是财务规划的重要组成部分,传统的预算管理主要通过对过去财务数据的总结与预测,制订企业的收入、支出及资本配置计划。然而,随着数字经济的兴起,市场环境的快速变化和不确定性增加,使得传统的预算管理方式难以满足企业的实际需求。预算的刚性和滞后性问题凸显,企业难以通过固定的年度预算应对市场变化的挑战,预算执行过程中也常出现资金浪费或资源不足的情况。

数字经济时代,预算管理逐步向动态、智能化方向转变。通过数字化工具,企业能够实时调整预算方案,增强预算的灵活性与可操作性。例如,滚动预算和零基预算的应用,使企业能够根据市场变化和业务发展需求,定期调整预算,确保预算执行过程中的资源配置始终符合企业的发展目标。此外,智能预算系统的引入,还能够通过自动化的数据处理与分析,大大提高预算管理的效率与精准度。

滚动预算是现代企业在不确定环境下进行预算管理的一种重要工具。与传统的年度预算不同,滚动预算要求企业定期(如每月、每季度)对预算进行更新,使预算管理能够及时反映市场变化和企业内部运营状况。滚动预算的优势在于其灵活性,企业可以根据最新的财务和业务数据,动态调整预算方案,确保资源配置的有效性。

零基预算则是一种更加彻底的预算管理方式,它要求每个预算周期从零开始,所有的费用都必须重新评估,只有那些与企业战略目标直接相关的支出才能获得预算支持。零基预算的优势在于它能够有效削减不必要的开支,优化资源配置,尤其适用于需要进行大规模成本控制的企业。在数字化环境中,企业可以借助智能化工具进行零基预算的编制,快速处理和分析大量的财务数据,提高预算编制的效率与准确性。

(二)智能预算管理系统的构建

随着人工智能、大数据等技术的应用,智能预算管理系统逐渐成为企业预算管理创新的重要手段。智能预算系统通过自动化数据处理和分析,能够快速生成预算方案,并根据实时数据的变化进行动态调整,极大地提升了预算管理的效率和灵活性。

智能预算系统能够集成企业的财务、业务和市场数据,通过自动化工具实现预算编制、调整与监控。与传统的手工预算编制相比,智能预算系统不仅能够大幅减少人为操作中的错误,还能够通过大数据分析与预测模型,提供更加精准的预算方案。智能预算系统还能够实时监控预算执行情况,并根据市场环境或业务需求的变化,自动调整预算,确保预算始终与企业的实际需求保持一致。

此外,智能预算系统还可以实现跨部门的协同工作,通过数据共享和自动化流程,提升企业内部的协同效率。各业务部门可以通过系统实时查看预算执行情况,并根据实际需求提出预算调整申请,避免了传统预算管理中信息不对称和沟通不畅的问题。智能预算系统的应用不仅提高了企业的预算管理水平,还增强了企业在市场变化中的应变能力。

第二节　资金筹集与投资管理

一、资金筹集的多元化与创新

(一)传统资金筹集模式的局限性

在传统企业财务管理中,资金筹集主要依赖于银行贷款、股权融资和企业内部资金积累等方式。这些筹资渠道虽为企业提供了基础的资金支持,但随着市场环境的快速变化和企业规模的不断扩大,传统的资金筹集模式逐渐暴露出灵活性不足、成本较高等问题。尤其在面对新兴产业和数字经济领域的企业,单一的资金来源难以满足其快速扩张和高额资金需求。

银行贷款虽然是企业资金来源的主力,但其受限于信用评级、抵押物要求和贷款额度,难以满足企业在高速发展期的资本需求。此外,银行贷款的利率波动和还款周期也对企业的现金流管理提出了更高的要求。股权融资虽然可以为企业提供长期资金支持,但股权稀释和股东控制权分散的问题,使得许多企业在发展初期不愿过早进行股权融资。

对于内部资金积累,虽然是企业稳定的资金来源,但企业自有资金的积累速度相对较慢,难以满足企业在市场扩展期对资金的迅速需求。因此,传统的资金筹集方式在应对企业快速发展的同时,存在资金流动性和灵活性方面的明显不足,企业必须探索更加多元化的资金筹集途径。

(二)数字经济时代的资金筹集创新

数字经济时代为企业资金筹集提供了更多创新的途径。新兴的供应链金融、众筹平台以及区块链技术为企业资金来源的多元化创造了条件。这些新兴的筹资渠道不仅为企业提供了更加灵活和高效的资金支持,还降低了资金成本,优化了企业的资本结构。

1. 供应链金融

供应链金融是通过对企业上下游产业链的融资需求进行支持,帮助企业优化现金流管理。例如,供应链金融可以通过核心企业的信用,帮助其供应商获得银行或金融机构的贷款,降低融资成本。这种融资模式不仅能够为企业提供流动性支持,还能够帮助企业加强与上下游合作伙伴的协同,增强供应链的稳定性。

2. 区块链技术在资金筹集中的应用

区块链技术为资金筹集带来了新的变革,尤其是在跨境融资、智能合约等方面发挥了重要作用。通过区块链,企业可以实现去中心化的融资操作,降低了传统融资方式中的中介成本。同时,区块链技术能够确保资金交易的透明性和安全性,减少财务欺诈和资金风险。

区块链中的智能合约技术还能够自动执行资金合同,简化了融资流程。例如,在企业融资中,当融资条件达到预设标准后,智能合约可以自动执行资金转移和还款操作,减少了人工操作的失误和延误。这种自动化的融资流程不仅提高了效率,还确保了资金使用的透明度和合规性。

二、数字经济时代的投资管理创新

(一)投资管理的数字化转型

投资管理是企业财务管理中的重要环节,传统的投资管理通常依赖于企业的内部投资评估和决策流程。数字经济时代的到来为投资管理带来了深刻的变革,企业能够利用大数据、人工智能和云计算等技术进行更加科学的投资分析与决策。这些技术的应用不仅提高了投资管理的精准性和效率,还为企业的资本配置和投资组合管理提供了全新的思路。

1. 大数据驱动的投资决策

大数据技术为企业的投资决策提供了强大的数据支持。在传统投资管理中,企业主要依赖财务报表、行业研究报告和市场预测数据进行投资分析,而大数据技术能够通过整合多维度的市场数据、竞争对手动态和行业趋势,帮助企业进行更加全面的投资决策。

大数据技术还能够通过数据挖掘和模式识别,发现隐藏在市场数据中的投资机会。例如,企业可以通过分析消费者行为数据,提前识别市场需求的变化,投资于潜在的高增长市场。此外,企业还可以通过大数据分析对竞争对手的财务状况进行深入了解,判断其在市场中的投资策略,从而优化自身的投资组合。

2. 人工智能与智能投资管理

人工智能技术在投资管理中的应用,使得企业的投资决策更加智能化和自动化。通过机器学习算法,企业可以建立智能投资模型,对市场数据进行实时分析和预测,制定更加精准的投资策略。例如,人工智能可以根据市场变化自动调整投资组合的配置,优化投资回报率并降低投资风险。

智能投资管理系统还能够通过自动化流程,实现投资操作的全程监控和风险预警。系统可以通过实时监控市场波动情况,及时识别出投资中的潜在风险,并提出调整建议,帮助企业规避市场波动带来的不确定性。此外,智能系统还可以根据历史投资数据不断优化投资模型,提升企业在资本市场中的竞争力。

(二)投资组合的优化与风险管理

在数字经济环境下,企业的投资组合管理需要更加注重风险的控制与回报的平衡。传统的投资组合往往过于依赖单一行业或市场,导致风险分散性不足。数字化工具的应用为企业提供了更加科学的投资组合优化方法,企业能够通过多元化投资策略实现风险与回报的最佳平衡。

1. 投资组合的多元化管理

多元化投资是企业降低投资风险的重要手段。在数字经济时代,企业可以通过全球化的视角和数字化工具,实现跨行业、跨区域的投资组合管理。大数据分析技术能够帮助企业识别全球市场中的高回报机会,并通过多元化的投资策略,降低投资中的系统性风险。

例如,企业可以通过投资于不同的行业或地理区域,分散市场波动带来的不确定性。数字化投资管理系统能够实时监控全球市场动态,并根据市场变化调整投资组合,确保企业的投资收益在市场波动中保持稳定。通过多元化管理,企业能够在保持高回报的同时,有效控制投资风险。

2. 风险管理与动态调整机制

投资管理中的风险控制是企业实现资本保值增值的关键。数字化技术为企业的投资风险管理提供了全新的工具和方法。通过风险监控系统，企业可以实时跟踪投资项目的风险暴露情况，及时发现潜在的风险因素并采取应对措施。例如，当市场出现重大波动时，系统可以自动调整投资组合中的高风险资产比例，降低企业的风险敞口。

动态调整机制使得企业能够根据市场变化快速调整投资策略，确保投资组合的稳健性。例如，企业可以通过风险预测模型，提前识别可能对市场产生重大影响的风险事件，如政治风险、经济波动等，并通过调整投资组合的配置比例，降低这些风险对企业投资收益的影响。通过动态调整，企业能够在复杂多变的市场环境中，保持财务稳定性和投资回报的稳健增长。风险管理不再仅限于事后的应对，而是贯穿于投资的全生命周期中，通过动态的实时调整机制，确保企业能够在市场波动中保持灵活性和应对能力。

三、资金筹集与投资管理的整合策略

（一）资金筹集与投资的协同效应

在数字经济时代，资金筹集与投资管理不应被视为彼此孤立的财务管理环节，而是紧密相关、相互作用的整体。资金筹集的规模、成本和来源将直接影响企业的投资能力和决策，反过来，投资管理的成功与否也决定了企业未来资金需求的模式和渠道。通过数字化技术的应用，企业可以将资金筹集与投资管理的流程进行整合，实现财务资源的优化配置，进而提升资本回报率和资金使用效率。

1. 资本结构优化与投资策略匹配

资金筹集与投资管理的协同，首先体现在资本结构的优化上。企业需要根据不同的融资渠道和成本，合理调整资本结构，确保所筹集资金的成本能够支持预期的投资回报。债务融资与股权融资在资金成本和财务风险上的表现不同，企业应根据当前市场环境、融资成本和投资收益的预期，选择最适合的筹资方式。通过大数据和智能化工具，企业可以对市场融资利率、投资回报率等进行实时分析，从而动态调整资本结构与投资组合。

例如，当市场利率处于低位时，企业可以适当增加债务融资的比例，利用较低的资金成本进行资本扩张；而在市场风险较大或利率上升时，企业可以更多依赖股权融资，减少债务压力，降低财务风险。资本结构与投资策略的匹配，不仅能够提升企业的资金使用效率，还能在保证财务安全的基础上，实现资本的长期增值。

2. 资金筹集与投资回报的平衡

企业在制定资金筹集策略时，必须考虑到未来投资的收益预期。筹资成本与

投资回报之间的平衡是确保财务健康的关键。企业可以通过数据分析和投资模型预测未来的投资回报,进而合理规划筹资规模和渠道。例如,如果企业的预期投资回报率较高,可以选择相对较高成本的资金筹集方式,如短期借贷或风险资本;但在预期回报率较低的情况下,企业应更加谨慎地选择低成本、长期的资金来源,避免因融资成本过高而影响财务稳定。

(二)数字化工具的协同管理

数字化工具为资金筹集与投资管理的整合提供了技术支持。通过智能化平台,企业能够实时整合资本市场数据、投资项目分析和资金流动信息,实现资金筹集与投资管理的无缝对接。这种整合不仅能够提高企业的资金使用效率,还能够通过风险预测和回报分析,优化资本配置,实现财务资源的最大化利用。

1. 智能投融资管理平台的构建

在资金筹集与投资管理的整合过程中,智能投融资管理平台发挥了至关重要的作用。智能平台能够通过大数据、人工智能等技术,实时分析资本市场动向和企业内部的资金需求,自动生成最优的资金筹集方案和投资策略。通过这种智能化工具,企业可以实现资金筹集与投资管理的一体化操作,确保筹集的资金能够与投资项目的回报相匹配,避免资金使用的浪费。

智能平台还能够根据市场变化,自动调整资金筹集和投资策略。例如,当资本市场波动较大时,系统可以自动建议企业调整融资渠道或推迟某些高风险投资项目,以确保财务健康。同时,智能平台还能为企业提供实时的投资回报率分析和风险评估,帮助企业在不确定性较大的市场环境中做出更为谨慎和科学的决策。

2. 云计算与资金管理的优化

云计算技术在资金筹集与投资管理中的应用,大大提高了企业的数据处理能力和资金流动的透明度。通过云计算平台,企业能够实时掌握全球资本市场的最新动态,快速响应市场变化,调整资金筹集和投资策略。例如,云计算可以整合各区域的资本市场数据和融资成本信息,帮助企业在全球范围内选择最佳的融资渠道。

云计算还可以通过优化资金管理流程,提升资金使用效率。例如,企业可以通过云端平台实现全球资金的集中管理和调度,确保各业务部门在全球范围内的资金需求得到快速响应。通过云计算的高效计算和存储能力,企业还能够对大量的投资数据进行快速分析,优化投资组合,实现资本的最优配置。

(三)资本市场与产业发展的结合

在数字经济背景下,资本市场的动荡与企业的产业发展紧密相连。资金筹集与投资管理不仅是企业内部的财务问题,还受到宏观经济环境、资本市场波动和行业发展的影响。因此,企业需要在资金筹集和投资管理中,综合考虑资本市场的变化与产业发展的动态,确保资金筹集能够支持产业的长远发展,而不是短期的资本扩张。

1. 资本市场动荡中的应对策略

资本市场的波动对企业的资金筹集和投资管理带来了一定的风险。尤其在全球经济不确定性增加的背景下,企业需要更加关注资本市场的动荡,采取灵活的资金筹集和投资管理策略。企业可以通过数字化工具对资本市场进行实时监控,并根据市场变化调整融资和投资策略。例如,当市场波动较大时,企业可以暂缓高风险的投资项目,或者通过调整资本结构降低财务风险,保持财务稳定。

2. 产业转型与资金支持

数字经济的快速发展推动了许多传统行业的转型升级,企业的资金需求也因此发生了变化。资金筹集与投资管理的整合,必须考虑到产业转型带来的新机遇和新挑战。例如,传统制造企业在进行数字化转型时,可能需要大量资金投入新技术研发、设备更新和人才培养等方面。企业应根据产业发展的需求,合理规划资金筹集方案,确保筹集的资金能够支持产业转型的顺利进行。

在新兴产业的快速扩展过程中,企业可以通过投资管理的创新,捕捉市场中的新机会。例如,企业可以通过对新兴技术和市场需求的深入分析,识别具有高增长潜力的行业和项目,提前布局投资,抢占市场先机。通过资金筹集与产业发展的深度结合,企业不仅能够优化财务管理,还能够提升自身在行业中的竞争力。

数字经济时代的资金筹集与投资管理经历了深刻的变革,企业通过引入数字化工具,实现了资金筹集与投资管理的整合,提升了资金使用效率和资本回报率。多元化的资金筹集渠道、智能化的投资管理系统,以及云计算与大数据的广泛应用,帮助企业更加灵活地应对市场变化和资本市场的波动。

在未来的发展中,企业需要进一步加强资金筹集与投资管理的协同效应,依托智能化平台和动态调整机制,确保资金筹集与投资策略的精准匹配,提升财务管理的科学性和前瞻性。同时,企业还应注重资本市场的变化与产业发展的结合,通过灵活的资金筹集和投资布局,支持企业的长期发展和竞争力提升。

第三节 成本控制与收益分析

一、数字经济时代的成本控制挑战与创新

(一)传统成本控制的局限性

传统的成本控制方式通常依赖财务报表中的成本数据,通过定期审计、成本核算和分析,企业可以评估自身的成本结构并进行优化。然而,在数字经济时代,这种模式逐渐暴露出滞后性、片面性和反应速度慢的缺陷。市场环境瞬息万变,企业

面对的竞争压力不断增加,传统的成本控制手段在应对这些挑战时显得力不从心。由于传统成本控制主要基于过去的数据分析,缺乏对未来变化的预测能力,企业难以及时调整成本策略,从而错失市场机遇或导致资源浪费。

1. 信息滞后与反馈延迟

传统成本控制通常依赖于季度或年度财务报表,这意味着管理层在成本控制中的信息获取具有较大的滞后性。这种滞后导致企业在发现成本问题时,往往已经错失了最佳的调整时机。此外,信息孤立与部门壁垒也进一步限制了企业的整体成本控制效果。企业的各个业务部门往往难以实现信息共享,导致财务部门在制定成本控制策略时缺乏全面的业务数据支持。

2. 缺乏实时成本管理工具

传统的成本控制工具往往依赖于手工操作和定期分析,难以实现实时的动态管理。在数字经济环境中,企业需要面对快速变化的市场环境,特别是在竞争激烈的行业中,成本优势是决定企业成败的重要因素。缺乏灵活性和实时反馈的成本控制方法已不能满足现代企业的需求。

(二)数字化成本控制的创新

随着数字技术的发展,企业在成本控制方面的手段得到了极大的创新和提升。大数据、云计算、人工智能等技术的广泛应用,使得企业能够在更加精细的层面上进行成本管理,并通过数据驱动的决策机制,实现成本的实时监控与优化。这些技术不仅提高了成本核算的准确性,还为企业提供了预测未来成本变化的工具,帮助企业在市场波动中保持竞争优势。

1. 数据驱动的成本控制

数字经济时代,企业可以通过大数据技术实时跟踪和分析各项成本。大数据能够整合企业内部的生产、采购、销售等运营数据,帮助管理层实时监控成本流动并发现潜在的成本控制点。企业通过数据挖掘可以发现隐藏的成本结构问题,并通过预测分析提前制定应对策略。例如,企业可以通过大数据分析供应链中的各项开支,识别可能导致成本上升的环节,并及时优化采购流程。

2. 智能化成本控制工具

人工智能和自动化工具的应用为企业提供了智能化的成本控制解决方案。通过自动化成本分析系统,企业可以实现全天候的成本监控,并通过智能算法识别出运营过程中的成本异常。例如,生产制造企业可以通过智能化系统自动优化生产线的运行效率,降低原材料和能源消耗。智能成本控制工具不仅减少了人工成本核算中的误差,还提高了成本管理的精度和响应速度。

传统成本控制与数字化成本控制的对比详见表4.1。

表4.1 传统成本控制与数字化成本控制的对比

对比维度	传统成本控制	数字化成本控制
数据获取方式	静态数据,主要依赖财务报表	实时数据,整合内部外部多源信息
响应速度	延迟反馈,通常按季度或年度分析	实时监控,动态调整
工具使用	人工操作为主	自动化与智能化工具应用
分析维度	单一维度,侧重财务数据	多维度,整合业务、市场与财务数据
成本控制精度	精度中等,依赖历史数据	精度高,基于预测与实时分析

二、收益分析的数字化转型

(一)收益分析的演变与重要性

在企业的财务管理中,收益分析是一项核心任务,它直接影响到企业的盈利能力和发展战略的制定。传统的收益分析模式主要依赖于历史财务数据,结合销售和成本信息进行事后评价。虽然这种模式在相对稳定的市场环境中能够为企业提供一定的参考依据,但在数字经济时代,这种基于历史的静态分析模式已经不能满足企业快速调整和决策的需求。

1. 传统收益分析的不足

传统收益分析模型依赖过去的财务数据,难以快速反应市场的变化,导致企业在做出战略决策时往往滞后于市场动态。此外,收益分析的过程通常较为复杂,涉及多个财务报表的核算和对比,这对企业的反应速度产生了制约。随着市场竞争的加剧,企业需要更加灵活和实时的收益分析工具,以便及时调整业务策略,实现利润最大化。

2. 数字化收益分析的优势

数字经济时代,企业可以利用大数据和智能化工具,对收益进行更加精确和实时的分析。这些技术的应用,不仅能够帮助企业及时了解当前的盈利状况,还能够预测未来的市场需求和收益变化趋势。通过数字化分析工具,企业可以整合多维度的数据来源,如客户行为数据、市场反馈、竞争对手动态等,为收益分析提供更加全面的支持。

(二)数据驱动的收益分析模型

现代企业的收益分析已经从静态的财务数据分析转向基于大数据和预测模型的动态分析模式。通过数字化工具,企业能够整合多个数据维度,对收益进行全方位的分析和优化,从而在激烈的市场竞争中保持盈利优势。

1. 实时收益监控

通过大数据技术,企业可以实现对收益的实时监控。企业不仅可以分析销售收入、成本结构等常规财务数据,还能够通过实时获取市场动态和客户反馈,及时发现潜在的收益增长点。例如,零售企业可以通过分析客户的购物行为和市场需求变化,快速调整销售策略和库存管理,从而最大化销售收益。

2. 预测收益分析

数字化工具的另一个重要应用是预测收益分析。通过对历史数据的挖掘和市场动态的分析,企业可以预测未来的收益情况,帮助管理层制定更加科学的业务战略。例如,企业可以通过机器学习模型,预测不同市场条件下的销售收入和利润情况,并据此调整定价策略、市场推广计划和生产安排。预测收益分析不仅能够帮助企业识别未来的增长机会,还能够降低经营风险,确保财务健康。

三、数字化成本控制与收益分析的整合策略

在数字经济时代,企业的成本控制与收益分析不应被视为孤立的管理任务,而是相互作用的整体。通过数字化技术,企业可以实现成本控制与收益分析的整合,最大化财务资源的利用效率。成本的合理控制能够直接提升企业的收益水平,而收益分析的精确性则为成本管理提供了优化方向。

(一)全生命周期的成本与收益分析

现代企业的成本控制和收益管理不再局限于单一业务环节,而是覆盖整个业务运营的全生命周期。通过大数据平台,企业可以实时跟踪产品从研发、生产到销售的全流程成本数据,并结合市场收益数据进行全面分析。例如,企业可以通过收益分析,识别出利润率较高的产品或业务线,进而集中资源控制与优化这些业务的成本结构,从而提升整体收益。

(二)动态调整与优化

数字化工具的应用使得企业能够根据市场变化和业务需求,动态调整成本控制和收益管理策略。例如,当市场需求发生变化时,企业可以通过智能化系统及时调整生产成本和销售预算,确保资源的合理分配和使用。通过对成本和收益的协同管理,企业不仅能够降低运营中的资源浪费,还能够在确保成本控制的同时,提升收益水平。

第四节 财务报告与决策支持

一、财务报告的数字化创新

(一)传统财务报告的局限性

传统的财务报告通常依赖于定期生成的报表,如资产负债表、利润表和现金流量表等。虽然这些报表为企业提供了基本的财务状况和经营成果,但在当今快速变化的市场环境中,传统财务报告的周期性和静态性已经不能满足企业管理者的决策需求。由于财务报告的生成通常需要一定的时间,企业在获取到财务报告时,数据往往已经滞后,这就导致决策依据的准确性大打折扣。此外,传统财务报告通常局限于财务数据的呈现,缺乏对业务和市场动态的综合分析。

1. 信息滞后的问题

传统财务报告周期长,通常是按季度或年度编制,导致企业管理层在做出决策时所依赖的数据往往滞后于实际市场变化。在快速变化的市场环境中,企业需要更加灵活和实时的财务数据支持,以便能够迅速应对市场波动。而传统财务报告周期性的局限性,常常使得企业在数据分析和战略调整方面缺乏及时性,从而影响经营决策的有效性。

2. 财务报告的单一维度

传统财务报告侧重于对财务数据的单一展示,如收入、成本、利润等核心指标,但缺乏对业务运营、市场动态和竞争环境的综合分析。这种单一维度的财务报告模式,无法为企业提供全方位的经营状况视图,限制了管理者在制定战略时的视野。企业在快速增长或多元化经营时,通常需要多维度的数据分析来支持综合决策,而传统财务报告难以满足这一需求。

(二)数字化财务报告的变革

数字化技术为财务报告的创新提供了广泛的工具和方法,使得企业能够实时获取多维度的财务数据,并通过可视化的方式进行展示和分析。数字化财务报告不仅提高了财务数据的生成效率,还通过数据整合和智能分析,帮助企业管理层更快、更准确地理解企业的财务状况和运营表现。

1. 实时数据报告与分析

通过数字化财务系统,企业可以实现财务数据的实时更新和报告生成,确保管理层能够随时获取最新的财务状况。企业不再需要等待季度或年度财务报表,而是可以通过自动化系统生成实时的财务报告,实时监控各项财务指标的变化趋势。

例如,企业可以通过实时的现金流分析,快速识别资金流动中的潜在问题,并及时调整财务策略。

2. 财务数据的多维度整合

数字化财务报告不限于财务数据的呈现,还可以将企业的业务数据、市场动态、供应链信息等整合在一个综合的分析框架中。通过整合多维度的数据,企业管理层能够从财务报告中获得更加全面的经营状况视图。比如,企业可以结合销售数据与财务数据,分析不同产品线的利润贡献率,从而优化资源配置。多维度的数据整合和分析提高了财务报告的深度和广度,为管理层的战略决策提供了有力支持。

传统财务报告与数字化财务报告的对比详见表4.2。

表4.2 传统财务报告与数字化财务报告的对比

对比维度	传统财务报告	数字化财务报告
报告生成周期	定期(季度、年度)	实时生成,随时获取
数据展示方式	单一财务数据	多维度整合,财务与业务数据结合
信息反馈速度	滞后,难以实时反映业务动态	实时反馈,快速反映市场变化
分析深度	静态财务数据分析,缺乏动态调整	动态数据分析,结合业务运营状况
报告呈现形式	传统表格、图表	可视化图表、智能分析报告

二、财务报告在决策支持中的作用

(一)决策支持的核心需求

财务报告在企业战略制定和运营管理中扮演着至关重要的角色,它不仅为管理层提供了企业的财务健康状况,还帮助企业在资源分配、市场扩展、资本运作等方面做出合理决策。在数字经济时代,企业的市场环境复杂多变,决策过程需要依赖更加精准、全面和及时的财务数据支持。财务报告不仅仅是一个信息展示工具,它已经成为企业高层决策的重要支撑体系。

1. 资源配置决策

企业在制订资源配置方案时,往往需要结合多个维度的数据进行综合分析。通过财务报告,管理层可以清晰地了解各个业务部门的成本结构、盈利能力和资金需求,从而为不同部门的资源分配做出合理的决策。例如,通过分析各部门的财务绩效,企业可以将更多资源分配给利润贡献较高或市场潜力较大的业务线,优化整体的资源利用效率。

2. 风险管理与控制

财务报告是企业识别和管理财务风险的重要工具。通过对资产负债表、现金流量表等财务报表的分析,企业可以及时发现潜在的财务风险,如资金流动性不足、债务负担过重等问题。通过实时的财务报告,企业能够快速采取应对措施,防止财务危机的扩大。例如,当企业的应收账款增加过快时,财务报告能够及时警示企业采取措施,加快回款速度,减少坏账风险。

(二)财务报告中的智能化决策支持

智能化技术的发展使得财务报告不再是数据的呈现工具,而是成为管理层决策中的智能助手。通过引入人工智能、大数据等技术,企业可以在财务报告中嵌入智能化分析功能,自动识别数据中的异常和趋势,提出决策建议。这种智能化的决策支持,不仅能够提升管理层的决策效率,还能够帮助企业在复杂的市场环境中做出更加科学和准确的决策。

1. 异常检测与趋势预测

智能化财务系统可以通过对历史数据的分析,自动检测财务报表中的异常情况,帮助管理层及时发现问题。例如,系统可以根据应收账款的变化趋势,自动提示可能的资金风险,并建议企业调整销售政策或加强资金回收管理。除此之外,智能化系统还能够基于历史数据和市场动态,预测未来的财务表现,为企业制定中长期战略提供数据支持。

2. 自动化财务分析与决策建议

通过智能化的财务分析工具,企业管理层可以自动获取有针对性的财务分析和决策建议。例如,系统可以根据企业的现金流状况,自动生成投资建议或融资计划,帮助企业优化资本结构。智能化的财务分析工具能够有效减少人工数据处理的时间和错误,提升管理层决策的效率和准确性。

三、未来财务报告与决策支持的发展趋势

(一)智能化与自动化财务报告的普及

随着人工智能、大数据和云计算等技术的广泛应用,未来的财务报告将更加智能化和自动化。通过智能化技术,企业可以实现财务报告的全面自动化生成,减少人为操作中的错误,提高报告的及时性和准确性。自动化的财务报告系统不仅能够帮助企业实时监控财务状况,还能够通过智能分析工具,提供更加全面的经营分析和决策支持。

1. 智能财务系统的构建

智能财务系统的构建将成为未来财务报告发展的重要方向。通过智能化系

统,企业不仅能够实现财务数据的自动化处理和报告生成,还能够通过嵌入式的智能分析工具,实时获取数据中的趋势和风险提示。例如,企业可以通过智能系统,自动生成关于市场变化、成本结构和资金流动的报告,并为管理层提供有针对性的决策建议。这种智能化的财务系统能够极大地提升企业的财务管理效率,并确保财务报告的准确性。

2.个性化财务报告的定制

未来的财务报告系统将更加注重个性化和灵活性,企业可以根据自身的业务需求,定制不同类型的财务报告。例如,企业可以为不同的业务部门、投资人或管理层定制特定的财务报告模板,满足不同利益相关者的需求。个性化的财务报告能够更加精准地反映特定业务环节的财务表现,并为不同的决策主体提供量身定制的数据支持。

(二)财务决策支持的全局化与前瞻性

未来的财务报告与决策支持将更加注重全局化和前瞻性。全局化意味着财务报告将不再局限于财务数据的展示,而是与业务数据、市场信息、供应链管理等深度整合,形成对企业全局运营状况的全面分析。前瞻性则要求财务报告能够基于历史数据和市场动态,预测企业未来的财务表现和市场走向,帮助企业提前布局战略,优化资源配置。

1.全局化财务分析框架的构建

未来的财务分析框架将更加注重与业务数据、市场数据的深度融合,帮助企业管理层全面了解企业的运营状况。通过全局化的财务分析,企业可以更加科学地制定中长期发展战略,确保财务资源的合理配置。全局化的财务分析框架不限于财务数据,还应包括市场预测、行业竞争分析和供应链管理等多个维度,从而为企业的综合决策提供更为全面和科学的支持。未来的财务分析框架将不再局限于单一部门或单一领域,而是跨越整个企业业务流程,涵盖从市场到运营再到财务的全流程数据分析,确保每一个决策环节都能得到充分的财务数据支持。

2.前瞻性财务分析与预测

前瞻性财务分析是未来企业决策支持中最具战略意义的部分。通过大数据和预测分析工具,企业可以不再局限于对过去和当前财务状况的反思,而是能够预见未来的财务趋势与风险。智能系统可以基于历史数据和外部市场信息,预测未来的财务表现,包括收入、成本、利润、现金流等关键指标的变化。前瞻性的财务分析不仅能够帮助企业提前识别潜在风险,还能够为业务扩展、市场进入和资本运作等战略决策提供关键支持。

例如,通过预测市场需求的增长,企业可以提前制订资本支出计划,并优化资源配置,以确保在市场增长阶段保持竞争力。前瞻性分析还能帮助企业制订更加灵活的预算管理策略,确保在快速变化的市场环境中,财务决策具有更高的应变能力。

(三)基于区块链和智能合约的财务透明性

随着区块链技术在财务管理中的应用逐渐深入,财务报告的透明性和安全性将大幅提升。区块链作为一种去中心化的分布式账本技术,能够确保财务数据在传输和存储过程中不被篡改,为企业的财务报告带来了前所未有的透明性和可信性。

1. 区块链在财务报告中的应用

通过区块链技术,企业可以实现财务数据的全程可追溯性,确保每一笔交易和数据记录的准确性和透明性。例如,企业可以通过区块链技术记录供应链上的每一次资金流动,确保财务报表中的数据来源可靠且无法被篡改。区块链还可以通过智能合约实现自动化的财务操作,如自动生成财务报告、自动结算交易等,提升财务流程的效率。

2. 智能合约与自动化财务流程

智能合约作为区块链的一部分,能够在满足特定条件时自动执行合同条款。未来,企业可以通过智能合约实现财务报告的自动生成和审核。例如,智能合约可以在收集到所有必要的财务数据后,自动生成年度报告并发送给相关管理层和审计部门。智能合约的应用不仅减少了人工操作中的错误,还提高了财务数据的安全性和报告流程的效率。

第五节 内部控制与审计

一、数字经济时代的内部控制挑战与创新

(一)传统内部控制的局限性

内部控制是企业管理中确保运营效率、财务报告可靠性以及法规遵循性的重要机制。在传统企业中,内部控制体系的建立主要围绕财务数据和管理流程,通过审核和分权等手段减少错误和舞弊。然而,随着企业规模的扩大和业务的复杂化,传统的内部控制模式暴露出诸多局限性。例如,内部控制流程较为僵化,缺乏灵活性,难以应对业务变化;再者,企业部门间信息孤立,导致控制机制难以全面覆盖,且无法实时响应新兴风险。

1. 内部控制效率的滞后性

传统的内部控制方法依赖定期审查和审批程序,往往滞后于业务发展的节奏。例如,财务部门可能需要每季度或年度进行内部审计,这种周期性的审计手段在快速变化的市场中已经无法及时发现潜在的风险点。企业在日常运作中可能会错失

关键调整机会,导致成本增加或资源浪费。此外,手工操作和人工审批环节容易出现人为失误,增加了内部控制的漏洞。

2. 信息孤立与部门协作的不足

在许多企业中,不同部门各自为政,内部控制信息难以共享。这种信息孤立现象不仅降低了内部控制的效率,还增加了企业的整体风险。尤其在大型跨国企业中,信息不对称的问题更加突出,财务数据与运营数据的脱节往往会导致资源错配或财务决策偏差。传统内部控制手段无法有效整合这些分散的信息资源,导致控制效果不佳。

(二)数字化技术在内部控制中的应用

数字经济时代,内部控制正经历着深刻的变革。大数据、云计算、区块链和人工智能等技术的应用,不仅为企业提供了更为灵活、高效的控制手段,还提升了控制机制的透明度和实时性。通过数字化工具,企业能够实时监控各个业务环节的运作情况,快速识别潜在的风险,并通过自动化流程减少人为操作中的失误。

1. 大数据驱动的内部控制

大数据技术使企业能够从海量的业务和财务数据中提取出有用信息,帮助识别潜在风险。例如,通过对供应链、销售和库存等环节的数据进行实时分析,企业可以快速发现异常情况,如供应商延迟交货或销售数据异常波动等问题。这些信息能够帮助管理层提前预防和解决问题,优化业务流程,并降低运营风险。此外,大数据还可以通过历史数据分析,识别出企业内部的风险趋势,帮助制定更加精准的控制措施。

2. 区块链技术提升透明性

区块链作为一种分布式账本技术,可以确保数据的透明和不可篡改性。企业通过区块链技术进行内部控制,可以实现所有财务交易和业务操作的全程跟踪与记录,从而确保数据的真实性和透明度。例如,在企业的采购和销售流程中,区块链技术能够记录每一次交易的详细信息,并将这些信息加密保存,防止数据被篡改或丢失。区块链的不可篡改性提高了企业内部控制的安全性,减少了舞弊的可能性。

传统内部控制与数字化内部控制的对比详见表4.3。

表4.3 传统内部控制与数字化内部控制的对比

对比维度	传统内部控制	数字化内部控制
数据获取方式	静态数据,依赖定期审核	实时数据,基于大数据和自动化系统
风险识别速度	滞后,周期性检查	实时监控,快速发现异常
控制手段	人工操作和审批流程	自动化控制和智能化审核

续表 4.3

对比维度	传统内部控制	数字化内部控制
信息共享与透明度	透明度低,部门信息孤立	透明度高,基于区块链技术的透明化管理
错误和舞弊防范	靠人工审计,容易遗漏	自动化监控与区块链保障数据完整性

二、审计的数字化转型

(一)传统审计模式的局限性

企业的审计工作通常由内部审计和外部审计两部分组成,目的是确保企业财务数据的真实性以及内部控制体系的有效性。传统审计模式大多基于样本检查,通过审计员对财务报表、交易记录、资产负债情况进行定期检查,以发现潜在问题。然而,随着企业规模和业务复杂度的增加,传统审计模式逐渐暴露出审计效率低、覆盖面不足等问题。

1. 审计效率的低下

传统审计依赖审计员的人工检查和数据采样,这种方式不仅耗时耗力,还容易出现信息遗漏或错误解读。由于审计工作通常具有滞后性,审计员在检查过程中难以捕捉到实时发生的财务问题,导致审计结果不能及时反映企业当前的财务状况。此外,传统审计在面对大量复杂的财务数据时,往往只能抽样检查,难以全面覆盖所有交易数据,从而增加了审计的盲区。

2. 审计覆盖面的不足

随着企业业务的全球化和多元化发展,企业的财务结构和业务流程变得愈加复杂,传统审计手段无法全面覆盖所有业务环节。企业跨国经营时,审计员需要对不同国家的子公司、分支机构进行审查,这不仅增加了审计工作的难度,还导致审计成本的上升。同时,复杂的跨境交易和多币种财务管理进一步增加了审计员的工作负担,使得传统审计难以全面、准确地评估企业的整体财务风险。

(二)数字化技术推动审计效率的提升

数字经济时代,审计工作也在快速实现数字化转型。随着大数据、人工智能、区块链等技术的应用,企业可以通过智能化审计工具提高审计的效率和准确性。这些技术不仅能够对财务数据进行全方位的监控,还可以通过智能化的算法实现自动化审计分析,减少人为错误和信息遗漏。

1. 智能化审计工具的应用

人工智能和大数据技术为审计工作带来了革命性的变化。通过智能审计系统,企业可以实现财务数据的自动化处理和分析,大大提高审计效率。例如,智能审计工具能够实时抓取和分析所有财务交易数据,自动识别潜在的异常交易或风险信号。这种自动化审计方式不仅提高了数据分析的速度,还扩大了审计的覆盖范围,确保所有交易数据都能被审查,而不是局限于抽样检查。

此外,人工智能还可以通过机器学习算法,不断优化审计模型,帮助企业在复杂的财务数据中识别出更加隐蔽的风险。审计员可以利用智能工具辅助审计工作,减少数据处理中的重复性劳动,将更多精力投入复杂问题的分析和判断中。

2.区块链技术在审计中的应用

区块链技术的去中心化和不可篡改特性,为审计工作带来了新的安全保障。通过区块链技术,企业的每一笔交易记录都可以被永久保存且无法篡改,这为审计提供了可靠的数据基础。审计员在检查财务记录时,可以通过区块链验证交易的真实性和完整性,确保每一项财务数据都是经过真实记录的。

此外,区块链技术还可以通过智能合约实现自动化审计流程。例如,企业可以利用区块链技术自动执行某些财务操作,一旦达到预设的审计条件,智能合约就会自动触发审计程序,确保审计工作不间断进行。区块链技术的应用不仅提高了审计的透明度,还减少了人工操作中的失误和舞弊风险。

传统审计与数字化审计的对比详见表4.4。

表4.4 传统审计与数字化审计的对比

对比维度	传统审计	数字化审计
审计方式	人工检查,抽样审计	自动化审计,基于大数据和人工智能
审计周期	定期,周期较长	实时监控与分析
审计覆盖面	局限于样本,覆盖不足	全面覆盖,实时追踪所有交易数据
风险识别	依赖审计员经验,滞后性较强	智能分析与实时异常检测
数据安全性	依赖人工验证,风险较大	基于区块链技术,数据安全性和透明性高,防止数据篡改

三、内部控制与审计的协同创新

(一)内部控制与审计的相互关系

在企业管理中,内部控制与审计是两个密不可分的环节,彼此相辅相成。内部控制的主要目标是通过制定有效的制度和流程,确保企业运营效率、财务报告的准确性及合规性。而审计的任务则是评估这些内部控制的有效性,确保企业的管理层和股东能够准确了解企业的财务健康状况。审计通过独立的检查和验证,评估内部控制是否能够充分防范企业的财务风险。

1. 内部控制作为审计的基础

在传统的企业管理中,内部控制是审计活动的基础。有效的内部控制系统能够为审计提供可靠的数据和操作流程,降低审计过程中的风险。对于企业管理层而言,内部控制的有效实施不仅有助于日常的运营管理,还能够减少审计过程中发现的重大风险和问题。因此,良好的内部控制机制能够有效提高审计工作的效率,降低审计成本。

2. 审计作为内部控制的保障

审计不仅是对企业财务数据的检验,更是对企业内部控制的有效性进行评估与反馈的过程。通过审计,企业管理层可以识别出内部控制中的漏洞或不完善之处,从而进行调整和改进。审计还通过其独立性和客观性,确保内部控制的执行情况能够得到真实反映,防止管理层或操作人员因疏忽或舞弊而导致企业风险上升。因此,审计为内部控制提供了持续改进的保障机制。

(二)数字化环境下的内部控制与审计协同

在数字经济时代,内部控制与审计的协同效应愈加明显。企业通过数字化手段,不仅能够实现对内部控制的智能化管理,还能够借助数字审计工具,将审计过程与内部控制的执行实时连接,实现对企业财务和运营的全面监控。大数据、区块链和人工智能技术的应用,为内部控制和审计的协同创新提供了技术基础。

1. 实时监控与风险防控

数字化工具使得企业能够实时监控内部控制的执行情况,并通过自动化审计系统进行风险预警。这种实时监控机制能够及时发现内部控制中的异常操作或潜在的风险点,减少企业运营中的漏洞。例如,通过对供应链管理中的物流和库存数据进行实时分析,企业可以发现潜在的库存管理风险,并通过自动化系统进行调整。同时,审计员也可以通过系统实时获取这些内部控制执行的数据,确保审计结果的及时性与准确性。

2. 智能化审计与内部控制的联动

人工智能和大数据技术的结合,使得审计不再是一个独立的环节,而是与内部控制流程紧密相连。企业可以通过智能审计系统,自动化审计企业内部控制的执行过程,及时发现内部控制中的不符合项或异常操作。例如,智能审计系统可以对大规模的财务交易数据进行实时分析,一旦发现某一交易存在异常,系统将自动生成风险报告,并通知相关部门进行审查。这种智能化审计方式不仅提高了审计效率,还提升了内部控制的执行质量。

(三)未来协同发展的方向

随着数字技术的不断进步,内部控制与审计的协同创新将持续深化。未来,企业将更多依赖智能化、自动化的内部控制和审计工具，提升管理效率，降低运营风险。区块链、人工智能等技术的发展，将进一步推动企业内部控制和审计从手工操作向全面数字化管理转型。通过不断优化协同机制，企业能够实现财务管理的全面透明化、实时化和智能化。

1. 基于区块链的全流程协同

未来，企业内部控制和审计将更加依赖区块链技术，确保所有的交易数据和操作流程都可以追溯和验证。基于区块链的系统可以实现财务操作的全流程透明化，审计员不再需要依赖人工检查，而是通过区块链获取真实、不可篡改的操作记录。区块链的应用不仅能够提升内部控制的透明性，还能够减少审计过程中的人为干扰，确保审计结果的客观性和准确性。

2. 全自动化风险控制与审计

随着人工智能和自动化技术的成熟，企业内部控制与审计的全自动化将成为未来的发展趋势。未来的内部控制系统将能够自动检测和预防风险，智能审计工具则能够自动生成审计报告并提出改进建议。例如，人工智能可以通过对历史数据的学习，预测未来的风险趋势，并提前为企业提供应对措施。审计系统则能够自动分析财务数据，识别出潜在的违规操作或舞弊行为，帮助企业在问题发生前采取预防措施。

数字经济时代的内部控制与审计正在经历深刻的变革。通过大数据、人工智能、区块链等技术的应用，企业的内部控制和审计不仅变得更加高效、灵活，还具备了更强的实时性和透明性。传统的内部控制和审计方式由于信息滞后、效率低下、覆盖面不足，已难以满足现代企业的需求。数字化技术的引入，使得内部控制和审计能够更加紧密地协同工作，实现对企业财务与运营的全面监控。

未来，企业的内部控制与审计将更加依赖智能化和自动化工具。通过实时监控和智能分析，企业能够快速识别并处理运营中的风险，确保财务数据的准确性与合规性。同时，区块链技术为内部控制和审计提供了更高的透明度和安全性，防止数据篡改和舞弊行为。随着技术的不断发展，企业将实现内部控制与审计的全面数字化转型，从而提升财务管理的整体效率和决策支持能力。

这种协同创新不仅能够提升企业的财务管理水平，还将推动企业在复杂的市场环境中保持竞争优势和可持续发展。

第五章

数字经济时代财务风险管理

第一节 数字经济对财务风险的影响

一、数字经济对财务风险管理的挑战

(一)数字经济对企业运营模式的影响

随着数字经济的快速发展,企业的运营模式、市场环境和产业结构都发生了深刻的变革。数字化技术的广泛应用催生了新的商业模式,推动了供应链的全球化,并加速了企业信息化的进程。然而,伴随着这些变化,企业面临的财务风险也呈现出新的特征和复杂性。数字经济使得企业的运营更加依赖技术,这种依赖在推动企业效率提升的同时,也带来了不可忽视的风险,包括数据泄露、网络安全威胁、信息系统中断等。此外,企业在数字经济中的全球化运营,增加了汇率波动、跨国政策变化等因素对财务管理的影响,使得企业在财务风险管理方面面临更多挑战。

1. 技术依赖加大了信息系统风险

数字经济下,企业的财务系统与业务系统高度集成,信息化程度不断提升。数字化工具如云计算、人工智能、大数据等在财务管理中的应用,虽然提高了财务管理的效率,但也增加了信息系统中断和数据丢失的风险。例如,企业如果未能妥善管理其信息系统的安全性,将可能面临数据泄露、黑客攻击等问题,进而影响财务报表的准确性和完整性,甚至导致企业财务资源的损失。

2. 全球化运营中的财务风险复杂化

数字经济推动企业全球化运营的加速,企业不仅需要在多个国家和地区开展

业务,还需应对不同国家的财务管理规则、税收政策和汇率波动带来的财务风险。全球化运营增加了企业资金管理的难度,特别是在资金跨境流动、汇率波动等方面的风险更为突出。如果企业在管理全球资金流动过程中未能有效控制风险,可能会对其财务状况和资本结构产生不利影响。例如,外汇市场的剧烈波动可能导致企业面临严重的汇兑损失。

(二)数字经济对企业财务风险管理的深远影响

数字经济的蓬勃发展使得传统的财务风险管理模式面临巨大挑战。企业不仅需要应对技术革新带来的新风险,还需重塑其财务管理体系,以适应数字经济的要求。财务风险管理不仅要考虑财务数据的真实性和准确性,还要全面评估技术、市场和政策变化带来的财务风险。这就要求企业在管理财务风险时具备更强的应变能力,能够通过实时数据分析和智能化工具提前预警和应对潜在风险。

1. 市场波动与财务风险的动态变化

在数字经济下,市场的不确定性加剧,企业的财务管理需要更加灵活应对市场波动。尤其在股票市场和金融衍生品市场,价格的波动和市场的剧烈变化对企业的资产负债表产生深远影响。例如,数字化时代的市场反应更加迅速,财务风险管理的周期大幅缩短,企业需要通过即时数据监控和分析,快速调整其财务策略,以应对市场波动带来的财务风险。

2. 政策风险和合规性挑战的加剧

数字经济推动了各国政策环境的变化,企业必须面对跨国运营中的税务、审计和监管要求的差异性。合规性风险在全球化背景下变得更加复杂,企业必须具备跨区域的合规管理能力,确保在不同的法律和政策框架下实现合规运营。例如,跨境电子商务企业不仅需要应对各国不同的税收政策,还必须遵守各类数字隐私保护法规,如欧盟的《通用数据保护条例》(GDPR)。若未能有效应对这些合规性要求,企业可能会面临罚款、市场准入受限等财务风险。

二、数字技术带来的财务风险新特征

(一)数据安全与隐私保护的风险

在数字经济环境下,数据已成为企业的重要资产。大量企业通过数字化工具收集、存储和分析用户数据,以优化运营和提升客户体验。然而,伴随数据价值的增加,数据泄露和隐私保护的风险也不断加大。如果企业未能建立有效的数据安全管理机制,可能会因数据泄露事件造成严重的财务损失和声誉损害。

1. 数据泄露的财务影响

企业的财务数据和客户信息一旦泄露,不仅会导致直接的经济损失,还可能引发法律纠纷、客户流失等问题,从而影响企业的长期盈利能力。例如,数据泄露可能导致客户对企业信任度下降,进而影响企业的销售收入。此外,企业还可能面临高额的法律赔偿或罚款,进一步加大财务风险。

2. 隐私保护法规的合规风险

各国针对数据隐私保护制定了严格的法律法规,企业需要确保其财务数据和客户隐私信息的安全性与合规性。违反隐私保护法规的企业可能会面临巨额罚款。例如,欧盟的《通用数据保护条例》对违规企业的罚款额度可以高达全球年营业额的4%。因此,企业在进行数字化转型的同时,必须加强对隐私保护的重视,避免因合规性问题引发财务风险。

(二)技术应用中的系统性风险

随着企业对信息技术依赖性的增加,信息系统的稳定性和安全性成为财务风险管理中的重要内容。信息系统中断、黑客攻击、软件故障等问题不仅可能影响企业的日常运营,还可能导致财务管理中的数据错误和财务决策失误。

1. 信息系统中断的风险

数字经济下,企业的财务系统与业务系统紧密相连,一旦信息系统发生故障,可能导致财务报表数据缺失、支付中断、供应链停滞等问题。例如,企业的电子商务平台若因系统故障无法处理订单支付,可能造成严重的财务损失,甚至导致客户流失。此外,信息系统的中断还可能影响企业的内部财务报告流程,导致管理层无法及时获取财务数据进行决策。

2. 网络攻击与数据篡改风险

黑客攻击和恶意软件带来的网络安全风险是数字经济下企业面临的又一重大挑战。网络攻击可能导致财务数据的篡改、丢失或被盗用,进而对企业的财务管理系统产生不良影响。例如,企业若遭受勒索软件攻击,财务数据可能会被加密或删除,导致企业无法正常进行财务报告和资金管理。网络安全风险不仅影响企业的财务运作,还可能损害其声誉,进而影响资本市场的信任度和股价表现。

三、数字经济时代的金融市场风险

(一)资本市场的波动与不确定性

数字经济推动了资本市场的快速发展,特别是在金融科技和电子交易平台的推动下,市场反应变得更加迅速和复杂。资本市场的高波动性和不确定性使得企业的融资、投资和资本管理面临更大的风险。例如,企业在资本市场中通过股票、债券等方式筹集资金时,市场波动可能导致融资成本大幅上升。此外,金融市场的不确定性也增加了企业资产管理的难度,投资收益的不确定性和资本市场的剧烈波动都可能对企业的财务稳定性产生影响。

1. 市场流动性风险

数字经济加剧了资本市场的竞争,企业必须面对市场流动性不足带来的风险。当企业需要通过资本市场筹集资金时,市场流动性不足可能导致融资成本上升,或者导致企业无法在适当的时机出售资产,从而影响其财务状况。例如,企业在面临资本市场剧烈波动时,可能难以通过债券发行或股票增发获得足够的资金支持,进而影响其日常运营和投资计划的执行。

2. 金融衍生品的风险加大

金融衍生品作为企业对冲风险的工具,在数字经济时代得到了广泛应用。然而,衍生品交易的复杂性和高杠杆特性也加大了企业的财务风险。例如,企业通过期货、期权等衍生品对冲汇率或利率风险时,若市场波动超出预期,可能导致衍生品交易的损失超过预期,反而增加了企业的财务负担。因此,企业在使用金融衍生品工具时必须加强对市场风险的评估,确保风险控制在可接受范围内。

(二)汇率与利率波动对财务的影响

全球化背景下,企业的国际业务快速扩张,汇率和利率波动对企业财务的影响日益突出。汇率和利率波动不仅会直接影响企业的资金成本、收益和利润,还会通过影响资产负债表的汇兑损益,进而影响企业整体财务状况。对于跨国经营的企业而言,汇率风险和利率风险已成为财务管理中的重要议题,如何应对这些波动带来的不确定性,已成为企业财务管理中的核心挑战。

1. 汇率波动的财务风险

在数字经济背景下,企业的国际化业务不断增加,外币交易频繁,汇率波动带来的财务风险也随之加剧。汇率风险主要体现在两方面:一是交易风险,即企业在进行外币交易时,汇率波动可能导致实际收付金额与预算金额出现偏差,影响利润;二是折算风险,即企业在将外币资产或负债转换为本币时,汇率变动导致资产或负债的账面价值发生变化,进而影响财务报表。

例如,企业若在外汇市场波动剧烈时未及时对冲汇率风险,可能导致出口产品在当地货币贬值的背景下收入缩水,或者在支付进口原材料时,因汇率上涨导致支付成本增加。这些风险不仅影响企业的盈利能力,还会造成资本结构的波动,进而加大企业的资金压力。

2. 利率波动对财务成本的影响

利率波动是企业面临的另一重要财务风险,尤其是对于负债较高的企业来说,利率的上升将直接增加企业的借款成本,影响其资金流动性和盈利能力。在数字经济背景下,利率风险更加复杂化,企业可能会面临短期和长期利率的变化,导致债务利息负担加重。

例如,当利率上升时,企业需要支付更高的利息费用,导致财务成本增加,从而削减利润空间。如果企业采取浮动利率贷款,利率波动的影响将更为直接。而在资本市场中,利率波动还可能影响企业发行债券的融资成本,使得企业融资计划面临更多不确定性。因此,企业在面对利率波动时,必须通过合理的利率对冲工具,如利率互换等,来减少风险敞口。

(三)金融科技对财务风险的深化影响

数字经济时代,金融科技的快速发展对传统金融市场带来了深远的影响,特别是在支付、借贷、投融资等领域,金融科技极大地提高了效率,但也同时带来新的财务风险。企业在应用金融科技工具时,必须关注潜在的系统性风险和技术风险。

1. 支付技术的创新与风险

随着移动支付和区块链支付技术的普及,企业的支付方式变得更加多样化和便捷化。这些创新技术虽然提升了支付效率,降低了交易成本,但也加大了企业在支付环节中的财务风险。例如,区块链支付技术虽然保证了支付的透明性和不可篡改性,但也伴随了加密货币波动的风险。一旦企业接受加密货币作为支付方式,如果未能及时转换为法定货币,可能在市场剧烈波动中遭受损失。

2. 借贷与金融科技平台的风险

金融科技平台的借贷服务,如在线信贷等,为企业提供了新的融资渠道,但同时也带来了新的财务风险。这些平台的运行依赖于复杂的算法和数据系统,一旦系统发生故障或算法出错,可能导致借贷风险难以控制。此外,金融科技平台本身的监管体系尚不完善,企业在通过这些平台进行融资时,需格外注意资金安全性和合规性,避免因平台运营不当或政策风险导致财务损失。

四、财务风险管理的应对策略

(一)构建灵活的财务风险管理体系

面对数字经济带来的复杂财务风险,企业需要构建灵活且多维度的财务风险管理体系,以应对市场变化、技术发展和政策变动带来的不确定性。灵活的财务风险管理体系应具备快速响应市场变化的能力,同时通过数字化技术的应用,增强风险识别、监控和应对的能力。

1. 建立风险预警与应急响应机制

为了应对突发的财务风险,企业应建立完善的风险预警机制,实时监控市场动态、汇率波动、利率变化以及技术系统的稳定性。通过风险预警系统,企业能够在风险发生之前获得警示信号,及时调整财务策略,减少潜在损失。例如,企业可以通过财务风险管理软件,设定自动化风险指标,一旦市场波动超出预设的安全范围,系统将自动发出警报,提醒管理层采取应对措施。

此外,企业还应制订应急响应计划,在财务风险爆发时能够迅速启动应对措施,最大限度地减少损失。例如,当外汇市场出现剧烈波动时,企业可以立即采取外汇对冲策略,避免因汇率大幅变化导致严重财务风险。

2. 利用金融衍生品进行风险对冲

金融衍生品是企业管理财务风险的重要工具,尤其是在汇率、利率等方面,衍生品交易能够帮助企业锁定未来的成本或收入,降低风险暴露。通过期货、期权、互换等金融工具,企业可以对外汇、利率等市场波动进行对冲,避免市场剧烈波动对企业财务状况的影响。

例如,企业可以通过签订远期外汇合约,锁定未来的汇率,从而避免汇率波动对外币交易产生的不利影响。同样,企业可以通过利率互换工具,将浮动利率贷款转换为固定利率贷款,以降低利率波动带来的不确定性风险。

(二)加强数字化技术的应用与合规管理

数字化技术的应用是企业在财务风险管理中提升效率和精度的重要手段,但同时,企业也需加强合规管理,确保技术的合理运用与安全性。在应用数字化工具时,企业需重点关注数据隐私保护、网络安全以及合规风险,确保在利用技术提升管理能力的同时,不引入新的风险。

1. 加强网络安全与数据管理

在数字经济中,企业的财务数据和客户信息都是极其重要的资产,网络安全问题成为财务风险管理的重点。企业应通过强化信息系统的安全防护措施,如加密技术、数据备份和多重身份验证等,降低网络攻击和数据泄露的风险。同时,企业还需遵守各国的数据隐私保护法规,如《通用数据保护条例》等,确保在全球运营中合规管理数据,避免因数据违规处理而面临法律处罚。

2. 完善金融科技平台的合规性审查

金融科技的快速发展虽然为企业带来了更多的融资和投资机会,但企业在选择金融科技平台时,必须进行严格的合规性审查。企业应选择具有良好监管背景和稳健运营历史的金融科技平台,确保平台的资金安全和信息透明。此外,企业还需对平台的风险控制措施进行评估,确保在平台出现运营问题时,企业的资金安全不受威胁。

(三)人才培养与管理文化的提升

财务风险管理不仅依赖技术和工具的应用,更需要具备优秀的财务人才和健康的管理文化。企业应通过培训和引入专业财务人才,提升财务团队的风险识别和应对能力,同时在企业内部营造风险意识,推动全员参与的财务风险管理文化。

1. 培养数字化财务管理人才

随着数字经济的发展,企业需要具备掌握数字化工具和技术的财务管理人才。这些人才不仅需要熟悉传统的财务分析和管理工具,还需具备大数据分析、金融科技应用等新兴技能,能够灵活应对复杂的市场和技术风险。企业应通过内部培训或引入外部人才,打造一支具有前瞻性和技术素养的财务管理团队。

2. 强化风险管理的企业文化

在数字经济中,财务风险管理应成为企业文化的重要组成部分。企业应通过内部宣传和管理制度建设,强化员工的风险意识,确保各部门在运营过程中能够主动识别和报告风险。通过建立有效的沟通机制,企业可以实现财务风险管理的全员参与,确保风险能够被及时发现和有效应对。

在数字经济时代,财务风险管理的复杂性和重要性显著提升。企业面临的财务风险不仅包括传统的市场风险、汇率风险、利率风险,还包括由数字化转型带来的信息安全风险、数据泄露风险以及金融科技平台风险。为应对这些挑战,企业必须构建灵活的风险管理体系,利用数字化工具进行风险监控与预警,同时加强合规管理和网络安全防护。此外,企业还需通过金融衍生工具进行有效的风险对冲,减少汇率和利率波动等外部因素带来的影响。

第二节 数字经济时代的财务风险识别

一、数字经济时代财务风险的多维特征

随着数字经济的快速发展,企业的运营环境变得更加复杂,市场的不确定性也在不断加剧。传统的财务风险识别模式难以完全应对数字经济带来的新挑战。数字化技术的广泛应用使得企业在获取商业机会的同时,也暴露在更多的风险之中。例如,全球化的业务模式、跨境电子商务的普及以及金融科技的迅猛发展,均使得财务风险具有更高的动态性与复杂性。财务风险不再局限于资金流动的单一问题,而是涵盖了技术、政策、市场以及外部环境等多个维度。

1. 全球化与技术变革导致的风险转移

数字经济使得企业能够更轻松地进入全球市场,跨国经营已成为许多企业的常态。然而,这种全球化的运营模式增加了外汇波动、税收政策差异、不同市场的法律法规适用等多种风险。这些风险具有地域性差异,企业如果不能有效识别和应对,可能在市场扩展中遭受巨大的财务损失。例如,跨国公司需要处理多个国家的货币汇率波动,同时应对全球经济波动对资金流动的影响,这种复杂性加大了财务管理的难度。

此外,技术变革带来了新的机遇,同时也增加了企业应对技术风险的需求。信息技术系统的依赖性增强了企业面临的数据泄露、网络攻击等风险,特别是在使用

云计算和区块链等新技术的企业,技术系统中断可能会导致严重的财务风险,如资金流失、数据失真等。

2. 外部市场与内部运营的联动性加深

在数字经济环境下,外部市场的波动和内部运营的联动性变得更为紧密。市场风险不仅包括价格、需求等方面的变化,还体现在供需链的迅速调整和资金流动的同步性中。企业的内部风险管理与外部市场的反应速度需要无缝衔接,以应对数字经济时代突发的市场变化。例如,原材料价格的剧烈波动、市场需求的迅速变化,可能影响企业的盈利能力,进而波及财务状况。

在此背景下,企业必须具备高度敏捷的风险识别能力,能够通过外部市场信号及时调整内部管理策略。通过利用大数据和人工智能,企业可以在业务环节中自动监测潜在风险因素,形成实时风险预警系统,提升风险识别的效率和准确性。

二、数字经济时代的财务风险识别方法

(一)基于大数据的风险预测与预警

在数字经济时代,企业可以通过大数据技术进行财务风险识别。大数据分析不仅能帮助企业监测财务数据的变化,还能通过对历史数据和市场动态的深度挖掘,预测潜在风险并提前采取预防措施。传统的风险识别主要依赖经验判断和历史数据,而大数据则通过分析大量实时数据,从多个维度揭示出潜在的风险因素。

1. 数据驱动的风险预测模型

基于大数据技术,企业能够建立风险预测模型,这些模型通过整合内部和外部数据,对市场、财务、运营等各方面的变化进行建模和预测。例如,企业可以通过分析客户购买行为、供应链动态、市场需求变化等数据,提前识别市场需求下降或资金流动性风险的迹象。大数据还能帮助企业预测汇率、利率等金融市场的波动趋势,为企业的外汇管理和利率对冲提供决策支持。

通过智能化的风险预测模型,企业能够实现对风险的前瞻性识别,避免陷入被动应对的局面。例如,某跨国企业通过大数据分析预测到全球某一重要市场的经济下行趋势,进而提前调整了该市场的投资规模和资源配置,避免了大量资本的损失。

2. 实时风险预警系统的建立

企业可以基于大数据构建实时风险预警系统,通过对关键财务指标和运营数据的实时监控,自动识别风险因素并发出预警信号。例如,企业可以设定现金流、应收账款、负债率等核心财务指标的警戒值,当这些指标出现异常时,系统能够自动向管理层发出警报,提示风险的存在。

预警系统的建立不仅能及时发现财务风险,还能为管理层提供决策依据,帮助企业在风险爆发前采取预防措施。例如,某制造企业的供应链中断导致生产成本急剧上升,实时预警系统及时识别到这一风险,并建议管理层调整采购策略,从而避免了更大的财务损失。

(二)基于人工智能的智能风险识别

人工智能技术的应用为财务风险识别带来了突破性进展。通过机器学习和自然语言处理等技术,人工智能能够自动分析海量数据,并在数据中发现隐藏的风险模式。与传统的风险识别手段相比,人工智能的优势在于其能够自我学习和持续优化识别模型,使得风险识别的准确性和效率不断提升。

1. 机器学习在风险识别中的应用

机器学习是人工智能的一项核心技术,通过对大量历史数据的学习,机器学习算法能够自动构建风险模型,并在未来数据中发现类似的风险模式。例如,企业可以通过机器学习分析过去的财务报表数据、市场动态、业务流程等信息,识别出可能导致财务亏损的关键风险因素。随着机器学习算法的不断优化,风险识别的精度将不断提升,帮助企业更加精准地预防和应对财务风险。

此外,机器学习还能帮助企业分析外部市场数据,如行业趋势、宏观经济环境、竞争对手动态等,帮助企业在市场变动中提前做好准备。例如,某科技企业通过机器学习分析全球科技市场的专利申请数据,发现竞争对手的研发投入增加,并及时调整自己的研发战略,避免了市场份额的进一步丧失。

2. 智能化风险决策支持系统

人工智能不仅能够识别风险,还能够通过决策支持系统帮助企业制订应对方案。例如,企业可以通过智能化决策支持系统,自动分析风险识别结果,并提供多种应对策略供管理层选择。系统可以根据企业的财务状况、市场动态以及风险偏好,自动生成调整预算、改变投资组合、实施风险对冲等应对措施,减少财务风险带来的损失。

例如,某金融机构通过人工智能系统识别到投资组合中的高风险资产,并通过决策支持系统自动生成调整方案,帮助管理层快速应对市场波动,减少了投资损失。智能化的决策支持系统提高了企业应对风险的速度和准确性,减少了依赖人工判断的滞后性。

(三)区块链技术提升数据透明度与安全性

区块链技术因其去中心化、数据透明和不可篡改的特点,正在成为财务风险管理中重要的技术手段。通过区块链,企业能够确保财务数据的真实性和完整性,有效降低财务欺诈和数据泄露的风险。

1. 区块链的透明性与数据溯源

区块链技术通过分布式账本系统记录每一笔交易,确保交易数据的透明和可追溯。企业可以通过区块链技术追踪资金的流动路径,确保财务数据在整个流通过程中的真实性和完整性。这种技术能够有效降低因数据篡改或丢失导致的财务风险,同时增强审计过程中的数据透明度。

例如,某跨国企业通过区块链技术实现了全球资金流动的透明化管理,从而有效降低了跨境交易中的资金流失风险。区块链技术使得企业的每一笔财务交易都能被实时监控和溯源,确保资金流动的合规性和透明性,减少了人为操作错误或舞弊的可能性。这种透明性不仅提高了企业的财务管理水平,还增加了外部审计和监管的有效性,为企业提供了更强的风控保障。

2. 智能合约的自动化风险控制

智能合约是区块链技术的一个重要应用,它能够根据预先设定的条件自动执行合约条款,减少了人工干预的风险。在财务风险管理中,智能合约可以被用来实现自动化的交易和支付流程,确保资金在合规范围内高效流动。例如,企业可以通过智能合约设定资金使用的条件,一旦条件满足,系统将自动执行资金的划拨或支付,避免了人工审批中的延迟或错误。

智能合约还能够帮助企业应对外部市场波动风险。例如,在外汇管理中,企业可以通过智能合约实现汇率触发机制,当汇率达到设定的触发点时,系统会自动执行汇率对冲操作,从而有效降低汇率波动带来的风险。这种自动化的风险控制方式不仅提升了风险管理的效率,还减少了企业依赖人工决策的滞后性和主观性。

三、数字经济时代财务风险分类识别

(一) 市场风险识别

在数字经济时代,市场波动对企业财务状况的影响更为直接和迅速。市场风险包括价格风险、需求风险、竞争风险等,企业需要通过多维度的数据监控和分析,动态识别市场变化带来的潜在风险。例如,原材料价格波动可能直接影响企业的生产成本,而市场需求变化则可能影响销售收入。通过数据分析工具,企业可以实时监测市场价格、竞争对手动态、客户需求变化等外部市场风险,提前调整财务计划和预算。

1. 价格波动风险

价格波动风险是指企业因市场上商品、服务或资源价格的波动而面临的财务不确定性。例如,能源价格、原材料价格和外汇价格的波动,都会直接影响企业的生产成本和利润。在数字经济时代,企业可以通过智能系统实时监测市场价格变化,并利用价格对冲工具,如期货、期权等,来锁定成本或收入,减少价格波动对财务状况的影响。

2. 需求变化风险

需求变化风险是指市场需求的波动可能对企业的收入和利润带来的风险。在数字化环境下,消费者行为的变化更加快速和不可预测,企业需要通过大数据分析消费者的购买行为、偏好变化以及宏观经济的影响,及时调整销售和营销策略。例如,通过分析消费者的在线购物数据和社交媒体的互动数据,企业可以更准确地预测产品的需求变化,避免库存过多或短缺带来的财务压力。

(二)操作风险识别

操作风险指的是企业在日常运营中,由于管理失误、系统故障、人员错误等原因造成的损失。数字化技术的应用在提升企业运营效率的同时,也增加了操作风险的复杂性,特别是在财务管理的自动化流程中,操作风险可能隐藏于信息系统和自动化流程中。企业需要通过信息系统和流程优化,提升风险识别的敏捷性,减少人为错误和系统故障带来的财务损失。

1. 系统故障和信息安全风险

随着企业对信息系统依赖的增强,系统故障、黑客攻击、数据泄露等信息安全问题已成为操作风险的重要组成部分。例如,财务管理系统中断可能导致企业的支付流程延迟,进而影响供应商或客户的信任,产生资金流动中断的财务风险。企业需要通过加强信息系统的安全防护,构建稳健的系统恢复机制,确保系统故障和数据安全风险能够得到有效管理。

2. 自动化流程中的潜在风险

在数字经济环境下,企业越来越多地使用自动化技术进行财务管理,如财务报表自动生成、应收账款自动催收等。这些自动化流程虽然提高了工作效率,但一旦设置错误或系统出现漏洞,可能导致财务数据的错误或资金流动的延误。因此,企业必须定期审查和优化自动化流程中的潜在风险,确保财务操作的准确性和合规性。

(三)信用风险识别

信用风险是指企业的交易对手无法按时履行支付义务,从而对企业的财务健康带来的不利影响。随着电子商务的兴起和在线支付的普及,信用风险的形式也发生了变化。企业需要通过信用评级系统、客户行为数据分析等手段,对交易对手的信用状况进行实时评估,降低信用违约带来的财务损失。

1. 交易对手的信用评估

在数字经济时代,企业的客户来源更加多样化,特别是在线平台的交易增加了企业对客户信用评估的复杂性。企业可以通过使用大数据技术,分析客户的历史交易行为、付款记录、社交媒体信息等,对客户信用进行综合评估。例如,某电商平台通过大数据分析客户的购物行为和支付记录,建立了客户信用评级系统,帮助商家筛选出高风险客户,降低坏账风险。

2.信用风险的监控与预警

企业需要建立实时监控系统,动态跟踪客户的付款能力和信用状况。当客户的财务状况恶化或付款行为异常时,系统可以自动发出预警,提醒企业采取相应的应对措施。例如,企业可以通过自动化催款系统,在应收账款超期之前及时发出提醒,减少应收账款的拖欠问题。

四、数字经济时代财务风险识别的未来发展趋势

（一）智能化与自动化的深入应用

随着人工智能和自动化技术的进一步发展,财务风险识别将更加智能化和自动化。通过智能化系统,企业可以实现财务风险的实时监控和动态应对,减少人工干预的滞后性和不确定性。未来,企业的财务风险管理将更加依赖机器学习、区块链等技术,通过智能算法识别潜在风险并自动生成应对方案,提升风险管理的效率和精准度。

（二）数据驱动的全局性风险识别

数字经济时代,企业的运营数据来源更加广泛,财务风险识别将更加依赖数据驱动的全局性分析。企业不仅需要分析内部财务数据,还要结合市场数据、政策变化、技术趋势等外部因素,形成全局性的风险识别体系。通过整合各类数据源,企业可以更全面地了解财务风险的来源和传导路径,从而制定更加有效的风险应对策略。

（三）跨界风险管理的协同化

在数字经济下,财务风险与技术风险、市场风险、运营风险之间的界限日益模糊,未来的财务风险识别将更加协同化。企业需要建立跨部门的风险管理机制,打破财务部门与技术、市场、法律等部门之间的壁垒,形成协同风险管理体系。通过跨界协同,企业可以更好地识别和应对数字经济带来的多维度风险。

数字经济时代为企业带来了巨大的机遇,同时也增加了财务风险的复杂性和不确定性。企业需要通过大数据、人工智能、区块链等先进技术,提升财务风险识别的效率和准确性。财务风险识别的智能化、自动化和数据驱动化是未来发展的重要趋势,企业只有不断创新和优化风险管理策略,才能在复杂的市场环境中实现稳健发展。

第三节 财务风险评估与量化

一、财务风险评估的基本框架

(一)财务风险评估的目标与重要性

在数字经济时代,企业运营环境复杂多变,传统的财务风险管理方法已不能适应快速变化的市场需求。企业的财务风险评估不仅需要识别潜在的财务风险,还要进行有效的量化,以便为管理层提供准确的决策依据。财务风险评估的核心目标是通过识别、分析和量化潜在风险,帮助企业预测未来可能面临的财务困境,提前采取相应的防范措施。通过量化的风险评估,企业能够将定性的风险信息转化为可操作的数据,增强财务决策的科学性和精准性。

1. 数字经济财务风险评估面临的挑战

数字经济带来的技术变革和全球化趋势为企业带来了更多的不确定性,财务风险评估的难度显著提升。例如,企业的业务模式、供应链结构和市场环境可能在短时间内发生剧变,导致财务风险快速积聚。随着金融工具和衍生品的多样化,企业面临的市场风险、信用风险和流动性风险也更加复杂。这就要求企业在进行风险评估时,不仅要考虑传统的财务指标,还要结合技术、市场和政策等多维因素,全面评估和量化财务风险。

2. 财务风险评估的动态性

在传统财务管理框架下,财务风险评估通常采用静态分析方法,基于历史数据进行预测和分析。然而,数字经济时代的市场环境变化快速且剧烈,企业的财务风险随之呈现出高度的动态性。实时的市场数据、技术变化以及政策调整都可能对企业的财务状况产生重大影响。因此,企业必须采用更加灵活的动态评估模型,实时监控和量化财务风险。

(二)财务风险评估的步骤

财务风险评估的过程一般包括识别风险源、分析风险影响、量化风险以及制订风险应对策略四个步骤。通过系统化的评估流程,企业能够准确识别财务风险的性质和范围,评估其对企业财务健康的潜在影响,并量化风险水平,为管理层制订应对方案提供支持。

1. 识别风险源

风险源的识别是财务风险评估的第一步,企业应从多个角度审视潜在的财务风险来源。典型的财务风险包括市场风险、信用风险、操作风险和流动性风险。在数字经济背景下,风险源的种类更加多样化,信息安全风险、技术中断风险、政策变化带来的合规风险等都可能成为财务风险的重要组成部分。

2. 分析风险影响

在识别风险源后,企业需要进一步分析这些风险可能对财务状况带来的影响。这一阶段的重点是评估风险事件发生后,企业的财务表现将受到多大程度的影响。分析内容包括对企业收入、成本、利润以及现金流的潜在影响。比如,汇率波动会直接影响外币交易企业的利润,而技术故障可能导致财务系统中断,影响企业的正常运作。

3. 量化风险

在财务风险评估中,量化风险是至关重要的一环。通过量化分析,企业能够将风险的潜在影响转化为可测量的财务指标。这些指标包括损失的可能性、损失金额的预期值以及可能的最坏情况(如价值暴露度)等。企业通常通过统计模型、模拟分析、情景分析等方法来量化风险。例如,利用蒙特卡洛模拟法,企业可以模拟多种可能的市场环境和财务结果,从而估算出不同情境下的风险水平。

4. 制订风险应对策略

评估和量化风险后,企业需要根据评估结果制订相应的风险应对策略。应对策略包括风险规避、风险转移、风险减轻和风险自留等方法。通过结合财务状况和风险偏好,企业可以选择最适合的风险管理手段,如利用对冲工具减少汇率风险,或者通过保险和再保险转移某些操作风险。

二、财务风险量化的常用方法

(一)风险值法

风险值(value at risk,VaR)法是一种用来量化金融资产组合在给定置信水平下,未来一段时间内最大潜在损失的统计方法。VaR法通过衡量某一资产或资产组合在特定的置信区间和持有期内的最大可能损失,为企业提供了一种评估风险的有效工具。例如,某企业的投资组合VaR值为100万元,表示在95%的置信水平下,该企业在未来的一天内可能面临100万元以内的损失。

VaR法广泛应用于金融市场的风险量化中,但其假设市场状况保持稳定,且忽视了极端情况发生的可能性。因此,企业在使用VaR法时,通常结合情景分析和压力测试,评估极端市场环境下的财务风险。

(二)蒙特卡洛模拟法

蒙特卡洛模拟法是一种常用的财务风险量化工具,通过对多个不同情境下的财务结果进行随机模拟,蒙特卡洛模拟法能够帮助企业评估未来风险的多种可能性。这种方法特别适用于无法精确预测未来的环境中,如汇率波动、商品价格变化等因素影响下的企业运营。

在财务风险管理中,企业可以通过蒙特卡洛模拟法,对多种市场环境进行预测,从而量化不同条件下的财务风险。例如,企业在进行投资决策时,可能会面临市场波动的风险。通过蒙特卡洛模拟,企业能够对市场价格的不同变动情况进行模拟分析,并得出不同条件下的财务表现。这种方法为企业在复杂多变的市场环境下提供了全面的风险分析工具,提升了风险评估的准确性。

蒙特卡洛模拟法的优势在于,它能够通过对大量情境的随机模拟,获得风险的全面分布图,从而帮助企业了解风险的潜在波动范围。然而,这种方法也有其局限性,模拟结果依赖于输入数据的准确性和假设前提的合理性,因此,企业在使用该方法时,需要确保数据来源的可靠性。

(三)敏感性分析

敏感性分析是企业进行财务风险量化的补充工具。敏感性分析主要用于评估某一风险因素的变化对企业财务指标的影响。

敏感性分析通过调整单一变量,评估其对企业财务指标的影响。例如,企业可以通过调整汇率、利率、商品价格等变量,来评估这些因素变化对企业利润、现金流等财务指标的影响。这种方法可以帮助企业了解财务指标对不同风险因素的敏感程度,从而为管理层提供决策依据。例如,某企业通过敏感性分析发现其财务表现对汇率波动异常敏感,因此采取了汇率对冲工具进行风险管理。

(四)压力测试

压力测试也是企业进行财务风险量化的补充工具。压力测试是一种模拟极端市场条件下企业财务状况的方法,它用于评估在发生严重市场波动、金融危机或政策突变等极端情况下,企业的财务状况将受到的冲击。通过设置多个极端情景,压力测试可以揭示企业在市场极端波动下可能面临的最大损失,并帮助企业制订应急预案。

例如,企业可以设定多种极端情景,如市场价格暴跌50%、利率大幅上升、供应链中断等,评估这些条件对企业收入、成本、资产负债表等关键财务指标的影响。某制造业企业可能通过压力测试发现,如果全球供应链中断导致原材料价格上涨30%,其毛利率将下降5%,并且可能出现现金流紧张的情况。通过这种测试,企业可以提前采取措施,如提高库存水平或寻找新的供应商,来应对极端情况下的财务风险。

压力测试的优点在于能够揭示在常规分析中难以预见的风险,为管理层提供极端条件下的决策支持。然而,压力测试依赖假设的极端条件和模型的设计,因此结果的准确性和应用价值也取决于情景设定的合理性。

财务风险量化四种常用方法的比较详见表5.1。

表5.1 财务风险量化四种常用方法的比较

方法	特点	应用场景	局限性
VaR法	量化金融资产的最大可能损失	金融市场风险评估、投资组合管理	忽视极端情况,假设市场稳定
蒙特卡洛模拟法	通过随机模拟不同情境,评估多种结果的可能性	投资决策、外汇风险、市场波动	模拟过程复杂,依赖大量数据
敏感性分析	评估风险因素变动对财务指标的影响	利率、汇率敏感性分析	假设简单,未考虑变量间的相互作用
压力测试	模拟极端市场状况,评估财务表现	金融危机、极端市场波动	结果依赖于预设的极端情景

三、财务风险评估量化的实际应用

（一）市场风险量化的应用

在数字经济时代,企业面临的市场风险主要来自价格波动、汇率变化和市场需求的不确定性。通过量化市场风险,企业可以更好地管理外汇、商品价格等风险因素,确保财务决策的准确性和稳健性。

1. 汇率风险的量化

跨国公司在国际市场上进行外汇交易时,汇率波动可能对企业的财务表现产生重大影响。通过风险值法或蒙特卡洛模拟法,企业可以量化外汇市场的波动,评估汇率变化可能对企业现金流和利润的影响。例如,某跨国企业通过模拟未来一年内美元对欧元汇率的波动,计算出在95%的置信水平下,公司可能面临的最大汇兑损失。通过这种量化分析,企业可以决定是否采取外汇对冲措施,如使用远期外汇合约或期权来规避风险。

2. 商品价格波动的量化

对于依赖大宗商品的企业,如制造业和能源行业,商品价格波动会直接影响生产成本和利润。企业可以通过敏感性分析和压力测试量化原材料价格波动对财务指标的影响。例如,某能源企业通过分析原油价格的变化,发现其对油价上涨的敏感性较高,进而决定采用商品期货进行风险对冲,以减少油价剧烈波动对利润的影响。

（二）信用风险量化的应用

在数字经济下，信用风险管理对企业的财务健康至关重要。企业在与供应商、客户和金融机构交易时，可能会面临交易对手无法履行支付义务的风险。通过量化信用风险，企业能够识别高风险的交易对手并采取相应的防范措施。

1. 信用风险评分模型

企业可以通过信用风险评分模型量化客户或供应商的信用风险，模型通常基于客户的历史付款行为、财务状况以及市场环境等因素。通过这种模型，企业可以将客户按风险等级进行分类，并为高风险客户制定更加严格的信用政策。例如，某企业通过信用评分模型发现某一客户的信用风险较高，于是决定缩短其付款期限，并要求提前付款，以减少可能的应收账款损失。

2. 应收账款管理中的信用风险量化

企业还可以通过量化应收账款的违约概率，评估其对企业现金流的潜在影响。通过对历史应收账款违约率的分析，企业可以预测未来的坏账损失，并相应地调整财务计划。例如，某零售企业通过分析过去三年应收账款的收回率，发现应收账款的平均违约率为2%。通过这一分析，企业可以在未来财务规划中预留坏账准备金，确保现金流的稳定性。

（三）操作风险量化的应用

操作风险是企业在日常运营过程中可能面临的内部和外部风险。数字经济下，操作风险的来源更加多样化，包括信息系统中断、网络安全事件以及内部控制失效等因素。通过量化操作风险，企业可以增强其应对突发事件的能力，减少财务损失。

1. 信息系统风险的量化

数字化时代，信息系统成为企业运营的核心。信息系统的中断或安全漏洞可能导致企业无法及时获取财务数据，甚至引发资金损失。企业可以通过量化信息系统的风险，评估系统中断对财务运营的影响。例如，某电子商务平台通过分析其服务器停机时间，估算出每小时系统中断可能造成的销售收入损失为100万元。通过这种量化分析，企业可以提高系统的冗余设计，并实施灾难恢复计划，以减少信息系统风险带来的财务损失。

2. 网络安全风险的量化

随着网络攻击的频率和复杂性增加，企业需要对其网络安全风险进行量化评估。通过分析潜在的网络攻击事件，企业可以量化数据泄露或业务中断对财务指标的影响。例如，某金融机构通过分析全球网络攻击事件的历史数据，计算出其面临的网络安全事件的可能损失额度，并决定增加对网络安全系统的投资，以降低财务风险。

四、财务风险量化的未来发展趋势

(一)数据驱动的风险量化趋势

随着大数据技术的发展,财务风险的量化将更加依赖于数据驱动的分析模型。企业可以利用更多实时市场数据、客户行为数据和供应链数据,构建更加精准的风险量化模型。这将帮助企业在更短的时间内发现潜在的财务风险,并通过实时调整财务策略,减少财务损失。

1. 数据来源的多样化

未来,企业将从更多的数据来源中获取风险信息,包括社交媒体数据、市场情报、消费者行为数据等。这些数据将帮助企业更全面地识别和量化财务风险。例如,某零售企业通过分析社交媒体上消费者对其产品的反馈,发现消费者对其新产品的负面评价增加,这提示企业该产品的市场需求下降,进而帮助企业调整营销策略,避免库存积压。

2. 人工智能与机器学习的应用

人工智能和机器学习技术的进步为财务风险量化提供了强大的工具支持。通过机器学习算法,企业可以自动从大量历史数据中发现风险模式,并根据最新的数据动态调整风险评估模型。人工智能不仅可以帮助企业提高风险识别的精度,还可以通过自我学习不断优化量化模型,为企业提供更有效的财务风险管理方案。

(二)风险量化与企业战略的深度融合

未来,财务风险量化不仅将作为企业财务管理的基础工具,还将深度融入企业战略制定过程。通过对企业战略决策中的潜在财务风险进行量化分析,管理层可以更科学地制订长期发展计划,确保企业的战略方向与风险管理能力相匹配。

例如,某制造企业在制定全球扩展战略时,通过财务风险量化分析评估了不同市场的汇率波动、政治风险和供应链中断的可能性,进而选择了最有利的市场扩展路线,最大限度地降低了全球运营的财务风险。

财务风险评估与量化在数字经济时代显得尤为重要。通过一系列量化工具,如 VaR 法、蒙特卡洛模拟法、敏感性分析和压力测试,企业能够识别并量化财务风险的潜在影响,并为决策提供数据支持。在大数据、人工智能等技术的推动下,未来财务风险量化将更加智能化和动态化,企业应持续优化其风险量化方法,确保财务管理与市场环境变化同步,实现长期稳健发展。

第四节 财务风险控制与缓解策略

一、财务风险控制的基本框架

(一)财务风险控制的必要性与数字化转型的背景

在数字经济时代,企业面临的财务风险比以往更加复杂多变。全球化、信息技术的迅速发展、市场竞争加剧,以及不确定的政策环境等多重因素都增加了企业的财务风险。因此,企业在面临市场波动、汇率变化、技术风险和信息安全等多重挑战时,必须加强财务风险控制,确保其稳健运营。

财务风险控制旨在通过识别、评估和处理潜在的财务风险,减少企业因风险而产生的损失。数字经济的到来加速了企业运营方式的转型,从而对财务管理提出了更高的要求。企业不再依赖传统的静态风险管理方式,而是需要利用新技术,如大数据、人工智能、区块链等,进行动态的风险识别和实时控制。这使得财务风险控制成为企业应对数字经济挑战和保持竞争优势的关键手段。

(二)财务风险的多样性与动态性

数字经济使得财务风险具有高度的多样性和动态性。首先,市场风险,如外汇波动、利率变化、商品价格波动等,变得更加频繁且难以预测。其次,操作风险在信息技术高度集成的企业中也日益突出,尤其是在自动化流程和信息系统依赖性较高的情况下,信息泄露、系统故障和网络攻击都可能导致严重的财务损失。此外,数字经济下的信用风险也不断增加,特别是通过在线平台进行交易的企业,其信用管理和应收账款的管理复杂度提升。

(三)财务风险控制的基本策略

为了有效控制财务风险,企业需要采取一系列系统化的策略,这些策略包括风险规避、风险转移、风险缓解和风险自留。每一种策略都有其适用场景,企业需根据不同风险的性质和影响程度选择适当的控制手段。

1. 风险规避

风险规避是企业通过调整经营战略或业务模式,尽可能避免遭遇财务风险的一种策略。例如,企业可以通过减少对高风险市场的投资来规避汇率或政策波动的风险。数字经济中,企业还可以通过控制技术依赖度,避免因技术风险而导致的财务损失。

2. 风险转移

风险转移是通过合同、保险或金融工具等手段,将风险转移给第三方的一种方式。例如,企业可以通过购买保险来转移操作风险、数据泄露风险等。使用衍生工具进行对冲也是风险转移的一种常见方式,例如利用外汇远期合约、期权等工具对冲汇率波动风险。

3. 风险缓解

风险缓解是指通过降低风险事件发生的概率或减少其影响程度来控制财务风险。例如,企业可以加强内部控制,改进财务管理流程,减少操作失误的可能性。数字化工具在风险缓解中发挥着重要作用,通过实时数据监控和自动化管理,企业能够更早发现问题并采取行动。

4. 风险自留

风险自留是指企业对某些风险采取承受的态度,特别是在风险发生概率较低或损失较小的情况下。例如,某些日常的运营风险,企业可以通过内部储备金或资本充足率来应对,而不需要依赖外部对冲或保险。

二、财务风险缓解的主要策略

（一）市场风险的对冲与管理

市场风险是企业在数字经济环境下常见的财务风险,主要包括汇率、利率以及商品价格的波动。企业通过对冲策略可以有效缓解市场风险。

1. 汇率风险对冲策略

企业进行跨境交易时,汇率波动是其面临的主要财务风险之一。为缓解这种风险,企业通常会使用外汇衍生工具,如远期外汇合约、期权和掉期等金融工具进行汇率对冲。通过这些工具,企业可以在未来某一日期以固定汇率进行交易,避免汇率波动对企业财务状况的冲击。

例如,某跨国企业预计未来六个月需要支付大量的外币采购费用,担心汇率波动导致成本增加。通过签订远期外汇合约,企业可以锁定未来汇率,从而规避因外汇市场波动带来的成本增加风险。

2. 利率风险管理

企业在面临利率波动时,利率衍生工具(如利率互换、利率期权等)是有效的风险缓解手段。通过利率互换,企业可以将浮动利率贷款转换为固定利率贷款,从而减少利率波动对其现金流和融资成本的影响。例如,某企业拥有大量浮动利率债务,通过与金融机构签订利率互换协议,可以将这些浮动利率债务转换为固定利率债务,从而降低利率上升带来的财务压力。

3. 商品价格风险

企业可以通过商品期权和期货来对冲价格风险。使用期货合约,企业可以锁定未来的销售或购买价格,从而减少价格波动的影响。而期权则提供了权利而非义务,允许企业在支付一定费用后,在未来以特定价格买入或卖出商品,为价格设定上限或下限。这些工具帮助企业保护利润,减少市场波动带来的损失。

市场风险缓解策略对比详见表5.2。

表5.2 市场风险缓解策略对比分析

风险类型	缓解工具	优点	适用场景
汇率风险	远期合约、期权、掉期	锁定未来汇率,减少波动影响	跨境交易、外币结算
利率风险	利率互换、利率期权	稳定利率支出,减少利率波动影响	浮动利率债务管理
商品价格风险	商品期货、期权	锁定未来商品价格,避免价格波动	大宗商品采购、原材料价格管理

(二)操作风险的控制与缓解

操作风险是指企业内部系统、流程或人员失误导致的财务损失风险。特别是在数字经济时代,操作风险往往与信息技术和系统安全密切相关。

1. 信息系统的安全防护

随着企业信息系统和财务系统的高度自动化,信息安全风险成为操作风险的重要组成部分。企业应加强信息系统的安全防护措施,如实施网络安全监控、数据加密、双重认证等,以防止黑客攻击或数据泄露。此外,企业还应定期进行系统审计和风险评估,确保系统的安全性和稳定性。例如,某大型零售企业通过部署先进的网络安全解决方案,实时监控其在线支付系统的安全状况,成功避免了多次潜在的网络攻击。

2. 业务连续性管理

业务连续性管理(BCM)是缓解操作风险的重要手段,旨在确保企业在遭遇重大突发事件时能够保持业务的连续性和恢复能力。企业可以通过制订灾难恢复计划、定期进行应急演练和备份关键数据,减少操作风险对日常运营的影响。例如,某金融机构通过设立异地备份数据中心,确保在主系统故障时能够快速切换到备用系统,避免业务中断对财务造成影响。

(三)信用风险管理

在数字经济中,信用风险是指交易对手无法履行其支付义务,导致企业面临财务损失的风险。随着电子商务的快速发展,信用风险管理变得尤为重要。

1. 信用评估与管理系统的应用

企业可以通过建立信用评估与管理系统,动态监控客户的信用状况,及时识别潜在的信用风险。基于客户的交易历史、财务状况和市场表现,信用评估系统能够生成风险评分,帮助企业决定是否与特定客户继续合作或提供更严格的付款条件。例如,某在线零售平台通过对客户的购买记录、付款历史和行为数据进行分析,为每位客户生成信用评分,帮助商家降低坏账风险。

2. 应收账款管理与保险

企业还可以通过加强应收账款管理来控制信用风险。具体措施包括缩短账期、提供折扣以鼓励客户提前付款,以及采用保理融资等方式减少应收账款拖欠的风险。此外,企业可以通过购买应收账款保险,将信用风险转移给保险公司,从而减少潜在的财务损失。

三、财务风险控制与缓解的技术支持

(一)大数据与人工智能的应用

在数字经济环境下,大数据和人工智能技术为财务风险的控制与缓解提供了有力支持。通过数据驱动的风控模型,企业可以实时监控财务数据,提前发现潜在风险并自动生成应对方案。

1. 大数据风险监控

企业可以通过大数据技术收集和分析来自市场、客户和供应链的多维度数据,建立动态风险监控体系。例如,某跨国公司利用大数据技术分析其全球供应链数据,发现其某个供应商的财务状况出现异常,从而及时调整采购策略,避免了因供应商违约导致的生产中断和财务损失。通过大数据的实时监控,企业不仅可以更好地预测市场变化和客户行为,还能更准确地识别操作风险和信用风险。

大数据技术还可以帮助企业建立更全面的财务数据分析模型,监测现金流、资产负债情况以及各项财务指标的变化。通过对历史数据和市场趋势的深度分析,企业能够提前预测风险事件的发生概率,并做出相应的调整。

2. 人工智能在风险预测中的应用

人工智能技术通过机器学习和深度学习算法,能够自动分析和预测财务风险。人工智能技术可以对大量财务数据进行处理,识别出隐藏的风险模式,并根据市场动态和企业运营数据,实时更新风险预测模型。例如,某金融机构通过应用人工智能技术,对其投资组合进行自动化监控,人工智能系统能够在市场出现剧烈波动前提前发出风险预警,帮助该机构减少潜在的投资损失。

此外,人工智能还能用于提升信用风险管理的准确性。通过人工智能对客户行为、付款历史、市场信用报告等数据进行建模和分析,企业能够更加准确地预测客户的违约概率,并根据人工智能生成的信用评分为客户制定相应的授信政策,从而有效降低坏账风险。

(二) 区块链技术在财务风险控制中的应用

区块链技术以其去中心化、数据透明和不可篡改的特性,为财务风险管理提供了新的工具。通过区块链,企业能够有效控制财务数据的真实性和交易的可靠性,从而降低财务舞弊和操作风险。

1. 区块链的透明性与溯源性

区块链技术可以帮助企业确保财务数据的透明性和可追溯性。在跨境支付、贸易融资等复杂的业务场景中,区块链能够记录每一笔交易的详细信息,使交易过程更加透明、可信。这种数据透明性能够帮助企业减少操作风险,尤其是在多方参与的复杂交易中,通过区块链技术实现信息共享,减少信息不对称带来的风险。

例如,某供应链企业通过区块链技术记录了每一笔物流和资金流动的详细数据,确保供应链上所有参与方的数据一致。这不仅提升了供应链的透明度,也减少了财务纠纷发生的可能性。

2. 智能合约的应用

智能合约是区块链技术的一个重要应用,它能够根据预设条件自动执行合约条款。企业可以通过智能合约在某些金融和交易场景中自动执行风险控制措施,减少人为操作风险。例如,某企业可以利用智能合约确保在满足特定条件后自动支付供应商款项,避免了因人工延迟或操作错误导致的付款问题。

智能合约的自动化执行特性,能够提高交易的效率,减少合同执行过程中的不确定性,同时确保财务交易的准确性和安全性。通过智能合约,企业还可以预设风险控制条件,当市场或业务环境发生重大变化时,智能合约能够自动调整交易条款,从而帮助企业更好地应对财务风险。

四、综合性财务风险缓解框架的构建

(一) 多层次的风险管理架构

企业的财务风险控制与缓解需要一个多层次的管理架构,包括战略层、操作层和技术层的协调配合。在战略层,企业需要通过设定财务风险管理目标,将风险管理纳入企业整体战略规划中;在操作层,企业需通过财务部门和业务部门的紧密合作,实施具体的风险控制措施。

1. 战略层的财务风险管理

在战略层面,企业应将风险控制作为一项长期发展策略,明确财务风险管理的核心目标,如保持资本结构稳健、保证现金流稳定等。企业的风险管理委员会应负责制定风险控制政策,定期评估企业的财务状况和外部市场环境变化,及时调整战略方向。

例如,某企业在制定全球扩展战略时,考虑到了各国的政策变化、汇率波动等市场风险,通过设定严格的财务风险管理指标(如资本结构比率、流动性比率等),确保扩展计划与风险承受能力相匹配。

2. 操作层的财务风险控制措施

在操作层,企业的财务部门应根据战略层制定的目标,实施具体的风险控制措施,如加强应收账款管理、优化债务结构、使用对冲工具等。财务部门还需与业务部门保持密切合作,确保财务控制措施能够在实际业务中得到有效执行。

例如,某制造企业通过实施严格的预算管理和成本控制,减少了原材料价格波动对生产成本的影响。同时,财务部门与采购部门密切合作,确保采购策略能够符合公司整体财务风险控制政策。

(二)实时风险监控与动态调整机制

数字经济时代,财务风险的动态变化要求企业建立实时监控和动态调整机制。通过实时监控企业财务数据和市场环境的变化,企业能够在风险事件发生前采取预防措施,减少潜在损失。

1. 实时监控系统的构建

企业应利用数字化技术,建立财务风险的实时监控系统。通过该系统,企业能够动态跟踪汇率、利率、市场价格等关键风险因素,并结合企业的财务数据,进行风险预警。例如,某跨国企业通过部署实时外汇监控系统,能够实时掌握各地区汇率波动情况,并及时采取对冲措施,避免因汇率大幅波动造成的损失。

2. 动态调整机制

财务风险管理的动态性要求企业能够根据风险环境的变化,灵活调整其风险管理策略。企业应建立动态调整机制,在市场条件发生变化时,及时更新财务控制措施。例如,某企业在面对市场需求下降时,迅速调整了其成本控制和现金流管理策略,以确保其财务状况能够适应新的市场环境。

通过这种动态调整机制,企业能够确保财务风险管理的灵活性和有效性,避免因市场环境变化过快而导致的财务压力。

五、财务风险控制与缓解的未来趋势

(一)技术驱动的智能化财务风险管理

未来,随着数字化技术的不断进步,企业的财务风险控制将更加依赖智能化技术。人工智能、大数据和区块链等技术将进一步提升财务风险识别、评估和控制的效率。企业将能够通过自动化的风险控制系统,实现对财务风险的实时监控和预测,提前应对市场和运营中的不确定性。

1. 人工智能与自动化风控系统的深化应用

人工智能技术将进一步在财务风险管理中发挥作用,尤其是在自动化风控系统中。通过人工智能技术的深度学习和预测功能,企业可以更加高效地进行风险识别和量化,并根据最新数据和市场动态,自动生成应对策略。例如,某金融机构通过人工智能系统自动识别潜在的贷款违约客户,并生成个性化的风险管理方案,减少了不良贷款的发生。

2. 区块链技术的广泛应用

区块链技术的透明性和去中心化特性将在未来财务风险管理中得到更广泛地应用。企业将通过区块链技术确保财务数据的透明性和安全性,并通过智能合约实现财务交易的自动化执行。区块链技术还将为跨境交易和供应链金融中的财务风险管理提供更有效的解决方案。

(二)风险管理与战略决策的深度融合

未来,财务风险管理将不再是企业的一个独立职能,而是与企业的战略决策深度融合。企业需要通过将风险管理嵌入战略决策流程中,确保在制订业务扩展、资本投资等重大决策时,充分考虑财务风险因素。通过战略层面的深度融合,企业能够更加稳健地应对市场变化,减少长期战略中的财务风险暴露。

数字经济时代的财务风险控制与缓解策略在复杂多变的市场环境中显得尤为重要。企业应通过大数据、人工智能和区块链等技术手段,加强对财务风险的识别、控制和预警。同时,企业需要建立多层次的风险管理架构,通过实时监控和动态调整机制,确保财务风险管理的灵活性与有效性。未来,随着技术的进一步发展,财务风险管理将更加智能化和自动化,成为企业保持竞争力和稳健运营的核心手段。

第五节 新兴技术在财务风险管理中的应用

一、新兴技术驱动下的财务风险管理变革

(一)技术变革对财务风险管理的推动力

随着数字经济的迅速发展,企业的财务风险管理面临着更为复杂的环境和挑战。传统的财务风险管理模式已经难以应对信息化、全球化背景下的市场波动、技术风险和政策不确定性。新兴技术如大数据、人工智能、区块链和云计算的崛起,为财务风险管理注入了新的动力,使得企业可以更加精准、高效地识别、量化和控制风险。这些技术通过提升数据处理能力、实时监控和自动化管理,推动财务风险管理从被动反应向主动预警、从人工分析向智能化处理的转变。

(二) 数字化转型加速财务风险管理升级

数字经济的发展让企业的业务模式和市场环境发生了根本性的变化，财务风险管理也随之进入了一个全新的阶段。数字化转型不仅改变了企业的运营方式，也要求企业在财务管理过程中更为灵活和敏捷。以往依赖经验判断和定期报告的财务风险管理模式，已经不足以应对现代市场的动态性和复杂性。通过新兴技术的应用，企业可以实时获取海量数据，并基于这些数据进行风险预测和控制，使风险管理变得更加精确和主动。

例如，人工智能可以帮助企业自动分析市场趋势和客户行为，从中发现潜在的风险因素。而大数据技术则能够通过对全球市场和宏观经济数据的实时监控，帮助企业及时识别外部环境的变化，从而提前采取防范措施。这种技术驱动下的财务风险管理转型，使得企业在面对不确定性时能够更加自信和从容。

(三) 新兴技术在财务风险管理中的关键作用

新兴技术在财务风险管理中的应用，不仅仅体现在数据处理和风险识别上，还包括在决策支持、风险预警、操作自动化等多个方面的作用。大数据、人工智能、区块链和云计算等技术的结合，进一步提升了财务风险管理的效率和精度，使企业能够更快地做出反应，并在早期阶段就能够识别和应对潜在的财务风险。

1. 实时性和自动化

在数字经济中，企业的财务数据和业务数据呈现出海量且高频更新的特点。传统的财务风险管理手段往往无法做到实时响应，而新兴技术，尤其是大数据和云计算的应用，能够实时监测和处理大量数据，从而实现风险的动态管理。例如，企业可以通过云计算平台实时追踪市场波动、汇率变化和客户信用状况，确保在风险发生前就能够采取必要的应对措施。

自动化技术的引入也极大提高了风险管理的效率。通过自动化的风险预警系统，企业可以在后台运行智能算法，自动识别异常行为或市场波动，并实时发出警告。比如，企业可以通过自动化系统设定特定的财务指标阈值，当某一指标超出预设范围时，系统会自动触发警报，提醒管理层采取相应的风险缓解措施。

2. 智能化决策支持

新兴技术特别是人工智能在财务风险管理中的应用，能够帮助企业在复杂的市场环境中做出更为智能化的财务决策。通过对历史数据的学习和分析，人工智能系统可以为企业提供更加精准的风险评估结果，并根据不同的市场情境自动生成最优的应对策略。这种智能化的决策支持系统不仅减少了管理层的工作负担，还提高了财务决策的科学性和可靠性。

例如，在应对汇率风险时，人工智能可以根据市场的实时变化预测未来的汇率走势，并自动为企业推荐最合适的对冲策略。通过这种方式，企业不仅能够规避汇率波动带来的财务损失，还能够通过灵活的对冲手段优化现金流管理。

二、大数据在财务风险管理中的应用

(一)大数据提升风险识别与预警能力

大数据技术通过处理和分析海量的结构化和非结构化数据,为企业提供了更加全面的财务风险视角。与传统的静态数据分析不同,大数据能够结合外部的市场数据、行业动态、宏观经济指标等信息,实时为企业提供风险预警。通过对这些多维度数据的分析,企业能够提前识别风险信号,并采取防范措施,避免陷入被动。

1. 市场风险的动态监控

大数据的应用使得企业能够对外部市场的变化进行实时监控,特别是在面对外汇波动、商品价格变化和金融市场波动时。大数据平台能够通过分析全球市场的供需动态、政策变化以及竞争对手的行为,提前发现市场风险信号。例如,某跨国公司利用大数据技术,实时跟踪全球主要市场的外汇波动和商品价格变动,当系统检测到特定汇率或商品价格超出预设范围时,会立即向企业发出预警,从而帮助企业及时调整对冲策略,减少市场波动带来的损失。

2. 信用风险的精准评估

大数据还在信用风险管理中发挥了关键作用。通过对客户的历史交易记录、支付行为、信用评级、社交媒体信息等数据进行分析,企业能够更加精准地评估客户的信用风险,并根据不同的风险级别采取相应的信用政策。例如,某电商平台通过大数据分析用户的购物习惯和付款行为,生成用户信用评分,帮助商家筛选出高风险客户,从而降低坏账风险。

(二)基于大数据的情景分析与压力测试

除了实时监控和预警外,大数据还为财务风险管理提供了强大的情景分析和压力测试能力。通过模拟多种市场情景和极端环境,企业可以预测在不同条件下的财务表现,从而为管理层提供更科学的决策依据。

1. 情景分析的应用

情景分析是基于大数据技术,模拟不同的市场情景,评估财务风险的潜在影响。例如,某企业可以利用大数据模拟市场需求突然下降的情景,分析这种变化对其现金流、收入和利润的影响,并提前制定应对策略。通过这种模拟,企业能够预先识别出财务上的薄弱环节,并优化资源配置,减少风险暴露。

2. 压力测试的深入应用

压力测试是一种极端情景模拟工具,通常用于评估企业在面临极端市场波动时的财务健康状况。大数据技术通过分析历史数据和当前市场信息,能够构建更加复杂和精准的压力测试模型。例如,金融机构可以通过大数据平台模拟全球金融危机时的市场环境,测试其资产负债表在极端情况下的表现,并根据测试结果调整资本结构和风险管理策略,确保在危机发生时能够保持稳健的财务状况。

三、人工智能在财务风险管理中的应用

(一)人工智能提升风险分析的效率与准确性

人工智能在财务风险管理中的应用,显著提升了风险识别和处理的效率。通过机器学习和深度学习算法,人工智能能够自动分析海量财务数据,并发现隐藏的风险模式。这种能力大幅缩短了风险分析的时间,提高了风险评估的准确性。

1. 智能风险预测

人工智能通过对历史数据的分析,能够预测未来可能发生的财务风险。通过分析过去的市场波动和风险事件,人工智能可以构建预测模型,提前预警可能的风险。例如,某制造业企业通过人工智能分析全球供应链的运行数据,预测未来可能出现的供应链中断风险,并提前调整原材料采购计划,确保生产运营的稳定性。

2. 异常检测与自动化预警

人工智能的另一个重要应用是异常检测。人工智能系统能够实时监控财务数据和交易行为,自动识别异常情况。当系统检测到财务指标异常波动或交易行为与正常模式不符时,人工智能会自动发出预警,提示管理层关注潜在的风险。例如,某银行通过人工智能技术实时监控其交易系统,检测到某客户账户出现大额异常资金流动后,系统立即发出警报,成功防止了一起潜在的金融欺诈事件。

(二)智能决策支持与优化

人工智能不仅可以识别和预测风险,还能够为企业的财务管理提供智能化的决策支持。通过人工智能技术,企业可以在复杂多变的市场环境中做出更加科学的财务决策。

1. 智能财务规划

人工智能可以根据企业的历史数据、市场动态和宏观经济指标,为企业制订智能化的财务规划方案。例如,人工智能可以分析企业的资本结构、投资组合和现金流状况,自动生成最优的资本配置方案,并根据市场变化实时调整财务计划。通过这种智能财务规划,企业可以在波动的市场环境中保持财务稳健,最大化资本回报。例如,某企业利用人工智能系统优化其资本结构,建议减少高成本债务并增加自有资金的使用比例,从而降低融资成本并提升财务灵活性。

2. 投资决策优化

人工智能还可以在投资决策中发挥关键作用。人工智能能够分析大量市场数据、企业财务报表和行业动态,自动生成投资组合的优化方案。通过机器学习算

法,人工智能可以预测不同投资组合的风险和回报,并根据企业的风险偏好提出最优的投资策略。例如,某投资公司使用人工智能系统对其投资组合进行实时优化,人工智能能够根据市场变化和企业的投资目标,自动调整资产配置,确保在风险可控的情况下实现最大化回报。

3. 应急管理与决策支持

人工智能系统还可以帮助企业在应对突发财务危机时,提供及时而精准的决策支持。通过模拟不同的应急方案,人工智能可以为管理层提供最优的应对策略。例如,在市场突发剧烈波动时,人工智能系统可以迅速分析企业的资产负债情况,建议管理层采取适当的对冲措施或资本调整策略,以减轻市场波动对企业财务健康的冲击。

四、区块链技术在财务风险管理中的应用

（一）区块链提升财务数据的透明性与安全性

区块链技术因其去中心化、透明性和不可篡改的特点,在财务风险管理中发挥着日益重要的作用。通过区块链,企业能够确保财务交易的透明性和数据的安全性,有效降低操作风险和合规风险。

1. 不可篡改的财务记录

区块链技术可以保证财务数据的不可篡改性,每一笔交易记录都会被永久保存在区块链上,任何篡改行为都会被网络中的其他节点发现和拒绝。这种特性使得区块链在防止财务舞弊和数据造假方面具有明显优势。例如,某金融机构通过区块链技术记录所有贷款交易,确保贷款合同的真实性和安全性,防止内部人员或外部黑客篡改数据。

2. 提高审计效率

由于区块链上的数据透明且易于追溯,审计过程变得更加高效。审计人员可以直接访问区块链中的交易记录,无须通过中介机构或手动查找历史数据,从而大幅减少审计时间和成本。此外,区块链技术还可以实现实时审计,帮助企业随时了解财务状况并快速发现问题。例如,某公司通过区块链技术实现了实时财务审计,审计人员可以即时核查每一笔交易,确保财务数据的准确性和合规性。

（二）智能合约在财务风险控制中的应用

智能合约是区块链技术的一种应用形式,它能够根据预先设定的条件自动执行合同条款,从而降低财务交易中的人为风险和操作失误。

1. 自动化的财务交易处理

智能合约可以用于自动化执行财务交易,确保交易的准确性和及时性。例

如,某企业使用智能合约来管理供应链上的付款流程,当供应商交货并且系统确认收到货物后,智能合约会自动触发付款指令,确保供应商能够及时收到货款。通过这种自动化的财务交易处理,企业能够减少人工干预,降低操作风险和支付延迟风险。

2. 合同履行的自动化与风险管理

智能合约还可以在风险管理中发挥重要作用,特别是在金融衍生品和保险合约等复杂的财务合同中。通过智能合约,企业可以自动执行对冲操作或触发保险赔付,从而提高财务管理的效率。例如,某企业与保险公司签订了一份基于智能合约的自然灾害保险合同,当系统检测到地震发生且达到设定的触发条件时,智能合约会自动执行赔付流程,确保企业能够及时获得赔偿,减少灾害对其财务状况的影响。

五、云计算在财务风险管理中的应用

(一)云计算提升财务数据管理的灵活性与效率

云计算为企业提供了灵活的计算资源和强大的数据存储能力,使得财务风险管理可以在一个更为高效和灵活的平台上进行。通过云计算,企业可以随时随地访问财务数据,进行实时分析和监控,从而快速应对市场变化和风险事件。

1. 财务数据的集中管理

云计算使得企业能够将分散的财务数据集中管理,提升数据处理的效率和安全性。通过将财务系统迁移至云平台,企业可以实现数据的集中存储和管理,确保各部门能够及时获取所需的财务信息。例如,某跨国企业通过云计算平台集中管理全球各地的财务数据,实现了实时数据共享和统一管理,帮助管理层更好地掌握企业的整体财务状况。

2. 弹性计算资源的利用

云计算提供的弹性计算资源,使得企业在进行财务风险管理时能够根据需求动态调整计算资源。这种灵活性对于处理大规模数据分析和复杂的风险评估任务尤为重要。例如,在财务年终决算期间,企业可以通过云计算平台临时增加计算资源,以加快财务数据的处理速度,提高年终财务报表的编制效率。

(二)云计算支持的实时财务风险分析

通过云计算,企业能够实时进行财务风险分析,快速处理和分析海量数据,从而提高风险管理的实时性和准确性。

1. 实时数据处理与风险预警

云计算的强大处理能力使企业能够实时分析市场数据和企业运营数据,及时识别风险信号并发出预警。例如,某企业通过云计算平台实时监控其全球销售数据,当系统检测到某一市场销售额突然下降时,会立即触发风险预警,提醒管理层关注可能的市场风险,并采取相应的措施。

2.动态调整财务策略

云计算支持的实时数据分析还可以帮助企业动态调整财务策略,确保在市场环境发生变化时能够迅速反应。例如,某投资公司利用云计算平台实时分析全球金融市场数据,并根据最新的市场动态调整其投资组合,从而减少市场波动对投资收益的影响。

新兴技术为财务风险管理注入了前所未有的活力和可能性。大数据、人工智能、区块链和云计算等技术的应用,不仅提高了财务风险管理的效率和精准度,还使得财务风险管理从传统的被动应对模式转变为主动预测和智能化控制的现代模式。这些技术的融合应用,使企业能够更迅速地识别潜在风险、评估其可能的影响,并采取有效的措施来减少或规避风险带来的不利后果。

第六章

大型企业智能财务的实施与优化

第一节 大型企业智能财务的实施背景与重要性

一、智能财务在大型企业中的地位与发展背景

智能财务作为财务管理数字化转型的重要手段,正在逐步成为大型企业不可或缺的组成部分。它不仅解决了企业财务管理的复杂性问题,还增强了企业在全球化背景下的竞争力。在全球经济不断变化和技术快速发展的推动下,智能财务的地位日益凸显,成为企业战略调整和风险管理的重要支撑。深入分析大型企业在智能财务应用中的现状和发展趋势,有助于更好地理解其未来潜力。

(一)大型企业财务管理的复杂性

1. 业务规模的扩展与多元化管理的挑战

大型企业财务管理的复杂性首先体现在其业务规模和多元化管理上。随着企业规模的扩大,业务从本地扩展到多个国家或地区,财务管理的任务量急剧增加。这不仅涉及对大量财务数据的处理,还需要对不同地区、不同业务领域的财务状况进行全方位的监控和分析。例如,一家跨国企业可能在多个国家设有子公司,每个子公司面临的财务状况、税收政策、货币汇率等条件都不尽相同。这样的财务环境要求企业必须具备强大的财务分析和决策能力,以确保全球范围内的财务状况平稳运行。

多元化业务也带来了更多的管理难度。大型企业往往同时涉足多个行业或领域,如制造业、服务业和金融业等,不同行业的财务管理需求存在显著差异。例如,制造业需要着重关注成本核算、供应链资金流动和库存管理,而服务业则更关注收入确认、现金流管理和客户信用评估。这种多元化业务的复杂性要求财务系统具有灵活性和扩展性，能够在不同业务环境下高效运行，而智能财务系统恰好能够通过模块化设计，满足这些需求。

2.政策法规和会计准则的多样性

除了业务规模和多元化管理的挑战，政策法规和会计准则的多样性也是大型企业财务管理的复杂因素之一。跨国企业在不同国家运营时，需要遵守各国不同的税收制度、会计准则以及监管要求。例如，美国采用的是《美国通用会计准则》（GAAP），而欧洲许多国家采用的是《国际财务报告准则》（IFRS）。这些准则在收入确认、资产负债表项目的计量以及财务报表的编制方式上存在显著差异。企业不仅需要确保其财务报告符合当地的法规，还必须能够灵活调整财务管理策略以适应不同的政策环境。

智能财务系统的引入为应对这些复杂性提供了有效手段。通过集成不同国家和地区的会计准则、税务政策以及监管要求，智能财务系统能够帮助企业在全球范围内实现合规管理。例如，智能财务系统能够根据不同国家的税收制度，自动计算税费并生成相应的报表，减少了人工错误和合规风险。同时，通过实时监控不同国家和地区的政策变动，企业可以迅速调整其财务策略，保持在全球市场中的竞争力。

3.透明化与高效管理的需求

大型企业的复杂财务结构还要求企业具备高度透明和高效的财务管理能力。随着企业规模的扩大，股东、监管机构、审计部门等外部利益相关方对企业财务透明度的要求也在不断提高。传统的财务管理流程往往存在信息传递不及时、数据准确性低、人工操作导致的错误频发等问题，难以满足外部合规和审计要求。

智能财务系统通过集成化和自动化技术，能够有效提高财务数据的透明度和准确性。系统可以自动记录、分析和生成财务报告，确保数据的完整性和一致性。此外，智能财务系统还能自动执行合规审计，帮助企业快速识别潜在的财务风险并进行预警。透明化和高效管理的需求在智能财务系统的支持下得到了有效满足，使得大型企业的财务管理更加规范、可靠。

（二）数字化转型的推动力

1.全球经济数字化的快速发展

全球经济的数字化转型为智能财务的应用提供了强大的推动力。随着信息技术的快速发展，全球各行各业的数字化进程显著加快，特别是在电子商务、金融科技、共享经济等领域，数字化的浪潮已经彻底改变了传统商业模式。大型企业为了适应这一转型趋势，必须加快自身的数字化建设步伐，而财务管理的智能化正是数字化转型的核心领域之一。

在数字经济的推动下，企业的财务管理逐渐从传统的手动流程和纸质报表转向基于数据的自动化管理。通过大数据、云计算、人工智能等新兴技术,企业能够更高效地处理财务数据,并实时跟踪全球范围内的财务表现。例如,云计算技术可以使企业在全球范围内实现数据的同步存储和共享,打破了传统财务管理中地域限制带来的信息孤岛问题。同时,智能财务还能够通过大数据分析,为企业提供更加准确的财务预测,帮助企业在全球市场中做出更加灵活、及时的决策。

2. 新兴技术在财务管理中的应用

智能财务不仅是传统财务管理的延伸,更是新兴技术与财务管理的深度融合。大数据、人工智能、区块链、机器人流程自动化(RPA)等技术的应用,使得财务管理从核算走向分析,从结果管理转向过程控制。

大数据使得企业能够通过分析海量的财务和业务数据,发掘潜在的市场趋势、客户行为和运营风险。例如,企业可以通过对历史销售数据的分析,预测未来的收入趋势,优化资金安排,从而实现更加精准的财务决策。大数据的应用增强了企业对复杂业务环境的敏感度,使得财务部门能够在全球市场中更快地响应变化。

人工智能在智能财务中应用广泛,尤其是在自动化财务分析和预测方面。通过机器学习算法,人工智能可以识别出财务数据中的模式和异常,帮助企业预测未来的市场走势和潜在风险。此外,人工智能还可以自动生成财务报告,并根据实时数据进行动态调整,大大提高了财务报告的准确性和实时性。

区块链技术的不可篡改性和去中心化特点,为财务交易的安全性和透明度提供了有力保障。通过区块链技术,企业可以实现供应链上的透明支付记录,确保财务数据的真实性和不可篡改性。这对于跨国企业而言尤为重要,能够确保全球不同地区之间的财务数据保持一致。

(三)财务智能化的必要性

1. 应对全球化业务扩展的需求

随着大型企业全球化进程的加速,财务管理的复杂性和不确定性也在同步增加。全球化业务的扩展带来了更多的财务数据和复杂的跨境交易。传统的财务管理模式难以应对这一挑战,因为手工操作和分散的数据管理方式很难满足全球业务高效运作的需求。

智能财务的必要性在于其能够帮助企业实现财务数据的自动化整合和分析,优化财务管理流程。通过智能化系统,企业可以实现财务数据的实时共享和同步处理,及时响应全球市场的变化。例如,当企业在多个国家进行跨境交易时,智能财务系统可以自动处理不同国家的汇率波动、税务政策差异等因素,减少财务风险。

2. 快速响应市场变化与不确定性

市场变化与不确定性是全球化业务中的常态。宏观经济环境、汇率波动、原材料价格上涨等外部因素,都可能影响企业的财务表现。传统财务管理模式由于响应速度慢、数据滞后,难以在短时间内调整财务策略,从而影响企业的决策效率。

智能财务通过实时分析技术,可以帮助企业快速识别市场变化并做出相应调整。例如,智能财务系统可以通过监控全球市场数据,及时发现市场波动,并根据分析结果为企业提供风险应对策略。此外,智能财务系统还能够模拟不同的市场情景,帮助企业提前制订应急预案,以应对市场的不确定性。

3. 提升战略调整和决策能力

智能财务系统不仅是财务管理的工具,更是企业战略调整的重要支持平台。随着财务智能化的推进,企业可以通过自动化的财务分析和预测,获取更加全面的市场洞察和运营数据。这使得企业能够更好地把握市场机会,并在必要时及时调整战略。

二、智能财务在大型企业中的核心价值

智能财务系统在大型企业中的应用,已不再是简单的技术工具或操作平台,而是整个企业战略管理的重要组成部分。通过大数据分析、人工智能、区块链和机器人流程自动化(RPA)等技术的融合,智能财务系统帮助大型企业解决了传统财务管理中面临的许多瓶颈,从而显著提升了决策支持、财务透明度、合规性和管理效率。

(一)数据驱动的决策支持

1. 数据的战略价值

在当今的大型企业中,业务数据和财务数据的规模庞大,涵盖了企业运营的方方面面,包括销售、采购、库存、人员配置、现金流和外部市场信息等。传统财务系统的局限性在于,它们往往仅限于处理、存储和报告这些数据,而难以将其转化为有用的分析和决策依据。智能财务系统的引入,借助大数据分析和人工智能技术,使得这些数据得以充分挖掘和利用,转变为可以指导企业战略决策的信息资产。

例如,通过分析企业的历史销售数据、市场趋势和成本结构,智能财务系统能够预测未来的收入表现,并为预算编制和资源分配提供依据。与此同时,系统可以从不同的数据源获取实时信息,帮助管理层随时了解企业的财务健康状况和潜在的业务风险,从而为战略决策提供强有力的支持。

2. 实时财务分析与快速反应能力

传统的财务管理系统通常基于静态报表,数据更新频率较低,导致决策时常滞后。而智能财务系统通过实时数据流处理和动态分析功能,使管理层能够在瞬息万变的市场环境中快速做出反应。例如,当外部市场环境发生剧变,如汇率波动、原材料价格上涨或供应链中断时,智能财务系统能够通过实时数据分析,为管理层

提供及时的财务健康评估,帮助企业采取预防或应对措施。

这种数据驱动的决策支持,不仅提高了企业的运营灵活性和反应速度,还增强了企业对市场风险的预见性与应对能力,从而有助于优化资源配置和提高整体经营效率。

3. 预测与规划功能

智能财务系统中的人工智能和大数据分析技术能够通过历史数据的深度挖掘,生成各种财务预测模型,涵盖收入预测、成本结构、现金流预估等方面。企业通过这些预测,能够制订出更加精准的财务规划,减少决策中的不确定性。例如,企业可以通过智能财务系统预测未来季度的销售额和利润率,从而在人员配备、生产规划和市场投入方面做出更加合理的资源分配。

此外,智能财务系统还能通过情景分析,对多种可能的市场情景进行模拟,帮助管理层评估不同决策路径的财务影响。这种情景规划的能力,使得企业能够在市场波动较大的时候,提前准备应急预案,减少经营中的财务风险。

(二)提高财务透明度与合规性

1. 合规管理的复杂性与挑战

大型企业的财务管理必须遵循不同国家和地区的会计准则、税务规定以及其他监管要求。由于各地法律法规的差异性,跨国企业在合规管理上面临着巨大的挑战,任何违规行为都可能导致严重的法律后果和财务损失。传统的财务管理方式往往需要大量的人工审计和人工检查,耗费大量时间和资源,且容易出错。

智能财务系统通过自动化流程,能够确保企业的所有财务活动均符合当地的法律法规和内部政策要求。例如,系统能够根据最新的税务法规,自动进行税务计算,并生成合规报告。这一过程中,大型企业的管理层可以实时监控合规情况,并通过自动审计功能发现潜在的违规行为或财务异常,及时采取纠正措施。

2. 自动化合规管理与审计支持

智能财务系统具有强大的自动化合规管理功能。系统可以根据内置的合规标准,在日常的财务操作中自动核查每一笔交易是否符合当地的法律规定。同时,智能财务系统还支持自动化的财务审计功能。通过自动生成详细的审计日志和合规报告,系统能够帮助企业在监管审计和内部审计中节省大量的人力资源和时间成本。

例如,一家跨国企业在多个国家同时运营,通过智能财务系统,企业能够快速生成各国的财务报表和税务申报文件,而无须手动整合来自不同子公司的数据。自动化合规和审计不仅减少了人为操作的误差,还提高了审计过程的透明度和准确性,显著降低了企业在审计过程中可能面临的风险。

3. 财务透明度的提升

在企业规模不断扩大的背景下,管理层、股东、监管机构等利益相关者对财务透明度的要求日益提高。智能财务系统能够自动跟踪企业的所有财务交易,并生成实时财务报告,确保数据的完整性和一致性。通过集成的可视化工具,管理层可以随时查看企业的财务数据,了解各个业务单元的盈利状况、成本结构和现金流动等关键信息。

财务透明度的提升不仅有助于企业增强内部管理和决策能力,还能向外部利益相关方展示企业的财务健康状况,从而提升企业的信誉和市场形象。在大型企业中,财务透明度也是风险管理的重要组成部分,智能财务系统能够提前预警潜在的财务风险,使企业能够采取更积极的风险应对策略。

(三)财务管理效率的提升

1. 自动化流程的引入

传统财务管理中,大量的财务流程依赖人工操作,既耗费时间,又容易出错。这种低效的管理方式不仅影响企业的日常运营,还在一定程度上制约了管理层的战略规划能力。智能财务系统通过自动化技术,特别是 RPA,有效解决了这一问题。

RPA 技术能够自动处理大部分重复性、规则明确的财务操作。例如,RPA 可以自动化执行日常账务处理、应收应付款管理、费用报销等流程,从而大幅减少财务人员的手动操作需求。这一过程不仅提高了数据处理的速度和准确性,还显著降低了人工操作导致的错误率,使得企业能够更加专注于高价值的财务分析和战略规划。

2. 报表生成与账务核对的自动化

传统的财务报表生成过程,往往需要通过人工整合来自不同业务部门和地区的数据,耗费大量的时间和精力。智能财务系统通过集成数据源,能够实现自动化的报表生成功能。系统能够在短时间内自动生成多维度的财务报告,涵盖损益表、现金流量表、资产负债表等各类报表,不仅提升了报表生成的效率,还确保了数据的完整性和一致性。

此外,智能财务系统还能自动完成账务核对任务。通过自动比对银行对账单、企业内部财务数据和外部账务系统的数据,智能财务系统能够快速发现账务中的差异,并生成相应的调整凭证。这一过程消除了人工核对账务时的烦琐步骤,使得财务人员能够更高效地完成日常工作。

3. 跨部门与区域的协同管理

大型企业往往具有复杂的组织架构,财务数据分散在不同的业务部门和区域中,这使得跨部门的财务管理协作难度极大。智能财务系统通过数据的集中管理与实时共享,使企业能够打破信息孤岛,实现跨部门、跨区域的财务数据协同管理。

例如,智能财务系统能够将销售、生产、供应链等各个业务部门的财务数据整合在同一个平台上,所有部门和管理层都可以基于同一数据集进行分析和决策。

这种协同管理不仅提高了财务部门与其他业务部门之间的沟通效率,还增强了企业整体的运营效率和决策质量。

第二节　大型企业智能财务的实施框架

一、智能财务实施的总体思路

(一)智能财务的战略规划

在大型企业中,智能财务的成功实施不仅仅是技术项目的升级或调整,更是企业整体数字化转型战略的关键组成部分。因此,企业必须从战略高度对智能财务进行规划,将其纳入公司整体长期发展目标。智能财务系统的引入涉及企业的方方面面,包括组织架构、业务流程、技术基础设施以及文化转型等多个方面,要求企业具备系统性、全局性的视角来制订战略规划。

首先,企业必须从高层决策层面出发,明确智能财务在公司发展中的角色和意义,并制订详细的实施路线图。这个路线图需要与企业的长期发展目标相结合,例如推动全球业务扩展、提高市场反应速度、增强企业的财务透明度和合规性等。通过制订智能财务战略规划,企业不仅可以确保各个部门的协同一致,还可以保证在资源调配和技术实施过程中,不偏离公司发展的整体方向。

在智能财务的战略规划中,通常包含以下几个关键步骤:

1. 评估现有财务系统与流程

企业首先需要对现有的财务管理体系进行全面评估,识别出系统中的薄弱环节以及需要优化的关键点。评估内容应涵盖财务数据的处理流程、系统的集成性、数据的准确性和可用性,以及当前财务流程的效率等方面。评估的结果将为后续的智能财务实施提供重要的基础数据支持,并帮助企业明确改进方向。

2. 设定智能化目标

基于评估结果,企业需要设定清晰、可衡量的智能财务实施目标。智能化目标通常包括提升财务数据的准确性和实时性、提高财务预测能力、优化资源配置、降低合规风险等。例如,通过智能财务系统的实施,企业可以大幅减少手工处理的错误,改进财务报表的及时性,同时确保所有财务流程的透明度。

3. 分阶段实施策略

智能财务的实施应分阶段进行,以确保每个步骤都能顺利完成,并能根据实际情况进行调整。企业需要制订分步实施计划,逐步引入不同的智能财务功能模块,如自动化报表生成、人工智能预测分析、合规审计等。这种分阶段的策略不仅可以降低系统实施的风险,还能确保企业在每个阶段都能从智能财务中获得实际收益,从而推动企业持续优化财务管理流程。

(二)智能财务的技术基础

智能财务的实施不仅依赖战略规划,更离不开坚实的技术基础。当前,智能财务系统主要依托大数据、人工智能、机器学习和区块链等前沿技术,这些技术为智能财务的高效运作提供了坚实保障。

1. 大数据技术

大数据技术是智能财务的核心支撑之一,尤其在数据驱动的决策支持和财务预测中扮演着至关重要的角色。通过大数据技术,企业可以从庞大的财务和业务数据中提取出有价值的信息,进行多维度的数据分析。大数据分析不仅能够帮助企业优化当前财务流程,还能根据历史数据进行深度挖掘,预测未来的财务趋势和市场风险。例如,通过大数据分析,企业可以识别出市场需求的变化趋势,调整资源配置和资金流动,避免不必要的资金浪费或风险暴露。

2. 人工智能与机器学习技术

人工智能和机器学习技术在智能财务系统中主要体现在自动化财务分析和预测功能上。这些技术通过分析企业历史财务数据,能够自动生成财务预测模型,评估未来的业务表现和财务风险。通过不断学习和优化,人工智能和机器学习技术可以提升财务系统的智能化水平,使其在应对复杂财务决策时更加精准和高效。例如,企业可以使用人工智能技术来预测未来的现金流量或市场价格波动,从而提前采取措施,优化资金使用效率或降低汇率波动风险。

3. 区块链技术

区块链技术为智能财务提供了强大的安全保障,特别是在多方协作和跨境交易中,区块链的应用确保了财务数据的透明性和不可篡改性。对于大型企业而言,跨国交易和供应链管理中的财务透明度和数据安全性至关重要。区块链通过分布式账本技术,可以确保所有交易记录的透明性与可追溯性,避免了传统财务系统中数据泄露、篡改或操作失误的问题。与此同时,区块链的智能合约技术还可以帮助企业自动执行合同条款,减少人为操作导致的延迟或错误。

通过这几项核心技术的结合,智能财务系统能够在不同场景下为企业提供定制化的解决方案,帮助大型企业有效应对全球化、复杂多变的市场环境。在未来,随着技术的不断进步,智能财务的技术基础将进一步发展,为企业带来更加智能化、自动化的财务管理支持。

二、智能财务的系统设计与架构

（一）财务系统的模块化设计

在大型企业中，智能财务系统的设计至关重要，它不仅影响企业财务管理的效率和精度，还对业务战略的执行产生直接影响。为了应对多样化的业务需求和复杂的财务场景，智能财务系统通常采用模块化设计。这种模块化架构具有高度的灵活性，能够根据企业的不同需求进行调整和扩展，确保各个财务功能模块独立运作的同时，又能够协同工作，形成一个高效的整体系统。

智能财务系统的模块化设计不限于提高功能的灵活性和扩展性，还能最大限度地降低实施和维护的复杂性。每个模块都有清晰的功能定义和独立的运行逻辑，可以根据企业的特定需求进行调整，模块之间可以实现无缝连接和协同工作。这种设计能够确保企业在部署新的财务功能或应对外部市场变化时，不必对整个系统进行大规模调整，从而提高财务系统的灵活性和响应速度。

智能财务系统的核心模块通常包括以下几个关键部分：

1. 数据管理模块

数据管理模块是智能财务系统的基础，负责存储、管理和处理企业的财务数据。该模块通过数据仓库、数据湖等技术架构，支持海量财务数据的高效存取和分析。数据管理模块的核心目标是确保数据的准确性、一致性和安全性，避免出现数据丢失或错误等问题。大型企业的财务数据通常来源于多个业务单元和不同的地理区域，因此，数据管理模块还需要具备跨平台、跨地域的数据同步能力，确保全球范围内的财务数据保持统一性和实时更新。

数据仓库技术能够集中管理结构化的历史财务数据，支持复杂的查询分析，而数据湖技术则用于处理更多非结构化的实时数据流，涵盖了业务运营中的多种数据类型。通过将这些数据集成到一个统一的数据管理平台，企业可以轻松访问不同时间段、不同维度的财务信息，为后续的财务分析、预测和决策提供数据支撑。

2. 自动化处理模块

自动化处理模块是智能财务系统中提高效率和减少人为错误的核心部分，主要负责处理日常的财务事务。这些事务包括账务处理、预算编制、应收应付款项的管理、费用报销等。传统的财务管理系统往往需要依赖大量的人工操作，容易出现效率低下、数据错误和操作延迟的问题，而智能财务系统通过引入 RPA 技术，能够自动化执行大多数重复性任务。

RPA 技术能够模拟人类的操作，在无须编写复杂代码的情况下自动完成数据录入、审核、匹配、报表生成等工作。由于自动化模块能够全天候运行，处理速度大大提升，且错误率显著降低，这不仅减少了人工的干预，还提高了财务处理的准确性和效率。对于跨国企业而言,这一模块尤其重要,它能够自动处理复杂的跨境财务事务,确保企业在全球市场中始终保持财务的规范性和高效性。

3. 财务分析模块

财务分析模块是智能财务系统中的战略核心,通过整合人工智能和大数据分析技术,帮助企业管理层进行更深度的财务分析和战略决策支持。此模块能够自动处理大量财务数据,并通过分析工具挖掘其中的潜在规律和趋势,为企业提供实时的财务表现评估、未来发展预测以及风险预警。

借助人工智能算法,财务分析模块能够生成高度精准的预测模型,分析公司财务数据中的关键指标,如收入增长、成本控制、现金流状况等。该模块不仅为管理层提供财务报告,还可以根据企业战略需求提出优化建议。例如,通过分析历史数据与市场变化趋势,财务分析模块可以帮助企业识别出潜在的市场风险或业务机会,为企业调整经营策略提供强有力的依据。

4. 合规管理模块

合规管理模块的主要功能是确保企业所有的财务操作符合相关法律法规的要求,并帮助企业在多变的法律环境中保持合规性。大型企业,尤其是跨国企业,通常需要遵守多个国家和地区的会计准则、税务规定以及其他合规要求。合规管理模块通过内置的政策规则库和自动审计功能,能够实时监控财务操作,确保财务流程符合各国的法律法规。

此外,合规管理模块可以自动生成合规报告,帮助企业减少在审计过程中所需的人工操作,降低合规风险。这种模块化的合规功能还能够根据最新的法律法规进行自动更新,确保企业在任何法律环境下都能及时调整财务策略,避免潜在的法律纠纷和财务损失。

(二)财务系统与其他业务系统的集成

在现代大型企业中,财务系统并非孤立运作,而是与企业的其他业务系统紧密相关的。为了实现全公司范围内的财务透明化与高效管理,智能财务系统必须与其他关键业务系统,如企业资源规划(ERP)、客户关系管理(CRM)、供应链管理等系统进行深度集成。通过这种集成,企业能够确保业务数据和财务数据的无缝对接,减少信息孤岛现象,提升整体运营效率。

1. ERP 与智能财务的集成

ERP 系统在企业中发挥着核心管理平台的作用,它涵盖了生产、采购、库存、销售等多个环节的运营数据,而这些数据与企业的财务管理密切相关。通过与 ERP 系统的集成,智能财务系统能够自动从 ERP 中获取业务数据,如销售收入、成本费用、存货变动等,从而生成相应的财务报表和分析报告。

ERP 系统与智能财务系统的无缝集成,能够确保业务数据的流畅性和一致性。例如,当一笔销售交易完成后,ERP 系统将自动将该交易的相关信息传送至智能财务系统,更新收入和应收账款数据。财务部门无须手动输入和调整数据,既提升了财务处理的效率,又避免了因人工操作导致的数据错误。

2. CRM 与智能财务的集成

CRM 系统主要负责记录和管理客户信息、销售活动和市场营销数据,这些数据对于财务部门了解客户信用状况、销售周期、应收账款管理等具有重要意义。通过与 CRM 系统的集成,智能财务系统能够实时监控客户的信用情况,及时预警可能的财务风险,如客户付款延迟或信用额度超限等。

智能财务系统可以通过 CRM 数据分析,生成与客户相关的财务报表,如客户盈利性分析、信用额度管理报告等。这种集成不仅有助于财务部门优化应收账款管理,还可以帮助销售团队制定更合理的销售策略,提高客户忠诚度和企业整体利润率。

3. 供应链管理系统与智能财务的集成

供应链管理系统涵盖了采购、库存、物流等多个环节,而这些环节的资金流动直接影响企业的现金流和财务状况。通过与供应链管理系统的集成,智能财务系统可以自动监控与供应链相关的财务数据,如采购成本、库存管理费用、物流支出等。

这种集成能够帮助财务部门实时跟踪供应链的资金流动,优化现金流管理。例如,当供应链管理系统中的库存数据更新时,财务系统可以立即调整相应的成本核算和现金流预测,确保财务管理与供应链运营保持同步。这种高度集成的系统架构,使得财务部门能够更加精准地掌控企业的财务健康状况,及时调整财务策略。

三、智能财务的数据管理与应用

在大型企业中,财务数据管理的复杂性和多样性带来了巨大的挑战,尤其是在企业数字化转型和全球化运营的背景下,数据的分散性、异构性和不一致性日益显著。智能财务的核心之一便是通过有效的数据管理与应用,使财务系统能够充分利用企业内部和外部的数据,提升企业的财务管理能力和决策支持水平。数据治理是智能财务成功实施的基础,而大数据分析和智能决策支持则是其应用层面的关键。通过科学的数据治理体系和先进的数据分析工具,企业能够确保财务数据的统一性、准确性、安全性和高效性,从而在复杂的市场环境中保持竞争力。

(一)数据治理与管理

1. 数据治理的核心挑战

在大型企业中,财务数据来自多个不同的部门、地区和业务单元,其来源的多样性导致了数据格式、质量、准确性等方面的差异性。如果缺乏统一的数据治理体系,企业的财务管理很难在数据层面实现整合,这将会导致财务报告、财务分析和预测出现偏差甚至错误。这不仅影响财务透明度,还可能削弱管理层的决策能力。因此,数据治理成为智能财务系统的关键环节。数据治理不仅要解决数据的技术问题,更要确保数据在组织内的流动、使用和控制符合企业的整体战略和业务需求。

2. 数据标准化:确保统一与可整合性

数据标准化是财务数据治理中的核心内容之一。大型企业的财务数据通常由不同部门、子公司或业务单元生成,各个部门使用的系统和工具可能不同,产生的数据格式、口径也不尽相同。这种情况下,如果没有统一的数据标准,不同部门的数据无法有效整合,导致信息孤岛现象,最终影响财务报告的准确性和实时性。

通过智能财务系统,企业可以实现数据标准化,确保所有财务数据在生成和处理过程中遵循统一的标准。数据标准化的实施需要涉及财务数据的定义、格式、命名规则等方面的统一。例如,在收入确认、费用分摊等财务操作中,不同业务部门使用相同的会计准则和数据标准,可以确保不同来源的数据能够无缝整合和分析。这不仅提高了财务数据的可用性,还增强了企业的整体财务透明度和决策支持能力。

3. 数据安全:财务数据的保密与完整性

在智能财务系统中,数据安全是不可忽视的重要部分,尤其是在企业财务数据日益数字化和全球化的背景下,数据安全面临着来自网络攻击、内部泄密、数据丢失等多方面的威胁。财务数据的泄露不仅会带来经济损失,还可能影响企业的声誉和市场地位。因此,企业需要通过多种技术手段来确保财务数据的机密性、完整性和可用性。

首先,企业可以通过数据加密技术来确保财务数据在传输和存储过程中的安全。加密技术可以防止未经授权的人员获取财务数据,即使数据在传输过程中被截取,也无法被解读。其次,权限控制是确保数据安全的重要手段之一。智能财务系统应具备灵活的权限管理功能,不同的用户根据其职务和角色,能够访问不同级别的财务数据,这样可以防止数据的滥用和非法操作。

此外,企业还应当建立健全数据备份机制,确保财务数据在遭遇灾难性事件(如硬件故障、网络攻击)时能够迅速恢复,避免因数据丢失而造成业务中断或财务损失。

4. 数据共享:促进跨部门和全球化协作

对于大型企业而言,财务数据的共享和流通至关重要。由于其业务往往分布在多个国家和地区,企业的财务数据可能存在于不同的业务系统和财务平台中。为了保证财务管理的高效性,企业需要确保各个业务部门、子公司和地区的财务数据能够实现共享和互通。

智能财务系统通过集成和整合功能,能够使财务数据在不同部门和子公司之间高效流动,促进全球化业务的财务协作。智能财务系统应当具备强大的数据共享功能,确保所有相关人员(包括财务管理者、业务部门负责人和公司高层)能够及时获取所需的财务信息,从而为决策提供支持。

例如,在跨国公司中,财务管理层需要了解各个地区的财务表现、税务负担、资金使用情况等,而业务部门则需要实时掌握销售收入、成本结构等数据。智能财务系统通过自动化的财务数据采集和处理机制,能够使不同部门在同一平台上共享数据,提升财务管理的协同性和效率。

(二)大数据分析与智能决策支持

1. 大数据分析的应用场景

随着企业业务规模的扩大和数字化程度的加深,企业在日常运营中产生的财务和业务数据量呈现爆炸式增长。传统的财务管理系统很难有效处理这些庞大的数据集,往往只能提供基本的报表和静态分析,无法为企业的战略决策提供足够的支持。大数据技术的引入,使得企业能够对财务数据进行更加深入的分析,提取出有价值的数据,从而为企业的决策提供更加科学的依据。

在智能财务系统中,大数据分析可以应用于多个场景,例如财务预测、预算编制、成本分析、收入预测等。通过对历史销售数据、市场趋势、客户行为等数据的深度分析,企业可以更好地预测未来的财务表现,并制定相应的财务策略。例如,通过对过去几年的销售数据进行大数据分析,企业可以预测未来某个季度的销售额,并根据预测结果调整生产计划和资金安排,从而避免库存积压或资金不足的问题。

2. 智能决策支持:从被动报告到主动预警

智能财务系统不仅能进行财务数据的处理与分析,还能够为企业提供智能决策支持,帮助企业管理层从海量数据中快速提取关键信息,做出明智的决策。智能决策支持系统(DSS)通过结合大数据和人工智能技术,能够从不同数据源中自动识别财务风险和机会,提供实时预警,并给出相应的解决方案。

例如,智能决策支持系统可以通过监控企业的现金流、应收账款、应付账款等财务指标,自动识别潜在的财务风险。如果系统发现企业的现金流出现异常,例如应收账款大量增加或资金周期过长,系统将自动触发警报,提醒管理层进行干预和调整。这种实时的预警功能不仅能够防止财务危机的发生,还能够为管理层提供预见性分析,使其能够在问题出现之前采取措施。

此外,智能决策支持系统还能帮助企业优化财务管理流程。例如,通过对企业的供应链数据进行大数据分析,系统能够识别出供应链中的瓶颈和低效环节,并为企业提供优化建议。管理层可以根据系统的分析结果,重新调整供应链策略,从而减少运营成本,提高盈利能力。

3. 财务预测与风险管理

智能财务系统通过大数据分析技术,能够为企业提供精准的财务预测和风险管理建议。通过对历史销售数据、市场趋势、供应链波动等信息的分析,系统能够帮助企业预测未来的收入、利润和现金流等财务表现,提前制定相应的财务策略,避免因市场波动或内部管理问题导致的财务失衡。

在风险管理方面,智能财务系统还可以通过数据分析和机器学习技术,帮助企业识别和应对潜在的财务风险。例如,系统可以分析外部市场环境的变化,如汇率波动、原材料价格上涨等,提前预警可能对企业造成的影响,帮助企业采取防范措施。此外,智能财务系统还能通过对内部财务数据的深度分析,识别财务流程中的潜在风险,例如现金流紧张、应收账款周期过长等问题,帮助企业管理层提前采取措施进行调整。

4. 数据可视化与决策效率提升

大数据分析的结果往往包含大量复杂的数据信息,对于企业管理层而言,如何快速理解这些分析结果并做出有效决策是关键问题。智能财务系统通过数据可视化技术,能够将复杂的财务数据转化为直观的图表和报表,使管理层能够快速获取关键信息,从而提高决策效率。

例如,智能财务系统可以通过动态仪表盘、趋势图、对比图等形式,将企业的财务表现、市场变化、风险预警等数据直观地呈现出来,帮助决策者快速把握企业经营状况,做出更加精准的财务决策。这些工具不仅能够实时反映财务数据的变化,还能通过历史数据分析预测未来的发展趋势,从而为企业的战略规划和日常运营提供数据支持。

第三节 大型企业智能财务实施的案例分析

一、全球跨国公司 A 的智能财务实施路径

(一) 背景介绍

跨国公司 A 是一家跨国经营的大型企业,业务遍及全球多个地区,涵盖多个行业和市场,包括制造业、零售业和服务业等。这种多样化的业务布局和跨境运营带来了复杂的财务管理挑战。尤其是,公司的财务数据分布在全球多个子公司和区域,各地使用不同的会计系统和管理工具,导致财务数据的整合性和透明度较低。此外,随着公司全球业务的扩展,跨国交易和合规要求变得日益复杂,公司面临着来自不同国家的税收法规、合规审查和外汇管理等方面的巨大压力。

在这种背景下,跨国公司 A 意识到,传统的财务管理模式已经无法满足公司快速增长和全球扩展的需求。人工操作频繁,导致财务流程繁杂且容易出错,数据管理松散且标准不统一。为了提高财务管理的效率、透明度和合规性,公司决定实施智能财务系统,以实现全面的财务数字化和智能化转型。

(二)实施的具体步骤

1. 顶层设计与战略规划

在智能财务转型的初期,跨国公司 A 从战略层面入手,进行了全面的顶层设计和规划。公司首先对现有的财务流程和系统进行了全面评估,识别出了数据分散、人工操作频繁以及财务合规风险高等主要问题。例如,公司的财务数据来自不同的 ERP 系统,子公司之间的财务流程各不相同,导致财务数据的整合性差,且数据质量存在较大问题。

为了解决这些问题,跨国公司 A 制订了一份明确的智能财务实施路线图。该路线图明确了未来三年内公司的智能财务转型目标,包括实现财务流程的全面自动化、提升数据的透明性和统一性、优化全球财务资源的管理等。这一战略规划得到了公司高层的全力支持,并在全球范围内得到积极推广。跨国公司 A 还成立了一个专门的智能财务转型团队,负责实施各项改革措施,并协调各个子公司和业务部门的合作。

2. 数据整合与标准化

智能财务的实施首要任务是对全球范围内的财务数据进行整合与标准化。在评估过程中,公司发现,各个子公司使用的财务系统和数据格式存在较大的差异,导致了数据无法有效共享和对比。为此,跨国公司 A 引入了一个全球统一的财务数据标准,确保各个地区和部门的数据在生成、传输和分析时都遵循相同的标准。这不仅包括财务报表的格式,还涉及税务申报、资金流动、成本分摊等关键环节的统一规范。

与此同时,跨国公司 A 引入了强大的数据治理框架,建立了严格的质量控制流程。通过这些措施,跨国公司 A 确保了全球财务数据的准确性、一致性和可追溯性。例如,公司在所有子公司中统一实施了财务数据清洗工具和审核机制,确保所有财务数据在进入分析系统之前都经过了严格的质量检查。这一步骤不仅为智能财务系统的正常运作奠定了基础,也为后续的数据分析和决策支持提供了可靠的依据。

3. 系统集成与自动化

跨国公司 A 的另一个关键步骤是将财务系统与公司其他业务系统(如 ERP、CRM、供应链管理等系统)实现无缝集成。通过系统集成,企业的财务数据可以在不同业务系统之间实现实时同步。例如,销售系统中的交易数据可以自动传输到财务系统中,实现销售收入的自动核算和报告。这一集成大大减少了手工数据输入的错误和延迟,提升了财务数据处理的效率。

此外,跨国公司 A 在财务操作中广泛引入了 RPA 技术。RPA 技术主要应用于重复性强、规则明确的财务任务,例如账务处理、报销审核、应收应付款管理等。通过 RPA,公司能够自动化完成大量的财务事务,从而释放了财务人员的精力,让他们能够专注于更具战略意义的工作。例如,公司通过 RPA 自动处理了全球各地的报销流程,消除了人工审核中可能出现的延误和错误问题。这种自动化大大提高了公司财务运营的整体效率。

4. 大数据分析与人工智能预测

跨国公司 A 不仅通过智能化的流程管理提升了财务操作的效率,还利用大数据分析技术,对其全球财务数据进行了深度挖掘与分析。公司整合了全球不同市场的销售、成本、采购、库存和供应链数据,使用大数据分析工具对这些数据进行了多维度分析,生成了详细的财务报告和预测模型。这些报告为公司高层管理者提供了实时的财务分析,帮助他们及时调整财务战略。

例如,跨国公司 A 通过大数据分析发现,某些地区的销售利润率较低,原因在于该地区的原材料采购成本过高。基于这些分析,公司调整了全球采购战略,优化了供应链管理,从而降低了运营成本并提升了利润率。

此外,跨国公司 A 还广泛应用了人工智能技术来进行财务预测和风险识别。公司利用人工智能模型,分析了全球市场的外汇波动、宏观经济指标和市场需求变化,并通过这些模型预测未来的财务表现。人工智能系统还能识别潜在的财务风险,并为管理层提供风险预警。例如,人工智能模型发现,某地区市场需求可能会因外部因素下降,因此建议公司在该区域减少库存并优化资金分配。这一功能帮助公司提前应对了市场波动,减少了财务风险。

5. 结果与收益

通过智能财务系统的实施,跨国公司 A 在多个方面获得了显著的收益。首先,财务管理效率得到了显著提升。通过自动化流程和系统集成,跨国公司 A 的财务报表生成速度加快了 50% 以上,财务报告的准确性和及时性得到了大幅提升。此外,财务操作中的错误率降低了 70%,这得益于 RPA 技术和数据标准化措施的实施。

其次,智能财务系统增强了公司在全球范围内的财务透明度和合规管理能力。实时的数据分析和预测能力使公司能够更好地应对全球市场变化,及时调整财务策略,优化资金使用效率。例如,公司通过智能财务系统的实时分析,能够迅速发现各地市场的资金流动状况,从而更加灵活地调度资金,确保全球资金使用的高效性。

此外,智能财务系统还帮助公司降低了审计风险。通过财务数据的自动化整合和标准化管理,跨国公司 A 能够实时生成符合各地区法律法规的财务报告,从而有效减少了审计过程中可能出现的合规问题。同时,财务透明度的提高也增强了公司在全球范围内的合规能力,提升了公司在监管机构和投资者中的信誉。

总结来看,跨国公司 A 通过智能财务系统的全面实施和优化,不仅提升了财务管理的效率和精确度,还实现了全球化业务的财务协同和数据透明化。这种转型使得公司能够更加从容地应对市场波动和合规挑战,为公司未来的全球扩展和财务管理提供了坚实的基础。

二、国内大型企业 B 的智能财务优化实践

(一)背景介绍

企业 B 是一家国内领先的大型制造企业,主要业务覆盖多个生产线,涉及制造、销售和供应链管理等复杂业务环节。随着近年来业务规模的快速扩张,企业的财务管理难度显著增加。具体而言,公司内部的财务流程呈现出高度复杂化,特别是在成本控制、供应链管理和资金流动的管理上,存在诸多痛点。

例如,企业 B 的财务数据分布在不同的业务部门,彼此之间缺乏有效的沟通与整合,导致了数据流转不畅。大量的财务操作环节依赖人工处理,流程的冗长与低效不仅增加了企业的运营成本,也延缓了管理层获取关键财务数据的时间,严重影响了公司的决策效率。在市场快速变化的背景下,企业难以及时响应市场需求的变化和应对供应链波动。

因此,企业 B 决定通过智能财务系统的优化来解决这些长期存在的管理问题。智能财务的引入被视为公司提升管理效率、优化资源配置、增强市场竞争力的重要战略。通过智能化、自动化的财务管理,企业希望能够更加灵活高效地进行预算规划、资金管理和成本控制,同时提升财务决策的准确性和实时性。

(二)智能财务的优化方案

企业 B 在智能财务优化的过程中采取了一系列具体措施,这些措施涵盖了财务流程的自动化再设计、预算和资金管理的智能化升级以及财务共享中心的优化,最终形成了一个高效、智能的财务管理体系。

1. 财务流程的自动化再设计

在智能财务优化的初始阶段,企业 B 对现有的财务流程进行了深入的分析和梳理,重点识别出那些烦琐且容易出错的人工操作环节。通过这一分析,企业发现大量的时间和资源被浪费在重复性的财务操作上,特别是在成本核算、库存管理以及日常的对账和报表生成过程中。人工操作的介入不仅增加了错误的可能性,也大大延长了数据处理和财务报告生成的周期。

为了解决这些问题,企业 B 决定对财务流程进行全面的自动化再设计。公司引入了 RPA 技术,专门处理那些规则明确、重复性强的财务操作。例如,在成本核

算方面,RPA 技术能够自动从供应链管理系统中提取生产数据、原材料成本和生产数量,并自动完成成本核算的全过程,减少了人工干预和潜在的误差。

此外,企业 B 还通过智能系统对库存和生产数据进行实时监控。这种监控不仅使财务团队能够随时掌握企业的生产成本,还能根据生产情况实时调整财务规划。这意味着当市场需求发生变化时,企业可以快速调整生产节奏和资源分配,以减少过多的库存积压或原材料浪费。财务流程的自动化再设计使得数据采集、对账和报告生成的工作变得更加高效、准确,同时大幅减少了人工操作的必要性,提高了整体财务管理的速度和可靠性。

2. 智能化预算与资金管理

预算和资金管理是企业 B 在财务优化过程中重点提升的领域之一。传统的预算编制方式依赖于历史数据和人工预测,往往无法及时反映市场的动态变化。为了使预算过程更加精准和灵活,企业 B 引入了人工智能技术,通过对历史销售数据、市场趋势和生产计划进行智能分析,生成精准的财务预算。

人工智能技术能够通过分析企业的历史财务数据,结合外部市场动态,预测未来的销售和生产需求。例如,人工智能系统可以根据过去的销售数据、季节性因素和市场波动情况,预测未来的市场需求,并据此调整预算编制。企业的预算变得更加灵活,并能够根据实时的市场反馈进行调整,确保资源得到最优配置。

资金管理方面,企业 B 采用了智能化的资金调度系统,将资金管理系统与银行系统实现了自动对接。这种自动化的对接确保了企业可以实时监控现金流,随时掌握各个账户的资金状况。同时,智能系统根据现金流的变化自动调度资金,优化资金使用效率,减少了企业资金闲置或资金周转不畅的情况。例如,当某个生产基地需要紧急采购原材料时,智能资金系统可以根据该基地的采购请求和企业的整体资金状况,自动调度资金,确保生产不中断。

通过这些智能化工具的应用,企业 B 的预算编制和资金管理变得更加灵活和高效,财务部门能够更快地响应市场变化和内部需求。同时,资金管理的透明度显著提升,企业可以通过实时监控资金流动,优化资本配置,降低资金风险。

3. 财务共享中心的优化

企业 B 在财务共享中心的优化方面也取得了显著进展。财务共享中心的核心功能在于整合分散的财务流程,简化报销、付款和内部审计等操作,并实现财务数据的集中管理。之前,由于企业的各个子公司和业务部门采用了不同的财务系统和流程,导致财务数据的传递和共享效率低下,信息孤岛现象严重,给企业的财务管理带来了极大的不便。

为了提升财务共享中心的效率,企业 B 在其财务共享中心中引入了智能化的流程自动化技术。通过智能系统的集成,企业能够统一管理分子公司的财务数据,所有财务流程都在同一个平台上运行。这种集中化的管理模式大大简化了财务操作,尤其是在报销和付款流程方面,系统自动核对凭证和审批数据,减少了人工操作中的潜在错误。

此外,财务共享中心的优化还提升了企业内部各部门之间的协作效率。智能化平台不仅使得财务数据能够在各个业务部门之间顺畅流转,也减少了重复性的人工数据输入,提高了数据处理的准确性。例如,销售部门的财务数据可以自动同步到财务共享中心,财务团队无须手动导入数据,从而提高了工作效率,避免了数据冗余和延迟。

(三)智能财务优化的成果

通过一系列的智能财务优化措施,企业 B 的财务管理能力得到了显著提升,各项核心财务指标都有了明显改善。

1. 效率提升

企业 B 的财务管理效率提升了 40% 以上,主要得益于自动化流程和智能系统的引入。RPA 技术在财务流程中的应用,使得许多烦琐的人工操作得以自动化处理,减少了人为错误的发生频率。与此同时,智能化的财务管理工具为企业提供了实时的数据分析和监控能力,使财务团队能够快速做出准确的财务决策。

2. 资金流动与成本控制优化

智能财务系统的实时监控功能使得企业能够更好地管理其资金流动和成本控制。在资金管理方面,企业通过与银行系统的自动对接,实现了资金流动的高效调度。企业 B 能够实时掌握各个账户的资金流动情况,并据此快速做出调整,确保资金得到最优配置。在成本控制方面,企业可以通过智能系统实时监控生产成本和库存水平,并根据市场需求和生产计划灵活调整资源分配,降低了库存积压和原材料浪费的风险。

3. 决策支持与财务共享中心效益

企业 B 的财务共享中心通过智能化管理实现了多个分子公司的财务流程集中管理,减少了重复操作和数据传递过程中的错误。更为重要的是,财务共享中心的优化使得财务数据更加集中和透明,提升了管理层获取关键财务信息的速度和质量。企业的财务团队能够更加专注于高价值的分析工作,并为公司决策层提供更具战略性的财务支持。

4. 战略层面上的竞争力提升

智能财务系统的优化不仅解决了企业 B 在日常运营中的财务管理难题,还从战略层面上提升了企业的竞争力。财务流程的自动化和智能化使得公司在面对市场波动和供应链挑战时,能够更加迅速地做出应对,减少了决策时间。同时,智能预算与资金管理系统为公司提供了更高层次的财务预测和规划能力,使得公司能够提前做好应对市场风险的准备,增强了企业的战略灵活性。

总结来看,企业 B 通过智能财务的全面优化,显著提升了财务管理效率、资源配置的合理性和数据处理的准确性。智能财务系统的应用使得企业的财务部门从传统的事务性工作转向更加战略性的财务支持角色,从而为企业整体业务的发展提供了强有力的数据支撑和决策依据。

第四节 大型企业智能财务实施的优化方向

随着智能财务系统的广泛应用,越来越多的大型企业通过自动化、数据集成和实时分析等技术提升了财务管理的效率。然而,智能财务的潜力远未被完全挖掘,企业需要不断优化现有系统,以应对日益复杂的市场环境、日益多样的监管要求以及快速变化的技术趋势。在此背景下,企业的智能财务系统应朝向持续优化的方向发展,以保持企业的竞争力、合规性和运营效率。

一、智能财务系统的持续优化

(一)自动化技术的深入应用

虽然许多大型企业已经实现了部分财务流程的自动化,但在实际操作中仍然存在大量可优化的空间。特别是在手工审核、数据输入和审批等流程中,企业依然依赖人工操作,效率较低且容易出错。因此,财务系统的持续优化可以通过更深入的自动化技术来进一步提升。

1. 提高财务流程自动化的广度和深度

目前,大部分企业在财务自动化的应用集中在简单的事务性工作上,如账务处理、发票管理和报销审核。然而,企业可以通过引入更多的自动化工具,进一步简化复杂的财务流程,尤其是在数据审核和合规检查方面。例如,基于人工智能的智能审核工具可以自动验证数据的准确性,减少手动审核的时间和错误率。此外,企业还可以借助光学字符识别(OCR)技术来自动处理纸质发票和合同文件,从而完全消除人工数据录入的环节。

2. 智能合约技术的应用

智能合约技术可以大幅提升供应链管理、应收应付款管理的效率。在传统供应链和财务管理中,合同的执行和付款流程往往需要多方协作,并依赖人工审批和执行,导致操作效率低下。智能合约基于区块链技术,能够在各方达成约定的情况下自动执行合约条款,无须人为介入。智能合约的使用可以大大缩短付款周期,降低纠纷的可能性,并确保财务流程的透明性和安全性,从而提升资金流动效率。

(二)实时分析与预测的加强

随着市场环境的日益复杂和资本市场的快速波动,企业需要更加敏捷的财务管理系统来进行实时分析和精准预测。未来,随着人工智能和大数据技术的进一步发展,智能财务系统将在实时分析和预测方面发挥更大的作用,特别是在资金流动管理和资本市场波动的应对上。

1. 实时数据流与财务预测

通过引入更加先进的机器学习算法,企业可以对海量的历史财务数据进行复杂的模式分析,从而实现更加精准的财务预测。例如,企业可以通过分析销售数据、市场趋势、宏观经济指标等多重因素,预测未来的资金需求和现金流状况。基于实时的财务预测,管理层能够及时调整资金战略,确保企业在市场波动中维持稳定的资金流动性,避免资金短缺或过度调配的风险。

2. 风险识别与智能决策

此外,实时分析能力使得企业能够更加准确地识别财务风险,并通过智能决策系统迅速做出反应。机器学习算法能够从实时数据中发现潜在的风险,例如外汇波动、原材料价格上涨或市场需求急剧变化。这种基于实时数据的风险识别和预测系统,可以帮助企业提前采取预防措施,避免重大财务风险的发生,提升企业的应对能力和决策效率。

二、数据安全与隐私保护的加强

随着智能财务系统的应用范围不断扩大,财务数据的集成度和敏感性也随之增加。数据安全和隐私保护已经成为企业智能财务实施过程中不可忽视的重要问题。

(一)财务数据的安全性与区块链技术的应用

财务数据的安全性始终是大型企业财务管理的重点,特别是在多方协作和跨境交易中,数据的安全性和透明性至关重要。区块链技术为企业提供了一种高度安全的解决方案,能够确保数据的不可篡改性和透明性。

(二)区块链在财务数据管理中的应用

通过引入区块链技术,企业可以建立一个分布式账本,确保所有的财务数据在多方协作过程中都保持透明和安全。区块链技术的去中心化特性使得每一笔交易都可以被追踪和验证,任何未经授权的更改都会被自动拒绝。此外,智能合约与区块链技术的结合还可以在保证交易透明性的同时,实现资金的自动化流转,进一步减少人为操作带来的安全风险。

(三)加密技术的提升

虽然大部分企业的智能财务系统已经采用了加密技术来保护财务数据的传输和存储,但随着网络攻击和数据泄露事件的增多,企业需要进一步提升其加密算法和防御机制。尤其是在跨境交易和全球化财务管理中,企业需要确保财务数据在不同国家和地区的法律框架下也能够受到有效保护。高强度的加密算法、多层次的防火墙以及高级的入侵检测系统(IDS)应成为企业财务数据安全体系的核心组成部分。

(四)合规性管理与智能审计

随着全球化进程的加速,企业面临的合规性管理难题越来越复杂。各个国家和地区的会计准则、税务政策和金融监管要求都不尽相同,企业必须确保其财务操作符合多重法律法规。智能财务系统的优化应重点关注合规性管理和审计的自动化和智能化。

1. 智能审计系统的引入

企业可以通过引入智能审计系统,自动识别财务流程中的风险点和合规性问题,从而减少审计风险。例如,基于人工智能的智能审计系统可以自动审查所有财务交易,检测不符合法规或存在潜在风险的交易,并自动生成详细的审计报告。这不仅减少了审计人员的工作量,也大大提高了审计的效率和准确性。

2. 自动生成合规报告

智能审计系统还能够根据不同国家和地区的法律要求,自动生成合规报告,确保企业在多重法律和监管框架下保持合规性。例如,在跨国公司中,智能系统可以根据不同国家的会计准则和税务政策,自动生成当地的财务报表和税务申报文件,从而减少企业在合规方面的风险。

三、智能财务团队的能力提升

智能财务的成功实施不仅依赖于先进的技术,还需要有一支能够充分利用这些技术的财务团队。随着财务管理的智能化和数字化转型,财务人员的角色也在发生变化,他们不仅需要掌握传统的财务知识,还需具备使用智能工具和技术的能力。

(一)财务人员的数字化转型

在智能财务系统的推广和优化过程中,财务团队的数字化转型尤为关键。传统的财务人员更多的是负责数据的录入、整理和分析,而在智能财务系统下,财务人员的工作将转向对系统的管理和优化,以及对自动化结果的监控和战略分析。

为了让财务团队适应智能化的工作环境,企业需要为财务人员提供技术培训,使其能够熟练使用大数据分析工具、RPA 和人工智能应用。例如,财务人员应掌握如何使用人工智能工具进行预算预测、如何利用 RPA 技术自动化日常财务操作,以及如何通过大数据分析平台进行财务数据的深度挖掘。通过持续的技术培训,企业可以提升财务团队的整体技术能力,从而更好地应对智能财务系统的应用和发展。

（二）跨领域专家的引入

智能财务系统的复杂性和技术性要求企业引入更多具备跨领域知识的专家。这些专家不仅要了解财务管理的基本原理，还需要在数据科学、信息技术和系统管理等领域具有深厚的专业知识。

1. 跨领域专家的作用

跨领域专家可以帮助企业在智能财务系统的设计、实施和优化过程中提供专业建议。例如，数据科学专家可以为财务系统设计更高效的算法模型，信息技术专家可以优化系统的集成与安全，而财务管理专家则能够确保系统在应用中符合行业最佳实践和法规要求。通过引入这些跨领域的专家，企业可以在智能财务系统的持续优化中保持领先地位。

2. 团队多样性与创新能力的提升

跨领域团队的多样性还能够促进创新。多元化的技能组合能够帮助企业发现财务流程中的潜在问题与机会，并为系统的持续优化提供新的思路。跨领域专家团队不仅能够识别技术层面的改进点，还能够从战略高度思考如何使智能财务系统与企业的整体业务目标更加紧密结合。通过融合财务、技术和数据分析的专业知识，企业能够开发出更具创新性的解决方案，提升智能财务系统的整体效能。

四、智能财务系统与企业战略的深度融合

随着智能财务系统的持续优化，企业需要从更高层次的战略角度重新审视其在企业中的作用。智能财务不应仅仅被视为财务管理的工具，它实际上能够帮助企业在市场竞争中获得显著的战略优势。因此，企业在优化智能财务系统时，应当特别关注其与整体战略目标的紧密结合，确保财务管理能够直接推动企业的长期可持续发展。

（一）财务数据驱动的战略决策

智能财务系统的核心在于它可以将大量的财务数据转化为可操作的战略建议。通过对财务数据的深度分析，管理层能够获取全面的业务视图，并做出更具战略性和前瞻性的决策。例如，在资本分配、投资决策和并购交易等关键业务领域，智能财务系统可以提供实时的财务分析和预测报告，帮助企业高层做出更加准确的判断。

企业还可以利用智能财务系统的预测能力，提前应对市场变化。通过对历史数据、外部经济环境和行业趋势的综合分析，系统可以识别潜在的市场机会和风险，使企业能够更加灵活地调整其战略。例如，如果智能财务系统预测未来某个区域的市场需求将大幅增长，企业可以提前在该区域加大投资或增加产能，从而抢占市场先机。

（二）动态资源配置与战略灵活性

智能财务系统可以帮助企业在动态资源配置方面实现更高效的运作。传统的财务系统通常依赖静态的年度预算和财务计划，而智能财务系统通过实时数据分析和动态预算工具，可以根据市场条件的变化快速调整资源分配策略。

例如，在制造行业，当原材料价格波动或供应链出现中断时，智能财务系统可以实时更新预算和成本分析，帮助企业快速调整采购策略，确保生产不受影响。此外，企业还可以通过实时的现金流分析，优化全球资金调度，确保资金在最需要的地方被高效利用。这种动态资源配置不仅提高了企业的运营效率，还增强了企业应对市场波动的灵活性。

（三）支持可持续发展与环境、社会和公司治理目标的实现

越来越多的企业开始将环境、社会和公司治理（ESG）目标纳入其长期战略规划中。智能财务系统可以通过数据整合和分析，帮助企业更好地管理和报告其在可持续发展方面的进展。例如，智能财务系统可以追踪企业的碳排放、能源消耗和供应链中的环境影响，从而帮助企业更好地平衡其财务目标与可持续发展目标。

在 ESG 管理中，财务部门不仅负责监督企业在环境和社会方面的投资回报，还需要确保企业在这些领域的行动符合全球法规和行业标准。智能财务系统通过自动化的合规审查和智能审计功能，确保企业的 ESG 政策得到有效的执行和监控。同时，系统生成的 ESG 报告可以帮助企业在投资者和监管机构面前展示其对可持续发展的承诺，从而增强企业的市场声誉和竞争力。

五、智能财务生态系统的建立与协同

随着技术的发展和商业模式的演进，智能财务系统正在从单一工具逐步演变为一个综合的财务生态系统。大型企业在优化智能财务系统时，除了关注系统内部的性能和功能提升，还应着力构建一个涵盖供应商、客户、银行、监管机构等多方协作的智能财务生态系统。

（一）供应链金融与智能财务的协同

在全球化背景下，供应链管理的复杂性日益增加，企业的财务管理与供应链金融的协同显得尤为重要。通过与智能财务系统集成的供应链金融解决方案，企业可以优化资金流动，提高供应链效率。

例如，企业可以与银行和供应商合作，通过区块链和智能合约技术优化支付流程，减少应收应付款的周期。智能财务系统能够实时监控供应链中的资金流动，确保各方资金的及时交付。此外，供应链金融与智能财务系统的协同还可以通过动态分析库存水平、供应链风险和生产成本，帮助企业在供应链环节优化财务策略，提升整体供应链效率。

（二）银企协作与智能化支付解决方案

在现代企业中，财务管理不仅涉及内部数据处理和报表生成，还包括与银行等金融机构之间的协作。在优化智能财务系统的过程中，企业可以通过引入智能化支付解决方案，实现银企之间的无缝对接。这种协作不仅可以提升资金调度的效率，还能减少财务管理中的复杂程度和人工操作。

智能财务系统通过与银行的直接对接，能够自动进行资金的调度和支付。例如，当企业需要在全球范围内进行资金转移时，系统可以根据实时的资金状况和外汇汇率，自动选择最优的资金路径和支付方式。此外，企业还可以通过智能支付平台与供应商和客户进行无缝交易，提高支付效率，降低支付成本。

（三）财务外包与智能共享服务的整合

随着企业规模的扩大和业务复杂性的增加，越来越多的企业开始采用财务外包和共享服务中心（SSC）来提高财务管理的效率。在智能财务系统的持续优化过程中，企业可以通过整合财务外包和共享服务功能，构建一个更加智能化的财务管理平台。

智能共享服务中心通过自动化技术、数据分析和人工智能工具，能够处理大量重复性财务任务，并为企业提供更加高效的财务服务。例如，企业可以通过共享服务中心集中管理多个分子公司的财务流程，实现财务操作的规模效应。与此同时，智能财务系统还可以通过实时数据共享和协同平台，确保财务外包合作伙伴与企业内部团队之间的无缝协作，提升财务服务的质量和效率。

大型企业的智能财务实施和优化，是一个持续发展的过程，需要在技术进步、合规性管理、团队建设和战略决策中不断寻求平衡。通过进一步优化自动化技术的应用、加强实时分析与预测能力、提升数据安全和隐私保护水平，企业可以将智能财务系统的潜力充分发挥出来。同时，通过智能财务团队的能力提升和跨领域专家的引入，企业能够确保智能财务系统的可持续发展，并与企业的战略目标保持紧密结合。

第五节　大型企业智能财务实施的挑战

尽管智能财务系统可以显著提升企业的财务管理效率，优化财务流程，增强数据透明度和决策能力，但大型企业在实施这些系统时仍面临诸多挑战。智能财务系统的实施不仅是技术的变革，还是对企业业务流程、数据管理、系统架构以及人员管理的全面考验。在大型企业中，规模庞大、业务复杂、地域分布广泛，财务数据的整合、系统兼容性、技术实施的协调等问题都可能成为智能财务系统实施的障碍。

为了深入分析这些挑战,本节从财务数据的整合难题、系统兼容性问题以及如何解决这些问题等角度,详细探讨智能财务系统在大型企业实施过程中的主要挑战。

一、财务数据的整合难题

(一)数据源的分散性与异构性

大型企业往往拥有多个业务部门、子公司或分支机构,各个部门和子公司之间的业务模式、财务管理流程和系统架构可能存在显著差异。由于历史原因,许多企业的子公司和分部门会在不同时间、基于不同的需求引入不同的财务管理系统。这种系统的多样性和不一致性导致了财务数据来源的分散性和异构性,成为智能财务系统实施过程中的重大挑战。

首先,数据源分散意味着企业的财务数据分布在多个不同的系统中,可能包括 ERP 系统、CRM 系统、供应链管理系统、生产管理系统等。这些系统之间通常没有统一的接口,无法实现数据的自动集成和共享。例如,一些子公司的财务系统可能以当地的会计准则为基础,而母公司则使用国际财务报告准则(IFRS)。这种差异不仅使得数据无法直接整合,还可能导致数据标准的混乱。

其次,数据格式的异构性也增加了数据整合的难度。各个部门和子公司可能使用不同的数据存储格式和数据库结构,这意味着同一类数据在不同系统中的表示方式不同,无法直接进行统一分析。更重要的是,这种异构性通常与企业的业务复杂性相关,例如一些业务部门可能以产品为核心进行核算,而另一些部门则以项目为基础进行财务处理,这使得数据整合和分析的工作复杂化。

(二)数据治理与统一标准的缺失

在财务数据的整合过程中,缺乏统一的数据治理策略也是企业面临的一个常见问题。数据治理涉及数据的采集、存储、管理、共享和保护,确保企业数据的质量、准确性、完整性和可追溯性。对于大型企业而言,统一的数据治理体系可以帮助规范各业务部门和子公司之间的数据处理流程,确保数据在不同系统之间的无缝对接和共享。

但是,许多企业在智能财务系统实施前并未建立完善的数据治理体系,导致财务数据在整合过程中面临数据标准不统一、数据冗余、数据错误等问题。例如,不同业务部门对同一财务概念可能有不同的定义,或者不同子公司对相同的业务活动记录存在差异,这就需要企业在数据整合时首先进行数据标准化和规范化处理。

为解决数据治理问题,企业需要制定详细的数据标准,确保不同系统、不同部门和子公司之间的数据可以在智能财务系统中顺利集成。具体而言,企业可以通过建立统一的财务数据字典,明确每种数据的定义、格式和计算方式。此外,还可以通过引入数据治理工具,监控数据质量,并自动检测和纠正数据中的错误和冗余,确保数据的准确性和一致性。

(三)数据清理与质量管理

数据清理是智能财务系统实施过程中另一个重要的挑战。由于历史原因,许多企业的财务数据可能存在大量的冗余、错误或不一致的记录,尤其是在系统之间的数据没有得到有效对接的情况下。这些问题往往是由人工输入错误、系统迁移不完整、数据重复等原因引起的。在智能财务系统实施过程中,数据清理工作通常需要耗费大量的时间和人力资源,且过程复杂。

首先,企业需要对现有的财务数据进行全面的梳理,识别出其中的冗余数据、错误数据和不一致数据。数据清理的目标是确保所有数据都具有一致性、准确性和可追溯性,从而为智能财务系统的正常运行提供可靠的数据基础。

其次,企业还需要建立持续的数据质量管理机制,确保在智能财务系统投入使用后,数据的质量能够得到有效的监控和维护。例如,企业可以定期进行数据质量审计,识别出潜在的数据问题,并通过自动化工具进行数据修复。此外,还可以通过机器学习算法对历史数据进行深度分析,预测可能出现的错误并提前进行预防。

(四)集成性工具与解决方案的选择

为了克服财务数据整合的挑战,企业需要选择适当的数据集成工具和解决方案。当前市场上有许多针对大规模数据整合的工具,可以帮助企业有效地实现数据的跨平台整合和处理。企业可以根据自身的业务需求和技术环境选择合适的解决方案,并确保这些工具能够与智能财务系统无缝对接。

例如,企业可以引入中台架构,作为各业务系统和智能财务系统之间的"数据桥梁"。中台不仅可以整合来自不同系统的数据,还可以通过标准化数据接口,确保数据在传输过程中保持一致性。此外,数据仓库和数据湖等技术也可以帮助企业存储和管理海量的异构数据,为智能财务系统提供高效的数据支持。

二、技术与系统兼容性问题

(一)现有系统的复杂性

在大型企业中,现有的财务系统和业务系统通常已经深度嵌入企业的日常运营中,具有复杂的系统架构。许多企业在过去已经投入了大量资源来建设和维护这些系统,尤其是 ERP、CRM、HR 系统和供应链管理系统等,这些系统之间的数据流动和功能集成已经相对稳定。因此,当企业引入新的智能财务系统时,如何与现有系统兼容就成为一个关键挑战。

首先,智能财务系统需要与现有的 ERP 系统进行紧密集成,因为 ERP 系统通常是企业财务数据的主要来源之一。如果智能财务系统无法与 ERP 系统顺利对接,企业可能会面临数据孤岛、数据同步不及时等问题。此外,CRM 系统、HR 系统等也会产生与财务相关的数据,这些系统的数据必须能够与智能财务系统进行实时共享和同步,以确保企业的整体财务状况能够被全面监控。

其次,企业现有系统的定制化程度较高,不同的业务部门可能根据各自的需求对 ERP 或其他管理系统进行不同程度的定制和修改。这种定制化的系统架构使得系统之间的集成变得更加复杂,标准的智能财务系统可能无法直接与这些定制化系统兼容,导致数据传输出现问题。因此,企业在实施智能财务系统时,必须充分考虑现有系统的复杂性,并制订适当的解决方案。

(二)系统集成的技术挑战

系统集成不仅是数据层面的对接,还涉及技术和功能的全面集成。在智能财务系统与现有系统对接的过程中,数据传输的延迟、接口不兼容、功能冲突等技术挑战都是企业需要面对的问题。

一个典型的技术挑战是系统接口的不兼容性。由于现有系统可能基于不同的技术架构和开发语言,这些系统的接口标准和协议可能不一致。例如,某些老旧的 ERP 系统可能采用了封闭的接口标准,无法直接与现代化的智能财务系统对接。在这种情况下,企业需要开发定制的中间件,作为现有系统与智能财务系统之间的桥梁,从而实现数据的实时传输和功能集成。

此外,数据传输的效率也是一个重要的技术挑战。在大型企业中,财务数据的传输量非常庞大,如果系统之间的数据传输速度较慢,可能会导致财务数据分析和决策的延迟,进而影响企业的运营效率。为解决这一问题,企业可以引入分布式数据处理技术,通过分布式架构提高数据传输和处理的速度,确保财务数据能够及时传递到智能财务系统中进行分析。

(三)模块化设计与渐进式过渡

为了克服系统兼容性问题,企业可以采用模块化设计和渐进式过渡的方式来实施智能财务系统。模块化设计是指将智能财务系统划分为多个功能模块,例如报表生成模块、数据分析模块、自动化处理模块等。每个模块可以单独部署并逐步与现有系统进行集成,这样可以降低系统集成的复杂性和风险,确保系统的稳定性和可靠性。

第六节　智能财务在大型企业中的未来展望

随着技术的迅速发展和企业管理需求的日益复杂,智能财务系统在大型企业中的应用正在不断扩展和深化。未来的智能财务将不再局限于传统的财务处理功能,它将与深度学习、人工智能、区块链等前沿技术高度融合,逐渐成为企业战略管理的核心工具之一。同时,财务系统的个性化定制、自适应能力以及与环境、社会和公司治理等领域的结合,也将推动智能财务在大型企业中的进一步发展。以下将从技术进步、实时决策、自适应系统、战略财务融合、个性化定制以及 ESG 等角度深入探讨智能财务在大型企业中的未来展望。

一、智能财务系统的技术进步

随着人工智能和区块链技术的快速进步,未来的智能财务系统将在更深层次上为企业提供高效、精准的财务管理服务。两大关键技术——深度学习与区块链技术,将在财务数据分析、交易安全和风险管理等方面发挥核心作用。

(一)深度学习与人工智能技术的深入应用

1. 财务预测和决策支持的智能化

随着深度学习技术的发展,人工智能将在智能财务中扮演更加重要的角色,不再局限于简单的财务数据处理和自动化操作。人工智能将通过对海量财务数据和业务数据的深度学习和分析,为企业提供更为精准的财务预测和决策支持。

在未来,人工智能不仅能够帮助企业处理日常的财务事务,如自动化账务处理、费用审核、报表生成等,还能根据市场环境的变化、企业运营状况以及全球经济动态,生成动态财务预测和风险评估。例如,通过分析历史的销售数据、市场需求以及经济指标,人工智能可以准确预测未来的收入波动、市场需求变化,甚至可以在几秒钟内识别出潜在的财务风险点。这些财务风险点可能包括汇率波动、原材料价格变化、市场需求骤减等问题,企业可以根据人工智能生成的风险评估报告,提前制订应对策略,从而减少潜在的损失。

2. 人工智能赋能的预算优化

在预算管理方面,人工智能通过对大量业务数据的分析,能够帮助企业制订更加灵活和精准的预算方案。人工智能模型可以根据市场变化、生产数据和销售预测,自动调整预算,避免因市场波动或内部业务调整导致的预算偏差。大型企业往往需要在预算编制过程中平衡多方因素,而人工智能的应用将显著提高预算编制的精准度和效率,减少人为预测的误差。

此外,人工智能系统将能够实时分析全球经济环境的变化,如贸易政策、汇率波动等,帮助企业调整预算方案。例如,当全球原材料价格上涨时,人工智能系统可以实时更新成本预测,并建议企业及时调整预算,以防范价格波动带来的财务压力。

(二)区块链技术在财务管理中的进一步应用

1.提高财务交易的透明度与安全性

区块链技术因其去中心化、不可篡改性和高度透明的特性,未来将在智能财务中得到广泛应用。尤其是在跨境交易、资金流动和供应链管理等复杂场景中,区块链技术将帮助大型企业实现财务数据的透明化和安全化,提升资金管理的效率并减少交易中的风险。

通过区块链技术,企业的财务数据将不再局限于内部系统,而是可以在多方之间进行可信任的共享。区块链上的每一笔财务交易记录都是透明且无法篡改的,这意味着企业可以通过区块链平台与供应商、客户、银行等合作伙伴安全地共享财务数据,减少交易过程中的信息不对称和人为错误,提升资金流动的透明度。

2.智能合约在财务管理中的广泛应用

智能合约是区块链技术的核心应用之一,它能够自动执行和验证合约条款,减少人为操作的干预和风险。未来,智能合约将在财务管理中应用得更加广泛,特别是在应收应付款管理、合同付款和供应链融资等领域。

例如,在供应链管理中,智能合约可以根据供应商提供的货物自动触发付款,减少传统手工审批流程的复杂性和延迟。这将使资金流转更加高效透明,企业的应付款和应收款管理也将更加及时和准确。此外,智能合约的自动执行机制还能够减少财务流程中的争议和延误,提升企业财务管理的整体效率。

二、实时财务决策与自适应系统

未来的智能财务系统将从静态数据分析转向实时动态分析,并具备自适应能力,能够快速响应市场环境的变化。通过实时数据流的接入和自适应财务模型的建立,企业将拥有更加敏捷的财务管理能力。

(一)实时数据分析支持决策

在未来的财务管理中,实时分析将成为企业做出快速、精准决策的关键。企业将能够接入全球金融市场的实时数据流,监控汇率波动、商品价格变化以及市场需求的即时动态,从而更好地调整其财务策略。例如,当市场突然出现剧烈波动时,企业的财务系统可以自动检测变化,并实时生成应对方案,例如调整投资组合、优化现金流管理或重新分配资金资源。

通过实时数据的监控,企业可以更好地预测资本市场的变化,减少不确定性带来的财务风险。比如,在全球化的资本运营中,外汇波动常常对跨国企业的利润带来影响,智能财务系统可以根据实时汇率数据,自动调整汇率风险对冲策略,减少因汇率波动带来的损失。

(二)自适应财务系统的演变

自适应财务系统将成为未来智能财务管理的核心,它能够根据市场环境、企业运营状况以及行业趋势的变化,自动调整财务模型和决策流程。自适应系统不仅可以应对市场的快速变化,还能在企业内部业务变动的情况下,动态调整财务计划和资金管理策略。

例如,当企业业务扩展到新的市场时,自适应财务系统可以自动适应新的财务需求和税务政策,调整预算和资金配置,确保企业的财务运作能够顺利支持业务扩展。此外,随着经济环境的变化,例如全球经济衰退或行业波动,自适应财务系统能够加强现金流的监控,提前采取风险控制措施,并在经济环境恢复稳定时,重新优化投资和资本分配。

三、智能财务与战略财务的深度融合

随着智能财务系统的不断发展,财务管理的职能将不再仅限于传统的"核算"和"报表",而是逐渐演变为企业战略管理的核心支柱。智能财务系统将为企业提供深度的财务分析和战略支持,帮助企业在竞争激烈的市场中保持优势。

(一)战略财务的智能化支持

未来,财务部门将不再只是单纯的成本核算和资金管理部门,而是企业战略管理的重要合作伙伴。智能财务系统将通过实时数据分析,为企业高层提供精准的战略分析报告,包括市场趋势预测、投资回报分析、资本配置建议等。

通过与企业的长期发展规划和目标相结合,智能财务系统将帮助企业在战略决策中实现更高的灵活性。例如,当企业计划进入新兴市场或进行大规模投资时,财务系统可以通过对市场数据、资本回报率、竞争态势等因素的分析,提供详细的财务建议,确保决策的科学性和准确性。

(二)财务部门与企业战略的深度协同

财务部门将从"幕后"走向"前台",在企业的重大决策和战略布局中发挥重要作用。通过智能财务系统生成的实时数据分析报告,财务部门能够更加灵活地调整资金流向,支持企业的战略发展规划。例如,在企业进行并购、融资或全球扩张时,财务系统能够实时提供现金流分析、资本结构优化建议,帮助企业高层做出更具战略意义的决策。

随着智能财务与企业战略的深度融合,财务部门将不仅仅是一个数据核算部门,而是转型为战略合作伙伴,直接参与到企业的长期发展规划和重大投资决策中。这种转变将极大提高财务管理在企业战略中的地位和价值。

四、智能财务系统的个性化定制

未来的智能财务系统将具备更强的灵活性和适应性,企业可以根据自身业务特点和需求,定制化开发适合自己的财务管理模块,满足不同行业和企业的特定需求。

(一)行业差异化的财务管理需求

随着智能财务技术的不断发展,企业将能够根据其所处行业的独特需求,定制专门的财务管理模块。例如,制造业企业在成本控制、库存管理和供应链管理方面具有较强的需求,而服务行业则更加注重现金流管理、客户信用分析和人力资源成本的优化。因此,未来的智能财务系统将提供高度可配置的解决方案,使企业能够根据其所在行业的特点来优化财务管理。

1. 制造业的定制化财务管理

对于制造业企业而言,供应链管理和生产成本控制是核心关注点。未来的智能财务系统将在这两个方面进行深度定制。通过整合供应链管理系统,财务系统能够实时跟踪原材料的采购成本、运输费用以及供应链中的瓶颈问题。智能系统可以根据市场需求的变化,动态调整采购计划和库存水平,减少浪费,提升供应链的整体效率。此外,人工智能驱动的成本核算模型可以帮助企业准确计算每个生产环节的成本,提供更加精准的定价策略和成本控制方案。

2. 服务业的财务管理定制

对于服务行业,现金流和客户管理是企业运营的关键要素。未来的智能财务系统将帮助服务行业企业更好地监控现金流,确保企业在不同的业务周期内都能够保持足够的流动性。同时,智能财务系统将通过对客户信用数据的分析,帮助企业降低客户违约风险,优化账期管理,并根据客户的信用评分和历史交易行为,调整销售政策和服务定价。服务行业还可以通过与客户关系管理系统(CRM)的深度集成,进一步提升财务管理的灵活性和客户响应速度。

(二)模块化设计与个性化需求的满足

未来,智能财务系统的模块化设计将允许企业根据业务需求,自主选择和组合不同的财务管理功能模块。这种灵活性不仅使系统适应企业的发展需求,还确保系统能够随时进行扩展或优化。

例如,企业可以选择基于业务需求的不同财务管理模块,如预算规划、税务合规、资本管理、报表自动生成等。当企业的业务模式发生变化,或其规模扩展至新的市场时,企业可以灵活添加新的模块或功能,以确保财务系统始终处于最佳状态。

此外，模块化设计还可以支持跨部门的业务整合。例如，企业可以将智能财务系统与其他核心业务系统（如客户关系管理系统、供应链管理系统等）无缝集成，实现财务数据与业务数据的互通。这样不仅提高了企业内部的协作效率，还为企业的高层管理人员提供了更全面的决策支持信息。

五、智能财务与环境、社会和公司治理的结合

随着全球对环境、社会和公司治理（ESG）因素的关注度日益提升，企业必须在财务决策中纳入可持续发展的考量，确保在追求经济效益的同时，履行环境保护和社会责任义务。未来的智能财务系统将在 ESG 领域发挥关键作用，通过数据分析、报告生成和合规监控，帮助企业在可持续发展目标上取得更大进展。

（一）ESG 数据的整合与分析

未来，智能财务系统将能够整合企业在环境、社会责任和公司治理方面的数据，帮助企业实现全方位的 ESG 管理。例如，通过整合企业的碳排放数据、能源使用情况、供应链环保标准等信息，智能财务系统可以提供实时的 ESG 分析报告，帮助企业管理层了解其在可持续发展方面的表现。

此外，智能财务系统将通过人工智能和大数据技术，分析企业的供应链是否符合环境保护标准，评估企业在社会责任方面的投入与产出。通过这些分析，企业能够在做出财务决策时，充分考虑其行动对环境和社会的影响，从而平衡经济效益与可持续发展目标。

（二）ESG 报告生成与监管合规

随着监管机构和投资者对 ESG 的重视程度日益提高，企业需要透明地展示其在环境、社会和公司治理方面的表现。智能财务系统将通过自动化工具，生成详细的 ESG 报告，帮助企业向监管机构、投资者和公众展示其在 ESG 领域的投入和成果。

通过与企业的财务系统和运营数据集成，智能财务系统可以自动生成符合全球不同标准的 ESG 报告。例如，企业可以根据全球报告倡议（GRI）标准、可持续发展会计准则（SASB）等要求，自动生成符合相关法规和标准的报告。这不仅减少了企业在合规管理上的负担，还确保了报告的准确性和及时性。

（三）提升企业竞争力与市场形象

ESG 已经成为影响企业市场竞争力的重要因素之一。未来，智能财务系统将在提升企业 ESG 表现方面发挥不可替代的作用。通过财务数据的透明化，企业可以向投资者和监管机构展示其在可持续发展方面的努力，从而提升企业的市场声誉和竞争力。特别是对于那些具备强大环保和社会责任意识的企业，良好的 ESG 表现可以帮助其吸引更多的绿色投资和社会资本。

在消费者日益关注企业社会责任的时代,具备先进 ESG 管理能力的企业也将赢得更多的消费者信任,增强其品牌忠诚度和市场竞争力。例如,企业可以通过智能财务系统向公众展示其在减少碳排放、提升供应链透明度以及参与社会公益项目中的贡献,从而提升公众形象和市场吸引力。

六、未来智能财务实施的挑战与解决方案

尽管未来智能财务系统的发展潜力巨大,但在实施过程中,企业仍然面临一些挑战,主要包括技术整合难度、数据安全问题、人员培训需求以及跨部门协同的复杂性。为确保智能财务系统能够顺利实施并发挥最大效益,企业需要制订针对性的解决方案。

(一)技术整合与系统复杂性

随着智能财务系统的功能不断丰富和复杂化,企业在实施过程中可能面临技术整合的挑战。智能财务系统需要与企业现有的 ERP 系统、CRM 系统以及供应链管理系统进行无缝集成,确保各业务模块之间的数据能够实现互通和共享。然而,不同系统之间的接口兼容性、数据格式统一性等问题,可能会增加整合的难度和成本。

为应对这一挑战,企业可以采取模块化设计的系统架构,确保财务系统能够与其他业务系统灵活对接。此外,企业应选择具备开放 API 接口和强大集成能力的智能财务平台,以便与现有系统实现无缝协同。企业还可以通过与技术提供商的紧密合作,确保在系统集成过程中得到专业的支持和技术指导。

(二)数据安全与隐私保护

随着智能财务系统的数据集成度不断提高,数据安全和隐私保护问题将愈发重要。企业在使用智能财务系统时,可能需要处理大量的敏感财务信息和个人数据,这些数据的泄露将给企业带来巨大的财务损失和声誉风险。

企业应在智能财务系统中采用最先进的数据加密技术,确保财务数据在传输和存储过程中的安全性。此外,企业应定期进行网络安全审计,检测并修复系统中的潜在漏洞。同时,数据访问权限应严格控制,确保只有授权人员才能够查看和操作敏感数据。

(三)财务人员的培训与数字化转型

未来的智能财务系统将对财务团队的技能提出更高要求。传统的财务人员需要掌握更多的数字化工具、数据分析技能以及人工智能应用知识,以适应新系统的操作和管理。这对企业的人才队伍提出了新的挑战。

企业应制订全面的培训计划,帮助财务人员逐步适应智能财务系统的操作和管理。例如,企业可以通过内部培训、外部学习以及技术工作坊,提升财务团队的

数字化能力。同时,企业还可以引入具备跨学科背景的专家团队,推动财务部门的数字化转型,加快智能财务的实施进程。

(四)跨部门协作的复杂性

智能财务系统的实施不仅仅是财务部门的事情,它需要企业内多个部门的协作,包括IT部门、业务部门、法务部门等。跨部门协同的复杂性常常成为智能财务系统实施过程中的瓶颈之一,特别是在大型企业中,不同部门的业务目标和利益不尽相同,可能导致项目实施中的协调问题。

企业应设立专门的智能财务项目团队,确保跨部门协同的顺畅性。项目团队应由各相关部门的代表组成,共同参与智能财务系统的规划、设计和实施,确保各方需求得到充分满足。

第七章

数字经济时代企业财务管理模式实践探究

第一节 HTJT 整合财务资源数字化改革实践

一、HTJT 财务资源整合的背景与需求

(一)数字化转型对企业财务管理的要求

随着数字经济的快速发展,企业运营环境发生了深刻变化,传统的财务管理模式面临严峻挑战。HTJT 作为一家大型跨国企业,业务遍布全球,传统的财务管理方式已经无法满足企业日益复杂的财务需求。公司在全球各地设有众多分支机构,业务流程繁杂,财务信息分散在不同的系统中,各部门之间缺乏有效的协作与数据共享,导致财务管理效率低下、成本高昂。此外,随着全球市场竞争的加剧和监管环境的变化,HTJT 需要一个更具灵活性和透明度的财务管理系统,以适应全球化运营的要求。

为了应对这些挑战,HTJT 决定通过数字化改革,整合其全球财务资源,提升财务管理的效率和决策支持能力。数字化转型的核心在于打破信息孤岛,实现财务数据的集中管理与实时共享,从而为企业的战略决策提供更有力的支持。

1. 财务资源整合的必要性

HTJT 在全球范围内的业务扩展带来了财务管理的复杂性。不同国家和地区的财务制度、税收政策、外汇管理要求各不相同,这对企业的财务资源整合提出了更高的要求。传统的财务管理系统分散于各个业务部门和地域,导致信息流转不畅、数据不一致,进而影响了企业整体财务决策的准确性和及时性。

通过整合财务资源,HTJT 可以实现财务信息的集中化管理,确保各部门、各区

域之间的数据一致性。这不仅有助于提高财务管理的效率,还能够为企业的战略决策提供实时、精准的数据支持。此外,财务资源的整合也有助于减少重复劳动和降低运营成本,提升企业的整体竞争力。

2.数字化改革的目标与预期效果

HTJT 的数字化改革旨在通过引入先进的信息技术,构建一个统一、集成的财务管理平台,实现全球财务资源的高效整合。通过数字化改革,HTJT 希望通过实现以下目标来优化其财务管理体系。首先,通过自动化流程减少人工干预,降低操作风险,从而提升财务管理的效率。其次,HTJT 致力于增强财务数据的透明度和一致性,实现各部门和区域间财务数据的实时共享和统一管理,确保数据的准确性和可追溯性。此外,HTJT 将通过实时财务数据分析,支持企业的战略决策,提升应变能力和市场竞争力。最后,通过优化财务流程和资源配置,减少不必要的成本支出,进一步提高资金使用效率,降低整体运营成本。

二、HTJT 财务资源整合的实施路径

(一)构建数字化财务管理平台

HTJT 的数字化改革首先集中在构建一个统一的财务管理平台。该平台将集成财务核算、预算管理、资金管理、税务管理等多项功能,覆盖企业的全球业务。通过引入云计算、大数据和人工智能等先进技术,HTJT 的财务管理平台不仅能够处理海量的财务数据,还能够提供实时的数据分析和智能化的决策支持。

1.云计算技术的应用

云计算技术在 HTJT 的财务资源整合中发挥了关键作用。通过云计算,HTJT 能够将分散在全球各地的财务数据集中到一个统一的平台上,实现数据的实时共享和集中管理。云计算平台的高可扩展性和弹性计算能力,使 HTJT 能够根据业务需求动态调整计算资源,从而提高财务管理的灵活性和效率。

例如,HTJT 将其全球各地的财务系统迁移至云端,实现了财务数据的集中化管理。通过云平台,各地的财务部门可以实时访问最新的财务数据,避免了数据同步的延迟问题。云计算还支持多租户模式,使得 HTJT 能够根据不同国家和地区的财务管理需求,灵活配置系统功能,从而确保全球财务管理的一致性与合规性。

2.大数据与人工智能的结合

在财务管理平台中,HTJT 充分利用了大数据和人工智能技术。通过大数据分析,HTJT 能够对海量的财务数据进行深度挖掘,发现潜在的财务风险和运营问题。例如,HTJT 通过大数据技术分析全球市场的汇率波动,提前预测汇率变化对企业财务的影响,从而制定相应的对冲策略,降低财务风险。

人工智能技术则被应用于财务预测和决策支持。通过机器学习算法,HTJT 的

财务管理平台能够自动分析历史财务数据和市场动态,生成未来的财务预测报告,帮助企业做出更加科学的战略决策。例如,人工智能系统可以根据历史销售数据和市场趋势,预测未来的现金流情况,并为企业提供资金管理的优化建议,从而提高资金利用效率。

(二)优化财务流程与组织架构

在数字化改革过程中,HTJT 对其财务流程和组织架构进行了全面优化。通过流程再造和组织调整,HTJT 旨在提升财务管理的效率,减少不必要的层级和流程,增强财务部门的反应速度和决策能力。

1. 财务流程再造

HTJT 通过对现有财务流程的全面梳理,识别出影响效率的关键环节,并进行流程再造。例如,传统的财务核算流程中,人工操作步骤较多,容易出现数据录入错误和信息延迟。HTJT 通过引入自动化技术,将财务核算过程中的数据采集、处理和报告生成等环节自动化,大幅减少了人工干预,降低了操作风险。

此外,HTJT 还优化了预算管理流程,通过集成化的预算管理系统,实现了预算的实时跟踪和动态调整。财务部门可以通过系统实时监控各部门的预算执行情况,及时发现超支或资金使用效率低下的问题,并做出相应的调整。

2. 组织架构的优化与财务职能的集中化

在组织架构方面,HTJT 将分散的财务职能进行集中管理,设立了全球财务共享中心。通过这一共享中心,HTJT 实现了财务职能的集中化管理,避免了各地财务部门的重复工作,提高了整体工作效率。例如,全球财务共享中心负责处理 HTJT 所有的应收账款和应付账款管理,从而实现了跨区域的财务数据统一处理和集中管理。

这一组织架构的优化,不仅减少了管理层级,还提升了财务部门的专业性和协作效率。各区域的财务部门在共享中心的支持下,可以更加专注于本地化的财务策略和政策执行,确保全球财务管理的一致性和高效性。

三、HTJT 财务资源整合的成效与启示

(一)财务管理效率的显著提升

通过数字化改革,HTJT 的财务管理效率得到了显著提升。云计算、大数据和人工智能技术的应用,使得财务数据处理速度大幅提高,财务报表生成时间从过去的数周缩短至几天。自动化财务流程减少了人工操作的错误率,提高了财务信息的准确性和及时性。此外,财务共享中心的设立,实现了财务职能的集中化管理,进一步优化了资源配置。

(二)全球财务管理的一致性与合规性

HTJT通过财务资源的数字化整合,成功实现了全球财务管理的一致性和合规性。通过统一的财务管理平台,HTJT不仅实现了全球各地区财务数据的实时同步,还确保了不同区域之间的数据一致性,避免了由数据不一致带来的决策错误和合规问题。

在合规性方面,HTJT的财务管理平台具备了高度的灵活性,能够适应不同国家和地区的财务制度和监管要求。云计算技术使得HTJT能够快速调整其财务管理系统,以符合当地的税务、外汇和财务报告规定,确保企业在全球范围内的运营符合法律要求。例如,在面对各国日益严格的税务监管时,HTJT通过其全球财务管理平台,实时更新和应用不同国家的税务政策,确保税务合规,避免因政策误解或执行偏差导致的法律风险。

(三)资源优化与成本节约的显著成效

HTJT的数字化财务资源整合不仅提升了管理效率,还带来了显著的资源优化和成本节约。通过统一管理和自动化流程的引入,HTJT减少了各区域财务部门的重复工作,优化了人力资源配置,降低了运营成本。

1. 财务流程的自动化与资源整合

通过财务流程的自动化,HTJT大幅减少了人力投入,降低了人工成本。例如,自动化的应收账款和应付账款管理系统,使得财务部门能够处理更大量的交易,同时减少了人工干预和操作错误。此外,财务数据的集中化管理和共享中心的建立,使得HTJT能够在全球范围内更有效地利用财务资源,避免了各部门之间的重复劳动和资源浪费。

2. 运营成本的降低与资金利用效率的提升

通过财务资源的数字化整合,HTJT有效降低了运营成本,提高了资金的利用效率。实时的财务数据分析和智能化的资金管理,使得HTJT能够更精准地管理现金流,优化资金配置,减少不必要的资金占用。例如,通过智能化的资金管理系统,HTJT能够实时监控全球各地的资金流动情况,提前预测和调配资金,避免了因资金不足或过剩导致的运营风险和成本浪费。

(四)HTJT财务资源整合实践的启示

HTJT的数字化财务资源整合改革不仅成功提升了其全球财务管理的效率和合规性,还为其他企业提供了宝贵的实践经验和启示。在数字经济时代,企业必须通过技术手段优化财务管理模式,实现资源的高效整合,以应对日益复杂的全球市场环境和监管要求。

1. 以数据驱动决策为核心

HTJT的成功经验表明,在数字化改革中,以数据驱动决策是实现财务管理创新的重要手段。通过整合全球财务数据,实现实时数据分析和智能化决策支持,企业可以更精准地识别和应对市场风险,提高财务决策的科学性和及时性。

2.技术与组织架构的协同发展

HTJT 的案例还表明,数字化改革不仅需要技术的支持,更需要组织架构的相应调整。通过优化财务流程和集中管理职能,企业可以更好地发挥数字化技术的优势,提升整体管理效率。因此,企业在推进数字化改革时,必须同时考虑技术与组织架构的协同发展,确保改革的成功实施。

第二节　BFKJ 线上费用报销管理数字化改革实践

一、BFKJ 线上费用报销管理数字化转型的背景

在传统的费用报销管理模式下,企业往往面临着诸多挑战。BFKJ 作为一家快速发展的高科技企业,其业务范围广泛,员工数量庞大,日常的费用报销管理工作十分烦琐。传统的报销流程依赖纸质单据和人工审批,导致效率低下、错误频发。此外,分散的报销流程和各部门之间的协调不畅,使得企业难以实时掌握费用支出情况,影响了资金管理和成本控制的有效性。

随着企业规模的扩大,BFKJ 的管理层意识到,必须通过数字化改革优化费用报销管理流程,提升管理效率,降低运营成本。同时,数字化转型也能增强报销流程的透明度,减少操作风险,确保费用管理的合规性和可追溯性。

(一)数字化转型的迫切性

面对传统费用报销管理模式的不足,BFKJ 迫切需要通过数字化转型来应对一系列问题。首先,报销流程复杂、效率低下,传统的纸质报销方式耗时较长,审批环节烦琐,导致报销周期过长,影响了员工的工作效率。其次,分散的报销系统导致数据不一致,管理难度大,财务部门难以实时获取准确的费用支出信息,进而影响资金管理和成本控制。最后,人工操作的报销流程增加了合规风险,容易因数据录入错误或人为操作失误而引发问题,且由于缺乏统一系统的支持,报销流程透明度较低,审计和监督的难度也随之增加。因此,数字化转型已成为 BFKJ 应对这些挑战的迫切需求。

(二)数字化改革的目标

为了提升费用报销管理的效率和合规性,BFKJ 决定实施全面的数字化改革,旨在简化流程、集中管理并降低风险。首先,通过引入线上报销系统,实现报销流程的自动化,减少审批环节,从而大幅提升处理速度和工作效率。其次,BFKJ 将

构建统一的报销管理平台,集中化管理费用数据,确保财务部门能够实时掌握费用支出情况,增强管理透明度并为决策提供有力支持。最后,通过系统化的管理方式,减少手工操作带来的错误与风险,确保报销流程的合规性和可追溯性,同时提高内部审计和监督的有效性。

二、BFKJ 线上费用报销管理系统的实施

(一)系统架构与技术选型

BFKJ 在数字化改革过程中,选择了一款具有高扩展性和灵活性的线上费用报销管理系统。该系统采用了云计算、大数据和移动互联网技术,能够支持员工随时随地提交报销申请,并通过移动设备进行审批和查询。系统架构的设计充分考虑了企业的未来发展需求,确保系统能够随着业务规模的扩大而灵活扩展。

1. 云计算与大数据的应用

云计算技术为 BFKJ 的线上费用报销系统提供了强大的数据存储和处理能力。通过将报销数据存储在云端,BFKJ 能够实现数据的集中管理和实时更新,确保所有费用数据在不同部门和地区之间的一致性。此外,云计算的高可用性和弹性计算能力,使得系统在高峰期能够快速处理大量的报销申请,避免系统拥堵或延迟。

大数据技术则用于对报销数据的深度分析,帮助财务部门识别费用支出的趋势和异常情况。例如,系统可以通过大数据分析自动生成费用支出报告,识别出高频报销项目或异常报销行为,帮助管理层优化成本控制策略。

2. 移动互联网的应用

为了提高员工的报销体验,BFKJ 的线上费用报销管理系统充分利用了移动互联网技术。员工可以通过移动设备随时随地提交报销申请,并实时查看审批进度。管理层也可以通过移动终端进行快速审批,减少了报销流程中的延迟,提升了整体效率。

移动互联网的应用还增强了系统的灵活性,使得 BFKJ 能够更好地适应不同业务场景下的报销需求。例如,员工在出差途中可以通过手机拍摄发票并直接上传至系统,无须等待回到办公室后再提交报销申请,从而大大简化了报销流程。

(二)流程优化与系统集成

在实施线上费用报销系统的过程中,BFKJ 对现有的报销流程进行了全面的优化与再造。通过系统化的流程管理和部门间的高效协作,BFKJ 成功缩短了报销周期,提高了费用管理的透明度和准确性。

1. 报销流程的自动化

BFKJ 的线上报销系统实现了报销流程的全自动化处理。系统自动生成报销单据、核对发票信息，并根据预设的审批规则自动分配审批任务。对于符合条件的报销申请，系统会自动完成审批和支付，无须人工干预。这种自动化的处理方式，不仅提高了报销处理的速度，还减少了人为操作的错误和延迟。

此外，系统还支持自定义审批规则，企业可以根据不同的报销类型、金额和员工级别设定不同的审批流程。这种灵活的规则配置确保了报销流程的合规性和合理性，同时避免了过于烦琐的审批程序。例如，对于小额的日常费用报销，系统可以自动批准并支付，而对于大额或特殊类型的报销，系统会自动将申请提交给指定的高级管理人员进行审核，从而平衡了效率与风险控制。

2. 系统与财务管理平台的集成

为了实现数据的集中化管理，BFKJ 将线上费用报销系统与企业的财务管理平台进行了深度集成。通过这一集成，报销数据能够实时同步到财务系统中，确保财务部门能够及时获取准确的费用支出信息。此外，系统还支持与企业的 ERP 系统、预算管理系统等其他业务系统进行无缝对接，实现了财务数据在不同系统之间的自动化流转与共享。

这种集成的优势在于，财务部门无须再进行烦琐的数据录入和核对工作，大大降低了人力成本和操作风险。同时，财务数据的实时性和准确性得到了显著提高，为企业的预算控制和财务分析提供了强有力的支持。例如，财务部门可以实时跟踪企业各部门的费用支出情况，及时发现并纠正超预算或异常支出行为，确保资金的合理使用和企业的财务健康。

三、BFKJ 线上费用报销管理改革的成效

（一）管理效率的显著提升

通过数字化改革，BFKJ 的费用报销管理效率得到了大幅提升。线上报销系统的引入和流程的自动化，不仅缩短了报销周期，提高了员工满意度，还增强了财务管理的透明度和决策支持能力。

1. 报销周期的缩短与员工满意度的提升

在传统模式下，BFKJ 的费用报销周期通常需要数周时间，这不仅影响了员工的现金流，也降低了员工的工作积极性。通过线上报销系统，报销周期缩短至几天，部分常规报销甚至可以在 24 小时内完成。员工可以随时通过系统查询报销进度，减少了沟通成本，提升了整体满意度。

2. 管理透明度的增强

通过系统化管理，BFKJ 实现了费用数据的实时更新和集中管理。管理层可以

通过系统实时查看各部门的费用支出情况,及时发现异常支出并进行调整。这种透明化的管理模式,不仅提高了费用管理的效率,还增强了对费用支出的控制力,有助于企业更好地进行成本管理和财务规划。

(二)成本控制与风险管理的优化

BFKJ的数字化改革不仅提高了管理效率,还在成本控制和风险管理方面取得了显著成效。通过大数据分析和自动化管理,企业能够更精确地管理费用支出,减少不必要的成本浪费和财务风险。

1. 精准的成本控制

系统集成和大数据分析使BFKJ能够深入挖掘费用数据,识别成本控制的薄弱环节。管理层可以通过分析报销数据的趋势和模式,制订更具针对性的成本控制措施。例如,通过对差旅费用的分析,BFKJ发现某些出差项目的成本过高,进而优化了出差审批流程和费用报销标准,从而有效降低了差旅费用。

2. 降低财务风险与提升合规性

自动化的报销流程减少了人工操作带来的错误和风险,确保了数据的准确性和合规性。系统的自动化审批功能和合规性检查,帮助企业及时发现潜在的违规操作,降低了财务管理中的操作风险。例如,系统可以自动检测重复报销、发票不合规等行为,并在报销提交时提醒员工或阻止提交,确保企业的费用报销流程符合内外部的合规要求。

(三)数字化改革的长期战略意义

BFKJ的线上费用报销管理改革不仅在短期内取得了显著的成效,也为企业的长期发展奠定了坚实的基础。通过数字化改革,BFKJ建立了一个高效、透明、合规的费用管理体系,增强了企业在快速变化的市场环境中的竞争力。

1. 数据驱动的管理决策

数字化改革使BFKJ能够基于准确和实时的费用数据进行管理决策。大数据分析工具的应用,帮助企业深入了解费用支出的结构和趋势,为管理层制订战略规划提供了科学依据。例如,管理层可以通过数据分析,制订更加合理的预算方案,优化资源配置,确保企业在资源有限的情况下实现最大化的业务效益。

2. 适应未来发展的灵活性

BFKJ的线上费用报销系统设计具有高度的扩展性和灵活性,能够适应企业未来的业务扩展和市场变化。随着企业规模的扩大和业务的多样化,系统可以灵活调整和升级,支持新的业务需求和管理模式。这种灵活性使得BFKJ能够在快速发展的数字经济时代保持财务管理的前瞻性和适应性,为企业的可持续发展提供了强有力的保障。

四、BFKJ 线上费用报销管理实践的启示

BFKJ 的数字化改革经验为其他企业的财务管理提供了重要的启示。在数字经济时代,企业应当积极采用新技术,优化管理流程,提升管理效率和透明度,以增强企业的竞争力和适应力。

（一）技术与管理的深度融合

BFKJ 的成功经验表明,数字化改革不仅是技术升级,更是管理理念的革新。企业在推进数字化改革时,应当注重技术与管理的深度融合,通过优化流程和架构,充分发挥技术的优势,提升管理效能。

（二）灵活性与可扩展性的重要性

在快速变化的市场环境中,企业的管理系统必须具备高度的灵活性和可扩展性。BFKJ 的系统设计为其未来的发展留足了空间,确保了管理系统能够随着企业的发展不断升级和优化,这为其他企业的系统规划提供了有益的借鉴。

（三）以数据驱动决策为核心

在数字化管理中,数据的准确性和及时性至关重要。BFKJ 通过大数据分析和实时数据处理,成功实现了以数据驱动决策,提升了管理决策的科学性和有效性。其他企业在推进数字化改革时,也应当充分利用数据资源,构建数据驱动的管理体系,确保企业在激烈的市场竞争中保持领先地位。

通过对 HTJT 和 BFKJ 两家企业数字化财务管理改革实践的深入探讨,本章展示了数字经济时代企业财务管理模式的创新路径和实践效果。在数字化转型的背景下,企业必须通过技术手段整合财务资源,优化管理流程,提升管理效率和透明度,以适应日益复杂的全球市场环境和监管要求。

HTJT 通过整合全球财务资源,实现了财务管理的集中化和智能化,显著提升了管理效率和决策支持能力。而 BFKJ 则通过线上费用报销管理的数字化改革,成功优化了费用管理流程,降低了运营成本,提升了财务管理的合规性和透明度。这些成功经验为其他企业在推进数字化财务管理改革时提供了宝贵的参考和启示。

在未来的发展中,企业应当继续探索和应用新兴技术,推动财务管理的不断创新和优化,实现财务管理模式从传统向现代、从被动向主动的全面转型。只有通过持续的技术创新和管理优化,企业才能在数字经济时代保持竞争力,实现可持续的长期发展。

第三节　NBYH风险管理数字化改革实践

一、NBYH风险管理数字化改革的背景与动因

(一) 数字经济环境下的风险管理挑战

随着数字经济的快速发展，企业运营环境愈加复杂多变，传统的风险管理模式已无法适应新形势下的要求。NBYH作为一家全球化经营的大型企业，其业务涉及多个国家和地区，面对的市场风险、信用风险、操作风险以及合规风险日益增多。数字经济带来的信息流动加速、市场竞争加剧以及技术变革等因素，使得风险管理成为企业生存和发展的关键环节。

在此背景下，NBYH意识到必须通过数字化改革来提升风险管理的效率和效果。数字化技术的应用不仅能够帮助企业实时监控和预测风险，还能通过数据分析和智能化决策支持系统，增强企业应对风险的能力，从而确保企业在复杂多变的市场环境中保持稳健运营。

1. 传统风险管理模式的局限性

传统的风险管理模式主要依赖人工经验和历史数据进行风险识别和评估，这种方式存在响应速度慢、风险预测不准确等问题。在面对快速变化的市场环境时，传统模式难以及时发现和应对新的风险，导致企业在风险来临时往往处于被动状态。此外，随着企业业务的全球化发展，不同国家和地区的风险因素复杂多样，传统模式难以实现跨区域、跨部门的风险管理整合。

2. 数字化转型的必要性

NBYH的全球业务扩展使其风险管理面临前所未有的挑战。为了提高风险管理的实时性、准确性和前瞻性，NBYH决定通过数字化改革，构建一个统一的、集成化的风险管理平台。该平台将利用大数据、人工智能、区块链等新兴技术，对风险进行全面识别、实时监控和智能化管理，从而提升企业整体的风险防控能力。

(二) 数字化风险管理改革的目标

NBYH的数字化风险管理改革旨在通过技术手段全面优化和提升企业的风险管理能力。具体目标包括：首先，建立实时风险监控系统，借助大数据和人工智能技术，对市场风险、信用风险、操作风险等多维度风险进行实时监控和预测，确保能够及时识别并有效应对潜在风险。其次，通过数据分析和智能化工具，增强风险评估的准确性，提升决策支持的科学性，为管理层提供更加可靠的风险应对策略。最后，NBYH将通过构建统一的风险管理平台，整合各部门和区域的风险管理资

源,实现集中化与协同化管理,促进信息共享,从而提高企业整体的风险控制效率。

二、NBYH 数字化风险管理平台的构建

(一)大数据与人工智能技术的应用

在数字化风险管理平台的构建过程中,NBYH 充分利用了大数据和人工智能技术。这些技术不仅提升了风险数据处理的效率,还增强了风险识别、评估和预测的准确性。

1. 大数据技术的应用

大数据技术是 NBYH 风险管理平台的核心组成部分。通过大数据分析,NBYH 能够从海量的市场数据、客户行为数据和内部运营数据中挖掘出潜在的风险信号。例如,NBYH 利用大数据技术分析全球市场的宏观经济指标、汇率波动、行业趋势等信息,提前识别出可能影响企业财务健康的市场风险。同时,通过对客户信用数据的深度挖掘,NBYH 能够更精准地评估客户的信用风险,并制定相应的风控策略。

大数据还帮助 NBYH 优化了操作风险管理。通过对企业内部操作流程的数据分析,NBYH 可以及时发现流程中的薄弱环节和潜在风险点,从而采取预防措施,降低操作失误带来的风险。

2. 人工智能技术的应用

人工智能技术的引入,为 NBYH 的风险管理带来了质的飞跃。通过机器学习和深度学习算法,人工智能系统能够自动分析历史数据和实时数据,识别出复杂的风险模式,并进行准确的风险预测。例如,NBYH 通过人工智能系统,建立了一个智能化的风险预测模型,该模型能够根据实时市场数据,自动预测未来的市场波动,并为管理层提供最优的风险应对策略。

人工智能还在异常检测和自动化预警方面发挥了重要作用。NBYH 的人工智能系统能够实时监控企业的财务数据和交易行为,自动识别异常情况并发出预警,提示管理层关注潜在的风险。例如,当系统检测到某一笔交易的金额异常或操作时间不合常规时,人工智能系统会立即发出警报,并建议进一步核查,以防范可能的财务欺诈或操作风险。

(二)区块链技术在风险管理中的应用

NBYH 在构建数字化风险管理平台时,还引入了区块链技术。区块链以其数据透明、不可篡改和去中心化的特点,在财务风险管理中发挥了独特作用,尤其是在合规管理和信息安全方面。

1. 区块链的透明性与数据溯源

区块链技术的透明性使得 NBYH 能够对财务交易进行全程监控和溯源。每

一笔交易记录都被永久保存在区块链中,确保数据的真实性和不可篡改性。这种特性极大地减少了内部舞弊和数据造假的风险,为企业的合规管理提供了强有力的保障。例如,NBYH通过区块链技术,实时记录和追踪供应链中的每一笔交易,确保所有环节的交易数据都真实可靠,避免了供应链中可能出现的欺诈行为。

2. 智能合约的应用

智能合约是区块链技术的一种应用形式,能够根据预先设定的条件自动执行合同条款。NBYH利用智能合约,实现了某些风险管理操作的自动化。例如,在应对外汇风险时,NBYH通过智能合约预设了汇率波动的触发条件,一旦市场汇率达到预设的风险阈值,智能合约会自动执行对冲操作,从而避免人工操作中的延迟和错误,确保风险应对的及时性和准确性。

三、NBYH风险管理数字化改革的成效与启示

(一)风险管理效率的提升

通过数字化改革,NBYH的风险管理效率得到了显著提升。大数据、人工智能和区块链技术的结合,使得企业能够实时监控和预测风险,快速做出应对决策。这种高效的风险管理模式,不仅提高了企业的整体防控能力,还减少了传统模式下因信息滞后和决策不及时而导致的损失。

1. 实时风险监控与预警系统的建立

NBYH通过构建实时风险监控与预警系统,成功实现了对各种风险的动态管理。该系统不仅能够实时跟踪市场变化,还能够根据数据分析结果,自动发出风险预警,帮助管理层在风险发生前及时采取措施。例如,通过系统化的预警功能,NBYH在面对某一市场的剧烈波动时,能够迅速调整投资组合,规避潜在的市场风险,保持企业财务的稳健性。

2. 智能化决策支持的增强

通过引入人工智能,NBYH的风险管理决策支持能力得到了显著增强。智能化决策支持系统能够根据实时数据和预测模型,为管理层提供最优的风险应对策略,减少了决策的主观性和盲目性。这样的智能决策系统,不仅提高了风险管理的准确性,还增强了企业的应变能力,使NBYH在复杂多变的市场环境中始终保持竞争优势。

(二)合规管理与信息安全的强化

数字化风险管理改革还帮助NBYH加强了合规管理和信息安全。通过区块链技术和智能合约,NBYH实现了财务交易的全程透明和数据不可篡改,确保了企业在全球运营中的合规性和信息安全性。

1. 合规风险的降低

NBYH 的区块链技术应用，使得企业能够实时记录和追踪所有财务交易，确保每一笔交易都符合当地的法律法规要求。这种高透明度的数据管理方式，大幅降低了企业的合规风险，避免了因政策误解或操作失误导致的法律责任。例如，在跨境交易中，NBYH 通过区块链技术，确保了交易过程的全程可追溯性，成功规避了潜在的税务和外汇管制风险。

2. 信息安全的提升

NBYH 通过区块链和人工智能技术，进一步提升了信息安全水平。区块链技术的去中心化和不可篡改性确保了数据的安全性，防止了未经授权的访问和数据篡改。人工智能技术则通过实时监控和异常检测，进一步增强了信息安全的防护能力。例如，NBYH 的区块链系统对所有财务交易进行加密处理，并通过多重验证机制确保只有授权人员才能访问敏感数据。这种高水平的信息安全保障，使得 NBYH 能够在复杂的全球市场环境中有效防范网络攻击和数据泄露等安全威胁。

（三）数字化风险管理的长期战略意义

NBYH 的数字化风险管理改革不仅在短期内提高了企业的风险控制能力，还为企业的长期发展奠定了坚实的基础。通过构建智能化、自动化的风险管理平台，NBYH 能够更加灵活应对未来的不确定性，确保企业在不断变化的市场环境中始终保持竞争力。

1. 风险管理的前瞻性与适应性

NBYH 通过引入新兴技术，实现了风险管理的前瞻性和适应性。大数据和人工智能技术的应用，使得 NBYH 能够在市场环境发生变化之前就预测到潜在风险，并提前采取措施。这种前瞻性的风险管理策略，不仅减少了风险事件发生后的损失，还增强了企业的战略应变能力。例如，NBYH 通过对全球市场动态的实时分析，及时调整了其在不同地区的业务战略，成功规避了可能导致重大损失的市场风险。

2. 技术驱动的风险管理创新

NBYH 的成功经验表明，技术驱动的风险管理创新是企业应对数字经济时代挑战的重要手段。通过持续的技术更新和系统优化，NBYH 能够不断提升其风险管理水平，保持在行业中的领先地位。其他企业在推进数字化转型时，应当借鉴 NBYH 的做法，将技术创新作为风险管理改革的核心动力，确保企业在未来的市场竞争中占据有利位置。

第四节　HDJT 资金管理数字化改革实践

一、HDJT 资金管理数字化改革的背景与动因

（一）全球化经营环境下的资金管理挑战

HDJT 是一家在全球范围内开展业务的大型企业，其经营活动涉及多个国家和地区，面临着复杂的资金管理挑战。在传统的资金管理模式下，HDJT 的资金流动性管理、现金流预测以及跨境资金调配等方面存在诸多问题。全球化经营环境要求企业能够灵活应对不同地区的资金需求，同时有效管理外汇风险、利率风险以及不同国家的税务要求。

随着数字经济的发展，HDJT 认识到传统的资金管理方式已经无法满足全球化运营的需求。资金管理效率低下、信息不透明、跨境资金调配复杂等问题，严重制约了企业的资金利用效率和整体财务健康。因此，HDJT 决定通过数字化改革，提升其资金管理的效率和透明度，确保企业在全球市场中的竞争力。

1. 传统资金管理模式的局限性

在传统的资金管理模式下，HDJT 的资金流动性管理依赖手工操作和分散的系统，各地区的财务数据难以实时共享，导致资金调配不及时、资金使用效率低下。此外，由于缺乏统一的资金管理平台，HDJT 难以及时获取全球各地的现金流状况，影响了资金管理决策的科学性和准确性。

2. 数字化改革的迫切性

为了提高资金管理的效率和决策支持能力，HDJT 决定实施全面的数字化改革。通过构建一个统一的、集成化的资金管理平台，HDJT 希望实现全球资金的集中管理、实时监控和智能化调配，从而优化资金使用效率，降低资金管理风险，提升企业的整体财务健康水平。

（二）数字化资金管理改革的目标

HDJT 的数字化资金管理改革旨在通过技术手段优化资金流动性管理、提高现金流预测的准确性，并增强跨境资金调配的灵活性。具体目标包括：首先，建立全球资金管理平台，通过构建一个统一的资金管理系统，实现全球范围内资金的集中化管理，确保各地区资金流动的透明性和实时性。其次，利用大数据和人工智能技术优化现金流预测模型，提升现金流预测的准确性和资金调配的及时性，从而更有效地支持企业运营。最后，通过智能化的资金调配系统，优化跨境资金的高效调度，减少外汇和利率风险，确保全球运营资金的安全性和成本最小化，进一步提升资金管理的整体效率。

二、HDJT 数字化资金管理平台的构建

(一)全球资金管理平台的建设

HDJT 通过构建全球资金管理平台,实现了资金的集中化管理和实时监控。该平台集成了云计算、大数据分析和人工智能技术,能够实时处理和分析全球各地的资金流动情况,为企业提供准确、及时的资金管理决策支持。

1. 云计算技术的应用

云计算技术为 HDJT 的全球资金管理平台提供了强大的数据处理能力和弹性计算资源。通过云计算,HDJT 能够将全球各地的资金数据集中到一个统一的平台上,实现数据的实时更新和共享。这种集中化管理模式,不仅提高了资金流动的透明性,还使得管理层能够随时获取最新的资金状况,做出及时的决策。

云计算平台的高可扩展性,使得 HDJT 能够根据业务需求灵活调整计算资源,支持复杂的资金调配和现金流预测。例如,HDJT 通过云计算平台,实时监控全球各地的现金流状况,并根据市场变化快速调整资金配置,确保企业的资金使用效率和财务稳健性。

2. 大数据与人工智能的结合

在资金管理平台中,HDJT 充分利用了大数据和人工智能技术。大数据技术帮助 HDJT 分析全球市场动态、外汇波动、利率变化等影响资金流动的关键因素,从而优化资金管理决策。人工智能技术则被应用于现金流预测和智能化资金调配,通过机器学习算法,系统能够自动分析历史数据和实时市场信息,生成未来的现金流预测报告,并提出最优的资金调配建议。

例如,HDJT 利用人工智能技术预测未来的市场利率走势,并根据预测结果优化其贷款组合,减少利率波动带来的财务成本。这种智能化的资金管理模式,使 HDJT 能够在复杂的市场环境中保持资金流动的稳定性和成本的最小化。

(二)跨境资金管理与外汇风险控制

HDJT 在全球范围内的资金管理改革中,特别注重跨境资金调配和外汇风险的控制。通过数字化手段,HDJT 实现了跨境资金的高效管理和外汇风险的智能化对冲。

1. 智能化跨境资金调配

HDJT 的全球资金管理平台支持智能化的跨境资金调配,能够根据各地区的资金需求和市场条件,自动进行资金调度。平台通过实时分析各地的资金流动情况、汇率变化和税务政策,为企业提供最优的资金调配方案。例如,在某一市场资金需求增加时,系统能够自动从资金富余的地区调配资金,确保全球运营的流动性和稳定性。

2. 外汇风险的智能对冲

在外汇风险管理方面，HDJT 利用智能化的对冲策略，减少汇率波动对企业财务的影响。通过大数据分析和人工智能技术，系统能够实时监控外汇市场的波动，并根据预设的风险参数自动执行对冲操作。例如，当某一外币汇率出现剧烈波动时，系统会自动启动外汇期权或远期合约，以锁定未来的汇率，从而规避汇率波动带来的财务风险。

三、HDJT 资金管理数字化改革的成效与启示

（一）资金管理效率的提升

通过数字化改革，HDJT 的资金管理效率得到了显著提升。全球资金管理平台的构建，使得资金流动的透明性和实时性大幅提高，资金调配更加灵活和精准，管理层能够随时掌握企业的资金状况，做出及时的决策。

1. 现金流预测的准确性增强

HDJT 利用大数据和人工智能技术，显著提高了现金流预测的准确性。通过智能化预测模型，企业能够更精准地预测未来的现金流情况，并提前采取措施，优化资金配置。例如，HDJT 通过系统预测到某一市场的资金需求将在未来几个月内大幅增加，因此提前调配资金，确保了运营的顺利进行，避免因资金短缺导致业务中断。

2. 跨境资金调配的灵活性与安全性

HDJT 的智能化跨境资金调配系统，使得资金调度更加灵活和高效，显著降低了资金调配过程中的时间成本和汇率风险。同时，智能对冲策略的应用，使 HDJT 能够有效控制外汇风险，确保跨境资金管理的安全性和成本最小化。例如，通过系统化的外汇风险对冲，HDJT 避免了因汇率大幅波动而导致的财务损失，进一步提升了企业的财务稳健性。这种智能化的资金管理模式，不仅优化了企业的资金使用效率，还增强了企业在全球市场中的竞争力。

（二）资金管理透明度和合规性的提升

通过数字化改革，HDJT 显著提高了资金管理的透明度和合规性。全球资金管理平台的构建，使得所有资金流动都能够实时监控和记录，确保各项资金调配符合内外部的合规要求，减少了财务管理中的操作风险和法律风险。

1. 资金流动的全程透明化

HDJT 通过数字化资金管理平台，实现了资金流动的全程透明化。管理层可以通过平台实时查看各地区的资金使用情况和流动状况，确保每一笔资金调配都有据可查。这种透明化管理不仅提升了资金使用的效率，还加强了内部控制，防止

资金流失和不合理使用。例如,通过实时监控,管理层能够及时发现和纠正不符合资金管理政策的行为,确保企业资金的合法合规使用。

2. 合规管理的强化

在合规管理方面,HDJT 利用数字化平台的自动化审计和智能合规检查功能,确保资金管理流程符合全球各地的法律法规要求。系统能够自动识别和预警可能的合规风险,帮助企业提前采取措施,避免因政策变化或合规管理不到位而导致的法律责任。例如,HDJT 在面对不同国家的税务和外汇管制要求时,通过系统的合规检查功能,自动调整资金调配策略,确保所有跨境资金操作都符合当地的法律规定,降低了跨境经营的法律风险。

(三)数字化资金管理的长期战略意义

HDJT 的数字化资金管理改革不仅为企业的当前运营带来了显著效益,还为企业的长期发展奠定了坚实的基础。通过技术驱动的资金管理创新,HDJT 提升了资金管理的前瞻性、灵活性和安全性,为企业在全球市场中的可持续发展提供了有力支持。

1. 资金管理的前瞻性与灵活性

HDJT 通过大数据和人工智能技术,增强了资金管理的前瞻性和灵活性。智能化的资金管理平台不仅能够根据市场变化和业务需求,灵活调整资金配置,还能够通过精准地预测和分析,为管理层提供前瞻性的决策支持。这种前瞻性的资金管理模式,使 HDJT 能够更加从容地应对市场的不确定性和全球化经营中的复杂挑战。例如,HDJT 通过系统化的资金流动预测,提前布局资本配置,在市场波动时保持了资金的充足性和稳定性,确保了企业的财务安全。

2. 技术驱动的资金管理创新

HDJT 的成功经验表明,技术驱动的资金管理创新是企业应对数字经济时代挑战的关键手段。通过持续的技术升级和系统优化,HDJT 能够不断提升资金管理的效率和安全性,保持在行业中的领先地位。其他企业在推进数字化转型时,应当借鉴 HDJT 的做法,将技术创新作为资金管理改革的核心动力,确保企业在未来的市场竞争中占据有利位置。

通过对 NBYH 和 HDJT 两家企业在风险管理和资金管理方面的数字化改革实践的深入探讨,本章展示了数字经济时代企业财务管理模式的创新路径和实践效果。在全球化经营和数字经济的背景下,企业必须通过新兴技术的应用,优化管理流程,提升管理效率和透明度,以增强企业的竞争力和适应力。

第八章

财务共享：智能财务平台实施路径

第一节 商业智能驱动的共享财务模式

一、共享财务模式的背景与发展

(一)数字经济时代的财务管理挑战

在数字经济的推动下，企业的财务管理环境正在经历深刻的变革。全球化市场的竞争加剧、业务复杂性的提升以及企业内部跨部门协作的增加，促使企业财务管理向更加高效、透明和集中的方向发展。传统的财务管理模式由于其分散性和低效性，已无法满足现代企业对财务管理的高效、精准和实时性的要求。因此，共享财务模式应运而生，成为众多企业提升财务管理效率和降低运营成本的重要手段。

1. 传统财务管理模式的局限性

传统的财务管理模式通常是以各部门或各地区为单位，独立进行财务核算和管理。这种模式虽然在一定程度上符合企业内部的管理需求，但其分散的管理结构导致了资源浪费、数据不一致以及管理效率低下的问题。例如，不同部门间的财务数据缺乏统一的标准和口径，导致财务信息无法及时共享，影响了企业整体的财务决策速度和准确性。此外，重复的财务流程和管理职能也增加了企业的运营成本，制约了企业的规模化扩张。

2. 共享财务模式的兴起

为了应对这些挑战，共享财务模式逐渐在企业财务管理中占据重要位置。共享财务模式通过将分散的财务职能集中到一个统一的平台上，实现了财务资源的集中管理和共享利用。这种模式不仅大幅提高了财务管理的效率,还通过标准化和自动化的流程,减少了人工操作中的错误和偏差,确保了财务数据的一致性和可靠性。尤其在跨国企业和大型企业集团中,共享财务模式能够显著降低管理成本,提升企业的整体竞争力。

(二)商业智能对共享财务模式的推动作用

商业智能(BI)技术的应用,为共享财务模式的深化和普及提供了强大的技术支持。通过数据分析、数据挖掘和报表生成等功能,商业智能能够帮助企业更加精准地进行财务管理决策,提升财务管理的整体水平。

1. 数据驱动的财务决策

商业智能技术的核心在于通过对海量数据的处理和分析,帮助企业从中提取有价值的信息,以支持管理决策。在共享财务模式下,BI 系统能够实时分析和整合来自不同部门和业务单元的财务数据,生成全面、准确的财务报告,为管理层提供决策支持。例如,BI 系统可以通过对历史财务数据的分析,预测未来的现金流状况,帮助企业制定更加科学的资金管理策略。

2. 流程自动化与智能化

商业智能还通过流程自动化和智能化,进一步优化了共享财务模式的运作。通过自动化工具,企业可以将重复性的财务操作交由系统处理,减少人工干预,从而降低操作风险和提高工作效率。同时,智能化系统还能够根据预设规则自动触发相应的财务流程,如自动生成报表、自动执行对账等,确保财务管理的高效和精准。

传统财务管理模式与共享财务模式的对比详见表 8.1。

表 8.1 传统财务管理模式与共享财务模式的对比

对比维度	传统财务管理模式	共享财务模式
管理结构	分散式管理,各部门独立操作	集中式管理,财务职能共享
数据一致性	数据分散,标准不一	数据集中,标准统一
操作效率	人工操作为主,流程复杂	自动化操作,流程简化
决策支持	数据分析能力弱,决策滞后	实时数据分析,决策支持强
管理成本	高管理成本,资源重复投入	降低成本,资源优化配置

二、商业智能驱动下的共享财务实施路径

（一）构建共享财务中心

共享财务模式的实施，首先需要构建一个功能齐全、技术先进的共享财务中心。这个中心将承担企业各部门的财务核算、报表生成、资金管理等核心职能，并通过商业智能技术实现财务数据的集中处理和智能分析。

1. 共享财务中心的功能定位

共享财务中心是企业财务管理的核心枢纽，其功能定位应涵盖财务数据的集中处理、财务流程的标准化执行以及财务信息的实时共享。通过建立共享财务中心，企业可以将分散的财务职能集中到一个平台上，实现财务资源的优化配置和高效利用。

例如，共享财务中心可以负责企业的应收账款、应付账款、总账管理等基础财务职能，同时还可以通过 BI 系统对这些数据进行分析，生成企业的财务报表和管理报告，支持企业的战略决策。

2. 技术平台的建设

构建共享财务中心需要依托一个强大的技术平台，这个平台应具备数据处理能力强、系统集成度高、操作便捷等特点。通过集成企业的 ERP 系统、BI 系统以及其他财务管理软件，技术平台能够实现财务数据的自动采集、处理和分析，为企业提供实时、准确的财务信息。

商业智能系统在技术平台中的作用至关重要。通过 BI 系统，企业可以将分散的财务数据集中到共享财务中心，并通过数据仓库和数据挖掘技术，对这些数据进行深度分析，提炼出对企业管理决策有价值的信息。例如，企业可以通过 BI 系统分析客户的付款行为，预测应收账款的回收风险，并制定相应的应对措施。

（二）实现财务流程的标准化与优化

在共享财务模式下，财务流程的标准化与优化是实现高效管理的关键。通过标准化，企业可以确保各部门和业务单元的财务操作符合统一的规则和标准，避免因操作不一致而导致的数据错误和管理混乱。同时，通过优化财务流程，企业能够进一步提升管理效率，减少不必要的操作环节，降低运营成本。

1. 财务流程的标准化

标准化是共享财务模式成功实施的基础。通过制定统一的财务操作标准和规范，企业可以确保各部门在处理财务事务时遵循相同的规则，保证财务数据的准确性和一致性。例如，在应收账款管理中，企业可以规定统一的账龄分析方法和坏账准备计提标准，确保不同部门的账款管理具有可比性和一致性。

此外，标准化还可以通过 BI 系统实现自动化管理。例如，BI 系统可以根据预

设的标准自动生成财务报表,避免了人工操作中的主观偏差和操作错误。通过标准化的财务流程,企业可以提高工作效率,降低管理成本,提升整体财务管理水平。

2. 财务流程的优化

在实现财务流程标准化的基础上,企业还应不断优化财务流程,提升管理效率和效果。通过商业智能技术,企业可以对现有的财务流程进行分析,识别出流程中的瓶颈和薄弱环节,并进行针对性的优化。例如,通过流程再造,企业可以简化报销审批流程,减少不必要的审批环节,加快报销速度,提高员工满意度。

商业智能系统还可以通过数据分析,提供流程优化的建议。例如,通过分析财务流程中的时间消耗和资源使用情况,BI系统可以识别出流程中耗时最长或最耗费资源的环节,并提供优化建议,如引入自动化工具或调整流程顺序,以提高整体流程的效率。

(三)推动财务职能的集成与协同

在共享财务模式下,推动财务职能的集成与协同是实现财务管理一体化的重要步骤。通过集成企业内部的各项财务职能,并推动各部门之间的协同合作,企业可以实现财务管理的全面覆盖和高效运作。

1. 财务职能的集成

共享财务模式要求企业将分散的财务职能集中到一个统一的平台上,实现财务管理的集成化。例如,企业可以将应收账款、应付账款、总账管理、预算管理等职能统一到共享财务中心,通过统一的平台进行集中管理和控制。这种集成化的管理模式,不仅提高了财务数据的透明度,还减少了管理层级和信息传递的时间成本,提升了管理效率。

2. 跨部门协同与信息共享

共享财务模式下,跨部门协同与信息共享是实现高效管理的关键。通过打破部门间的信息壁垒,企业可以实现财务数据的实时共享和协同处理。例如,销售部门可以通过共享财务平台实时查看客户的信用状况和应收账款信息,从而调整销售策略,降低坏账风险。采购部门可以通过平台获取实时的资金使用情况,优化采购决策,确保资金的合理使用和供应链的顺畅运作。

共享财务平台的建设,还促进了企业内部各部门之间的协同合作。通过统一的平台,各部门可以在同一时间、基于同一套数据进行协作和决策,减少了信息传递中的延迟和误解。例如,财务部门与业务部门可以通过平台实时沟通,快速解决资金调配中的问题,确保企业运营的连续性和资金流动的稳定性。

共享财务模式下的职能集成与协同的具体应用详见表8.2。

表8.2 共享财务模式下的职能集成与协同的具体应用

职能	共享财务模式下的集成	实现方式	协同效果
应收账款管理	集中管理客户信用与账龄分析	BI系统自动生成账龄报告	减少坏账风险,提升回款效率
应付账款管理	集成化的付款审批与预算控制	统一平台实时审核与预算匹配	提高资金使用效率,优化现金流
总账管理	全面统一的账务处理与报表生成	自动化总账管理与实时报表生成	确保数据一致性,提升财务透明度
预算管理	集成预算编制与执行监控	实时预算跟踪与智能预警	避免超预算行为,确保战略目标实现

三、商业智能在共享财务模式中的应用效果

(一)决策支持能力的显著增强

通过商业智能技术的应用,企业的财务决策支持能力得到了显著提升。BI系统不仅能够为管理层提供实时的财务数据,还能够通过数据分析和挖掘,发现潜在的业务风险和机会,为企业的战略决策提供有力支持。

1. 实时数据分析与预测

BI系统的实时数据分析功能,使得企业能够随时掌握财务状况和业务动态。通过对历史数据的分析,BI系统可以预测未来的财务趋势和市场变化,帮助企业提前制定应对策略。例如,企业可以通过BI系统分析过去的销售数据和市场动向,预测未来的销售增长点,并提前调整市场营销和资源配置策略,从而抢占市场先机。

2. 智能化的决策建议

BI系统不仅能够提供数据分析结果,还能够基于这些结果为管理层提供智能化的决策建议。例如,系统可以根据财务数据的异常波动,自动识别潜在的财务风险,并建议管理层采取相应的措施,如调整预算、优化资源配置等。这种智能化的决策支持能力,极大地提高了企业应对市场变化的反应速度和决策的科学性。

(二)运营效率的全面提升

共享财务模式结合商业智能技术,不仅提升了财务管理的精度和决策支持能力,还大幅提高了企业的整体运营效率。通过自动化和智能化的财务流程,企业能够减少人力成本,缩短处理时间,提升整体运营效率。

1. 流程自动化减少人工干预

通过自动化工具,企业可以将大量重复性的财务操作交由系统处理,减少人工干预,从而降低操作风险和人力成本。例如,系统可以自动进行发票处理、对账、报表生成等操作,降低了人工录入数据的错误概率,同时加快了财务处理速度,确保财务信息的及时性和准确性。

2. 资源配置的优化与精简

共享财务模式的实施,使企业能够更好地整合和优化资源配置。通过统一的财务管理平台,企业可以减少重复的财务职能和冗余的管理层级,从而降低运营成本,提升资源利用效率。例如,企业可以通过整合各部门的财务职能,减少人员编制,优化工作流程,从而提高整体的运营效率和效益。

(三) 风险管理能力的显著提升

商业智能在共享财务模式中的应用,还显著提升了企业的风险管理能力。通过实时监控和数据分析,企业能够更加及时、准确地识别和应对各种财务风险,确保企业财务健康和可持续发展。

1. 风险识别与预警

商业智能系统通过对财务数据的实时监控和分析,能够及时识别潜在的财务风险,并通过预警系统提醒管理层。例如,当系统检测到应收账款回收情况异常或预算执行偏差时,BI 系统会自动发出预警信号,提示管理层注意并采取相应的风险防范措施。这种实时预警机制,显著提高了企业应对财务风险的主动性和反应速度。

2. 财务健康状况的持续监控

通过共享财务平台,企业能够持续监控其财务健康状况。BI 系统可以通过关键财务指标的跟踪,如流动比率、资产负债比率等,实时评估企业的财务健康状况,并自动生成财务健康报告,帮助管理层全面了解企业的财务状况,及时调整财务策略,确保企业的长期稳健运营。

四、共享财务模式实施的挑战与应对策略

(一) 共享财务模式实施的主要挑战

尽管共享财务模式在提升企业财务管理效率和决策支持能力方面具有显著优势,但其实施过程中也面临诸多挑战。企业在推进共享财务模式的过程中,需要克服这些挑战,确保改革的顺利进行和预期效果的实现。

1. 组织变革的阻力

共享财务模式的实施,涉及企业内部组织架构的重大调整。这种变革往往会

面临来自各部门和员工的抵触和阻力。例如,财务职能的集中化管理,可能导致一些部门失去对财务事务的直接控制,进而产生不满情绪。此外,员工对新系统、新流程的适应需要时间,这也会影响改革的推进速度。

2. 系统整合的复杂性

共享财务平台的建设需要与企业现有的 ERP 系统、BI 系统以及其他财务管理软件进行整合。这一过程涉及大量的系统开发、数据迁移和流程优化,技术上的复杂性和实施中的风险较大。如果系统整合不顺利,可能导致数据不一致、系统功能不稳定等问题,进而影响共享财务模式的整体效果。

(二)应对共享财务模式实施挑战的策略

为了顺利推进共享财务模式的实施,企业需要采取一系列应对策略,克服组织变革和系统整合中的挑战,确保改革的成功落地。

1. 加强变革管理与员工培训

为了克服组织变革中的阻力,企业应加强变革管理,做好员工的思想工作,消除对变革的抵触情绪。同时,通过系统的培训,提升员工对新系统、新流程的熟悉度和操作能力,帮助他们更快适应新的工作模式。例如,企业可以通过组织培训课程和模拟操作,让员工提前熟悉共享财务平台的使用,确保系统上线后能够顺利运行。

2. 做好系统整合规划与实施

在系统整合方面,企业应提前做好详细的规划和设计,明确各系统之间的接口和数据交互方式,确保系统整合的顺利实施。对于数据迁移和系统开发过程中的技术难点,企业应与技术供应商密切合作,确保问题能够及时解决,避免系统上线后的功能缺陷和操作障碍。

3. 持续优化与迭代更新

共享财务模式的实施并非一劳永逸,企业需要根据实际运营中的反馈,持续优化系统功能和财务流程,确保共享财务平台能够持续满足企业的发展需求。例如,企业可以定期评估系统的运行效果和员工的使用体验,结合市场和业务的变化,对平台进行迭代更新,提升系统的适应性和功能完备性。

第二节 财务共享服务中心的流程设计

一、财务共享服务中心的构建背景

(一)财务管理集中化的趋势

随着企业规模的不断扩大和全球化运营的深入,传统的分散式财务管理模式已难以适应现代企业的管理需求。不同部门、分支机构各自为政的财务管理方式,容易导致财务信息不一致、管理效率低下以及成本控制困难。为此,越来越多的企业选择建立财务共享服务中心,将分散的财务职能集中到一个统一的平台上进行管理。通过财务共享服务中心,企业可以实现财务管理的标准化、流程化和集中化,进而提高管理效率、降低运营成本,并为企业的战略决策提供更加精准的财务支持。

(二)财务共享服务中心的目标

财务共享服务中心的主要目标是通过集中化管理,实现企业财务流程的标准化、自动化和优化,从而提高管理效率,降低运营成本,提升企业的财务管理水平。具体目标包括:

(1)提高财务管理效率:通过标准化和自动化的流程,减少手工操作和重复劳动,提高数据处理的速度和准确性。

(2)降低运营成本:通过集中管理,优化资源配置,减少冗余操作和管理层级,降低运营成本。

(3)提升财务透明度与一致性:实现财务数据的集中化管理,确保数据的一致性和透明性,为企业管理层提供实时、准确的财务信息。

(4)增强风险管理能力:通过标准化的流程和自动化的系统,降低人为错误和操作风险,提升企业的整体风险管理能力。

二、财务共享服务中心的流程设计原则

(一)流程的标准化与优化

在设计财务共享服务中心的流程时,标准化和优化是两个关键原则。通过流程标准化,企业可以确保所有财务操作遵循统一的规则和规范,减少操作中的主观性和差异性,确保财务数据的准确性和一致性。流程优化则是在标准化的基础

上,进一步提升流程的效率和效果,减少不必要的操作环节,简化管理流程,提高整体运营效率。

1. 标准化的实施

标准化是财务共享服务中心建设的基础。通过对各项财务流程的梳理和分析,企业可以制定统一的操作规范,确保各部门在处理财务事务时遵循相同的标准。例如,在应收账款管理中,企业可以规定统一的账龄分析方法和坏账准备计提标准,确保不同部门的账款管理具有可比性和一致性。此外,标准化还体现在财务报告的生成上,通过统一的报表格式和数据处理标准,确保财务报告的准确性和可比性。

2. 流程优化的实施

在标准化的基础上,流程优化旨在提升流程的效率和效果。通过对现有财务流程的分析,企业可以识别出流程中的瓶颈和冗余环节,并进行优化。例如,在报销流程中,通过简化审批环节,减少不必要的操作步骤,可以显著提高报销处理的速度和效率。此外,企业还可以通过引入自动化工具,如智能化报销系统和电子发票处理系统,进一步优化财务流程,减少人工操作,降低操作风险。

(二)自动化与智能化的应用

随着信息技术的进步,自动化和智能化在财务共享服务中心的流程设计中发挥着越来越重要的作用。通过自动化工具,企业可以将重复性高、耗时长的财务操作交由系统处理,减少人工干预,降低操作成本。智能化技术则通过数据分析和智能决策支持,提高财务管理的精准性和及时性,帮助企业实现财务管理的智能化转型。

1. 自动化技术的应用

自动化技术的应用,能够显著提升财务共享服务中心的运作效率。通过自动化系统,企业可以实现财务数据的自动采集、处理和分析,减少人工录入数据的错误概率,确保数据的准确性和一致性。例如,在发票处理流程中,企业可以通过自动化发票扫描和数据录入系统,实现发票的自动识别、分类和录入,减少人工处理的时间和成本。

2. 智能化技术的应用

智能化技术的应用,使得财务管理的智能决策成为可能。通过人工智能和机器学习算法,财务共享服务中心可以对海量的财务数据进行深度分析,识别出潜在的风险和机会,并提供智能化的决策建议。例如,智能化的应收账款管理系统可以根据客户的付款行为和市场动态,预测未来的回款风险,并建议采取相应的措施,降低坏账风险。

三、财务共享服务中心的关键流程设计

（一）应收账款管理流程

应收账款管理是财务共享服务中心的核心职能之一，通过流程的标准化、自动化和智能化设计，企业可以显著提升应收账款管理的效率和效果。应收账款管理流程主要包括客户信用评估与管理、发票处理、账款跟踪等环节。

1. 客户信用评估与管理

在应收账款管理流程的设计中，客户信用评估是确保账款安全的重要环节。通过标准化的信用评估流程，企业可以对客户的信用状况进行全面分析，制定合理的信用额度和付款条件，降低信用风险。自动化的信用管理系统可以实时监控客户的付款行为，及时调整信用额度，确保应收账款的安全性。

2. 发票处理与账款跟踪

自动化发票处理系统可以显著提高发票开具与发送的效率，通过电子发票和自动化对账系统，企业可以实现发票的自动生成、发送和对账，减少人工操作，提升发票处理的准确性。智能化账款跟踪系统则可以对客户的付款行为进行实时监控，及时发出催款通知，减少逾期账款的发生。

（二）应付账款管理流程

应付账款管理是财务共享服务中心的另一项重要职能，通过优化和自动化流程设计，企业可以更好地控制支出，优化现金流管理，降低财务风险。应付账款管理流程包括供应商管理、合同执行、发票接收与核对、付款审批与执行等环节。

1. 供应商管理与合同执行

在应付账款管理中，供应商管理是确保采购支出的关键环节。通过标准化的供应商管理流程，企业可以对供应商进行全面评估，确保采购合同的执行符合企业的采购政策和财务规范。自动化的合同管理系统可以实时跟踪合同执行情况，确保合同条款的合规性和付款的准确性。

2. 发票接收与核对

发票接收与核对是应付账款管理流程中的关键环节，自动化发票核对系统可以将供应商发票与采购订单和收货记录进行自动匹配，减少人工核对的错误，提高发票处理的准确性和效率。

3. 付款审批与执行

在付款审批环节，通过标准化的审批流程和自动化的审批系统，企业可以确保所有付款都经过严格的审核，符合企业的付款政策和预算控制要求。这种自动化和标准化的付款流程，不仅提高了审批速度，还降低了因人工错误导致的财务风险。

（三）总账管理流程

总账管理是财务共享服务中心的重要职能，通过流程的标准化和智能化设计，企业可以实现财务数据的集中管理与实时分析，确保财务报告的准确性和及时性。总账管理流程包括凭证录入与审核、科目对账与月度结账、财务报表生成与分析等环节。

1. 凭证录入与审核

在总账管理流程中，凭证录入与审核是确保财务数据准确性的关键环节。通过自动化凭证录入系统，企业可以减少手工录入的错误，提高数据录入的效率和准确性。系统还可以根据预设的规则自动审核凭证，确保每一笔业务的财务处理符合企业的会计政策和标准。

2. 科目对账与月度结账

自动化科目对账系统能够实时核对总账与明细账之间的数据，发现并修正不一致的账目，提高对账效率和准确性。月度结账过程也可以通过自动化系统进行管理，系统会自动生成结账凭证，完成各项结账操作，并生成月度财务报表。这种自动化的结账流程，不仅缩短了结账周期，还提高了财务报告的及时性和准确性。

3. 财务报表生成与分析

财务报表的生成是总账管理流程的最后一个重要环节，通过自动化和智能化的报表生成系统，企业可以在结账完成后，自动生成各类财务报表，如资产负债表、利润表、现金流量表等。系统还可以根据管理层的需求，自动生成定制化的管理报告，提供财务分析和决策支持。这种智能化的报表生成与分析功能，有助于管理层快速掌握企业的财务状况，做出及时而有效的决策。

四、财务共享服务中心的实施效果与挑战

（一）实施效果

通过财务共享服务中心的流程设计与实施，企业在财务管理效率、成本控制和风险管理等方面取得了显著的成效。

1. 财务管理效率的提升

财务共享服务中心通过流程的标准化和自动化，大幅提高了财务管理的效率。应收账款和应付账款的处理速度显著加快，总账管理的准确性和及时性得到了提升。自动化和智能化系统的引入，减少了人工操作的错误，确保了财务数据的一致性和可靠性。

2. 成本控制的加强

财务共享服务中心通过集中的财务管理，优化了资源配置，减少了不必要的运

营成本。自动化流程减少了人力需求,降低了人力成本和操作风险。同时,统一的财务管理平台使得企业能够更好地控制支出,优化现金流管理,提高资金使用效率。

3. 风险管理能力的增强

财务共享服务中心的标准化流程和智能化系统,显著增强了企业的风险管理能力。应收账款和应付账款的实时监控和智能预警系统,帮助企业及时发现和应对潜在的财务风险。总账管理的自动化和智能化分析,确保了财务报告的准确性和合规性,降低了财务风险。

(二)实施中的挑战与应对策略

尽管财务共享服务中心带来了诸多好处,但在实施过程中,企业也面临一些挑战,这些挑战需要通过合理的策略加以应对。

1. 系统整合的复杂性

财务共享服务中心的建设需要整合企业现有的 ERP 系统、BI 系统以及其他财务管理软件。系统整合的复杂性和数据迁移的风险是实施过程中的主要挑战。为应对这一挑战,企业应提前做好详细的系统整合规划,与技术供应商密切合作,确保数据的完整性和系统功能的稳定性。

2. 组织变革的阻力

财务共享服务中心的实施通常涉及组织架构的调整和管理模式的变革,这可能引发员工的抵触情绪和管理层的担忧。为顺利推进变革,企业需要加强变革管理,做好员工的思想工作,并通过培训提高员工对新系统和流程的适应能力。同时,企业还应建立明确的激励机制,鼓励员工积极参与到变革中,确保共享服务中心的成功实施。

3. 持续优化与改进的需求

财务共享服务中心的实施并非一劳永逸,随着企业的发展和市场环境的变化,财务管理的需求也在不断变化。因此,企业需要持续优化和改进共享服务中心的流程和系统功能,以适应新的管理需求和市场变化。企业可以通过定期评估系统的运行效果,收集用户反馈,及时调整和更新系统功能,确保财务共享服务中心能够持续支持企业的战略目标。

财务共享服务中心的流程设计是企业实现财务管理集中化、标准化和智能化的关键步骤。通过标准化、优化和自动化的流程设计,企业可以显著提升财务管理的效率,降低运营成本,增强风险管理能力。同时,智能化技术的引入,使得财务管理的决策支持更加精准和及时,为企业的战略决策提供了坚实的财务基础。

尽管在实施过程中,企业可能面临系统整合、组织变革等挑战,但通过合理的应对策略,财务共享服务中心的建设能够为企业带来长期的战略收益。随着数字经济的不断发展,财务共享服务中心将成为企业提升竞争力和实现可持续发展的重要工具。企业应积极推动财务共享服务中心的建设,结合智能化技术,构建高效、透明和集成的财务管理平台,助力企业在全球市场中取得更大的成功。

第三节 财务共享服务中心的构建步骤

一、前期规划与需求分析

构建财务共享服务中心的第一步是进行全面的前期规划与需求分析。通过明确企业的战略目标和财务管理需求,制订科学的实施方案,为后续的建设工作奠定坚实基础。

1. 明确建设目标与范围

在构建财务共享服务中心之前,企业需要明确建设的目标和范围。这包括确定哪些财务职能将被纳入共享服务中心的管理范围,例如应收账款、应付账款、总账管理、预算控制等。同时,企业还需要明确共享服务中心的地理布局,决定是集中于一个地点还是分布在多个区域。通过明确目标和范围,企业可以确保共享服务中心的建设与企业整体战略方向一致,避免资源浪费和管理混乱。

2. 进行需求分析与可行性研究

需求分析是确保财务共享服务中心能够满足企业实际需求的重要步骤。企业需要对当前的财务管理现状进行全面分析,识别存在的痛点和改进空间。同时,通过与各业务部门沟通,了解业务部门员工对财务共享服务的期望和要求,确保新系统能够得到广泛的认可和支持。在此基础上,企业还需要进行可行性研究,评估构建共享服务中心的技术可行性、成本效益和潜在风险,为后续的决策提供依据。

二、流程梳理与标准化设计

在前期规划与需求分析的基础上,企业需要对现有的财务流程进行梳理,并在此基础上进行标准化设计。标准化流程是财务共享服务中心高效运作的关键,能够确保各项财务操作的一致性和可控性。

1. 现有流程梳理与评估

企业需要对现有的财务流程进行全面梳理,识别各个环节中的重复操作、冗余流程和效率瓶颈。通过对这些问题的分析,企业可以找出改进的方向,并为流程标准化设计提供依据。例如,在应收账款管理流程中,企业可能发现多个部门对同一笔账款进行重复核对和确认,导致流程效率低下。通过梳理和优化,这些重复环节可以被合并或简化,提升整体效率。

2. 流程标准化设计

在梳理现有流程的基础上,企业需要制定统一的财务操作标准,并将其应用于共享服务中心的各项流程中。标准化设计的核心是确保每个流程都能够按照预定的规则和标准执行,减少操作中的主观性和差异性,确保数据的准确性和一致性。例如,企业可以制定统一的账龄分析标准和坏账准备计提规则,确保不同地区和部门的应收账款管理具有可比性和一致性。

表 8.4 流程梳理与标准化设计示例

流程名称	存在问题	改进措施	标准化设计内容
应收账款管理	多部门重复核对,效率低下	合并核对环节,简化流程	统一账龄分析标准,制定坏账准备计提规则
报销管理	审批环节过多,周期过长	精简审批流程,引入自动化工具	统一报销标准,制定自动化报销流程
总账管理	人工对账,错误率高	引入自动对账系统,减少人工操作	统一对账规则,制定自动对账流程

三、系统选型与技术实施

在流程标准化设计完成后,企业需要选择合适的技术系统,并实施相关的技术解决方案。系统选型和技术实施是财务共享服务中心成功构建的关键步骤,直接影响共享服务中心的运行效率和管理效果。

1. 系统选型与集成

企业需要根据流程标准化设计的要求,选择适合的财务管理系统和共享服务平台。系统选型时需要考虑平台的扩展性、集成能力和用户友好性,确保系统能够支持企业未来的发展需求。同时,企业还需要将共享服务平台与现有的 ERP 系统、BI 系统等进行集成,实现数据的无缝对接和共享。例如,企业可以选择一款具有强大集成能力的 ERP 系统,作为共享服务中心的核心平台,并通过 API 接口与其他业务系统进行数据交互,确保各个系统之间的高效协同。

2. 技术实施与数据迁移

在系统选型完成后,企业需要进行技术实施和数据迁移工作。这包括系统的安装与配置、用户权限设置、数据的清洗与导入等。数据迁移是技术实施中的一项重要工作,企业需要确保历史数据的准确性和完整性,避免因数据丢失或错误导致的管理问题。技术实施过程中,企业还需要进行系统测试,确保新系统能够稳定运行,并满足共享服务中心的管理需求。

四、组织架构与人员配置

财务共享服务中心的构建不仅是技术和流程的变革,还涉及组织架构的调整和人员配置的优化。合理的组织架构和高效的人员配置是共享服务中心成功运作的基础。

1. 组织架构设计

财务共享服务中心的组织架构需要根据企业的管理模式和业务需求进行设计。一般来说,共享服务中心应设置一个统一的管理层,负责整体运营和决策,同时下设多个功能部门,如应收账款管理部、应付账款管理部、总账管理部等。每个部门应有明确的职能划分和责任分工,确保各项财务操作的高效执行。例如,应收账款管理部负责客户信用评估、发票处理和账款催收,应付账款管理部则负责供应商管理、发票核对和付款审批。

2. 人员配置与培训

在组织架构设计完成后,企业需要进行人员配置,确保共享服务中心拥有足够的专业人才和管理人员。人员配置时,应根据各个部门的职能需求,合理配置财务人员,并进行必要的岗位培训。培训内容应包括新系统的操作方法、标准化流程的执行规范以及智能化工具的使用技巧,帮助员工快速适应新的工作环境,提高工作效率和管理水平。

五、流程试运行与优化调整

在组织架构和人员配置到位后,企业应进行流程的试运行,并根据试运行的反馈进行优化调整。这一阶段的目的是发现流程和系统中的潜在问题,并进行及时调整,确保正式运行时能够高效稳定。

1. 流程试运行与问题识别

企业可以选择一个或多个业务部门作为试点,先行在这些部门中实施财务共享服务中心的流程和系统。通过试运行,企业可以识别出流程中的瓶颈和系统中的功能缺陷,为后续的优化调整提供依据。例如,在试运行中,企业可能发现某个审批流程过于复杂,影响了整体效率,或某个系统功能不够完善,导致操作困难。通过问题识别,企业可以有针对性地进行优化调整,确保正式运行时能够避免类似问题的发生。

2. 优化调整与完善

在试运行过程中,企业通过收集用户反馈和数据分析,识别并解决出现的问题。这一阶段的工作重点是优化流程设计,完善系统功能,并进行必要的调整。企

业可以通过以下措施进行优化:

（1）简化流程:针对试运行中发现的复杂或冗长的流程,企业应简化操作步骤,减少不必要的审批环节,提高流程效率。例如,如果试运行中发现某个审批节点反复出现延误,可以考虑取消该节点或调整审批权限,使流程更加顺畅。

（2）增强系统功能:根据用户反馈,企业可以对系统的某些功能进行优化或扩展,以更好地支持实际操作需求。例如,如果发现某个自动化工具在处理大数据量时出现性能瓶颈,企业可以考虑升级硬件或优化软件算法,以提高系统的处理能力。

（3）培训与支持:在优化调整过程中,企业应加强对员工的培训,帮助他们更好地掌握新流程和新系统的操作技巧。同时,企业还应建立一个支持团队,随时解决员工在试运行中遇到的问题,确保共享服务中心的平稳过渡。

六、正式上线与持续改进

在完成优化调整后,财务共享服务中心可以正式上线运营。正式上线标志着共享服务中心的构建工作进入了一个新的阶段,企业需要确保系统的稳定运行,并通过持续改进,不断提升管理效率和服务水平。

1. 正式上线与推广

正式上线前,企业应做好各项准备工作,确保系统和流程在正式运行时能够高效稳定。这包括确认所有系统功能正常、数据完整无误、人员培训到位等。在正式上线后,企业应通过内部宣传和推广,增强员工对共享服务中心的认同感和使用意愿,确保共享服务中心的管理模式在全企业范围内得到有效应用。

2. 持续监控与优化

正式上线并不意味着建设工作的结束,企业需要通过持续监控和优化,确保共享服务中心长期稳定运行。通过定期监控系统运行状态、流程执行情况和用户满意度,企业可以及时发现问题,并进行必要的调整和优化。例如,企业可以定期分析共享服务中心的绩效指标,如处理速度、错误率、成本节约等,根据分析结果优化管理流程和技术系统。

3. 技术升级与功能扩展

随着企业的发展和市场环境的变化,共享服务中心需要不断进行技术升级和功能扩展,以满足新的业务需求和管理挑战。企业可以通过引入最新的财务管理技术,如大数据分析、人工智能等,进一步提升共享服务中心的智能化水平。同时,根据业务扩展的需要,企业可以将更多的财务职能纳入共享服务中心的管理范围,进一步发挥共享服务中心的优势。

构建财务共享服务中心是企业提升财务管理水平、降低运营成本、增强竞争力的重要战略举措。通过系统的规划与实施，企业可以将分散的财务职能集中管理，实现流程的标准化、自动化和智能化，提高财务管理的效率和准确性。同时，财务共享服务中心也为企业提供了更加灵活的资源配置方式和更加精准的决策支持，帮助企业在复杂多变的市场环境中保持竞争优势。

尽管在构建财务共享服务中心的过程中，企业可能面临诸如系统整合、组织变革等挑战，但通过科学的构建步骤和有效的管理策略，这些挑战是可以克服的。企业应持续关注共享服务中心的运行状况，通过持续优化和改进，不断提升其管理效果和服务水平，为企业的可持续发展提供坚实的财务基础。

第四节 财务共享平台的深度运营策略

一、财务共享平台的运营挑战与机遇

（一）运营中的常见挑战

随着企业数字化转型的深入，财务共享服务中心成为企业提升财务管理效率、降低成本的重要工具。然而，在实际运营过程中，企业往往面临诸多挑战。这些挑战不仅涉及技术层面的系统稳定性和数据整合，还涵盖了组织管理、流程优化以及跨部门协同等方面。

1. 技术整合与系统稳定性

在财务共享平台的运营过程中，技术整合是一个持续的挑战。由于共享服务中心需要整合多个业务系统，如 ERP 系统、CRM 系统、SCM 系统等，如何确保这些系统之间的数据流动顺畅、接口稳定，成为平台运营中的首要难题。技术层面的不稳定性可能导致数据传输延迟或丢失，影响财务数据的准确性和及时性。此外，随着业务规模的扩大，共享平台的系统负载也会增加，如何确保系统的高可用性和稳定性是运营中的一个关键问题。

2. 流程标准化与优化的难题

财务共享服务中心的核心在于流程的标准化与优化。然而，不同的业务部门和地区往往有各自的业务特点和操作习惯，这使得统一的标准化流程在实际操作中难以完全适用。如何在保持流程标准化的基础上，灵活应对不同业务单元的特殊需求，成为运营中的一大难题。此外，随着企业业务的发展和外部环境的变化，原有的流程设计可能不再适应新的需求，如何持续优化和调整流程以应对变化，也是财务共享服务中心运营中的长期挑战。

3. 跨部门协同与文化融合

财务共享服务中心的运营不仅是技术和流程的优化,还需要各部门之间的紧密协同。不同部门之间的业务协作是否顺畅,直接影响到共享服务的效率和效果。此外,企业在构建财务共享服务中心的过程中,往往涉及组织架构的调整和管理模式的转变,这可能引发一定的文化冲突和员工抵触情绪。如何推动跨部门协同、建立统一的企业文化,确保共享服务中心在组织内的顺利运作,是运营中的重要课题。

(二)运营中的机遇与发展潜力

尽管财务共享平台的运营面临诸多挑战,但其带来的机遇同样显著。通过有效的深度运营策略,企业可以充分发挥共享平台的潜力,进一步提升财务管理的精度和效率,为企业的战略发展提供有力支持。

1. 数据驱动的决策支持

财务共享服务中心集中了企业的核心财务数据,这为企业的管理层提供了强大的数据支持。通过深度分析这些数据,企业可以获得关于成本控制、资金管理、投资回报等方面的信息,从而做出更为精准的管理决策。数据驱动的决策支持不仅提升了财务管理的科学性,还帮助企业在竞争激烈的市场中保持战略优势。

2. 智能化管理与自动化升级

随着人工智能和机器学习技术的不断发展,财务共享平台正在从简单的流程自动化向智能化管理升级。通过引入智能算法,企业可以实现更复杂的财务分析和预测功能,例如自动化风险识别、智能预算编制和动态成本优化等。这种智能化的升级,不仅提高了财务管理的效率,还减少了人工操作的错误率,进一步降低了运营成本。

二、财务共享平台的深度运营策略

(一)持续优化与迭代升级

在财务共享平台的运营过程中,持续优化和迭代升级是保持平台活力和适应性的关键。企业需要根据业务需求和外部环境的变化,不断调整和完善平台的各项功能和流程,确保其始终处于最佳状态。

1. 流程优化与弹性设计

流程的标准化是财务共享平台运营的基础,但标准化并不意味着僵化。企业应在标准化的基础上,设计出具有弹性的流程,允许根据不同的业务需求进行适当的调整。例如,在应收账款管理中,针对不同的客户群体和市场环境,可以设置不同的信用评估标准和回款策略,以提高资金回笼的效率。弹性设计不仅能够提高平台的适应性,还可以增强企业在面对复杂市场环境时的应变能力。

2. 技术升级与功能扩展

随着企业业务的扩展和市场环境的变化,财务共享平台的技术基础也需要不断升级和扩展。企业应定期评估平台的技术架构,及时引入新的技术手段,以满足业务发展的需求。例如,可以通过引入大数据分析技术,增强平台的财务数据处理能力,或者通过云计算技术,提高平台的扩展性和灵活性。此外,企业还应根据实际需求,不断扩展平台的功能,如增加跨部门协作工具、优化财务报表生成模块等,以提升平台的整体价值。

(二)强化数据分析与决策支持

在财务共享平台的深度运营中,数据分析和决策支持是提升平台价值的重要方向。通过对财务数据的深入分析,企业可以发现潜在的管理问题和业务机会,为管理层提供更加科学的决策依据。

1. 数据集成与分析平台的建设

财务共享服务中心集中管理着企业的大量财务数据,但要发挥这些数据的最大价值,企业需要构建一个强大的数据集成与分析平台。这个平台应能够集成来自不同业务系统的数据,并通过高级分析工具,对数据进行清洗、处理和分析。企业可以通过这种平台,生成多维度的财务分析报告,帮助管理层全面了解企业的财务状况,识别成本节约机会,优化资源配置。例如,通过分析各地区的销售数据与成本支出,可以帮助企业找到利润增长的薄弱环节,并制订有针对性的改进措施。

2. 智能化的决策支持系统

在数据分析的基础上,企业可以进一步构建智能化的决策支持系统。通过引入机器学习和人工智能算法,决策支持系统可以自动分析历史数据,预测未来的市场趋势和财务表现,并为管理层提供优化建议。例如,系统可以根据历史销售数据预测未来的销售增长率,并提供相应的生产和库存策略,以避免库存积压或供应短缺。智能化的决策支持系统,不仅提高了管理决策的效率和准确性,还增强了企业在市场竞争中的灵活性和应变能力。

(三)提升组织协同与文化融合

财务共享平台的成功运营不仅依赖技术和流程的优化,还需要组织内部的紧密协同和文化融合。企业应通过有效地组织管理和文化建设,推动各部门之间的协同合作,确保共享服务中心能够顺利运作。

1. 跨部门协同机制的建立

财务共享服务中心的运作涉及多个部门和业务单元的协作,因此,建立有效的跨部门协同机制至关重要。企业应设立专门的协作团队,负责协调各部门之间的沟通和合作,确保财务流程的顺利执行。同时,企业还可以通过共享平台的协作工具,如即时通信、协同办公系统等,增强各部门之间的互动和信息共享,提高整体工作效率。

2.企业文化的统一与融合

在推动财务共享平台运营的过程中,企业文化的统一与融合是不可忽视的因素。不同部门和地区的员工可能有各自的工作习惯和文化背景,这可能导致共享服务中心的管理难度增加。为此,企业应通过文化建设活动,如团队建设、文化培训等,促进各部门和员工之间的文化融合,建立共同的企业价值观和工作规范,确保共享服务中心的管理模式得到广泛认可和支持。

三、案例分析:ABC 公司的财务共享服务中心运营优化

为更好地理解财务共享平台的深度运营策略,以下通过一个实际案例——ABC 公司的财务共享服务中心运营优化过程,来阐述相关策略的具体应用和效果。

(一)案例背景

ABC 公司是一家跨国制造企业,随着业务的快速扩展,公司决定构建财务共享服务中心,以提升财务管理的效率并降低运营成本。初期,ABC 公司的财务共享服务中心主要负责应收账款、应付账款和总账管理等基本财务职能。然而,在实际运营过程中,ABC 公司发现了一些挑战,这些挑战影响了共享服务中心的整体效率和效果。

例如,尽管共享服务中心在数据处理速度和操作标准化方面有所提升,但由于各业务部门在流程执行中的不一致性,导致财务数据的准确性和一致性问题依然存在。此外,不同部门之间的协同不足,信息传递不及时,进一步加剧了流程中的瓶颈和管理难题。

(二)优化措施与实施步骤

针对这些运营中的挑战,ABC 公司决定通过一系列的优化措施,进一步提升财务共享服务中心的运营效率,并确保其能够为企业的整体财务管理提供有力支持。

1.流程优化与标准化

首先,ABC 公司对现有的财务流程进行了全面的梳理和优化。在这一过程中,公司发现了一些重复操作和冗余流程,特别是在应收账款管理和报销审批环节。通过精简这些流程,ABC 公司提高了流程的整体效率。例如,ABC 公司将不同业务部门的账款处理流程进行了统一,制定了标准化的信用评估和账款催收流程,确保各部门在处理应收账款时遵循相同的标准和步骤。

同时,ABC 公司还引入了自动化工具,将一些重复性高、耗时长的财务操作交

由系统处理。通过自动化的发票处理和对账系统,公司显著减少了人工操作中的错误,提高了数据处理的准确性和效率。

2. 技术升级与系统集成

在流程优化的基础上,ABC 公司进一步升级了财务共享服务中心的技术平台。公司引入了大数据分析工具,并通过与现有 ERP 系统的深度集成,实现了财务数据的集中管理和实时分析。例如,ABC 公司通过大数据分析工具,能够实时监控全球各地区的财务数据,识别出潜在的风险和异常情况,并及时采取应对措施。

此外,ABC 公司还通过云计算技术提升了平台的扩展性和灵活性。云计算的应用不仅增强了平台的处理能力,还使得系统在业务扩展和变化时能够快速响应。例如,在公司新增业务部门或扩展新的市场区域时,财务共享服务中心能够通过云计算平台快速进行调整和资源配置,确保新业务的顺利接入和管理。

3. 强化组织协同与文化融合

针对不同部门之间的协同不足问题,ABC 公司建立了跨部门协作机制,并通过共享服务平台的协同工具,增强了各部门之间的互动和信息共享。公司设立了专门的协作团队,负责协调各业务部门的工作,确保财务流程的顺利执行。

在文化融合方面,ABC 公司通过一系列文化建设活动,促进了员工之间的理解和协作。公司定期举办团队建设活动和文化培训,帮助员工了解共享服务中心的管理模式和企业文化,增强了员工对公司整体战略的认同感和归属感。这些措施有效促进了各部门之间的文化融合,减少了组织变革带来的抵触情绪,确保了财务共享服务中心的顺利运营。

(三)优化后的成效与反思

经过一系列优化措施的实施,ABC 公司的财务共享服务中心运营效率显著提升。流程优化和自动化工具的引入,使得财务数据处理速度加快,操作错误率大幅降低。标准化流程的实施,确保了各部门之间的数据一致性,提高了财务报告的准确性。

技术升级和系统集成的成功,使得 ABC 公司能够实时监控全球各地区的财务运营状况,快速识别和应对潜在的财务风险。云计算平台的应用增强了系统的扩展性,使得公司能够灵活应对业务扩展和市场变化。

在组织管理方面,跨部门协同机制和文化融合策略的实施,有效解决了部门间协作不足的问题,增强了员工的工作积极性和团队协作精神。财务共享服务中心的运营效率和服务质量显著提高,为公司的全球财务管理提供了强有力的支持。

尽管 ABC 公司的财务共享服务中心优化取得了显著成效,但公司也意识到,随着市场环境的不断变化和技术的快速发展,共享服务中心的运营优化是一项持续的工作。未来,ABC 公司将继续关注新技术的发展和市场的变化,不断调整和优化共享服务中心的运营策略,确保其始终能够满足企业的发展需求,保持竞争优势。

财务共享平台的深度运营策略是企业提升财务管理效率、降低运营成本、增强竞争力的重要手段。通过持续的流程优化与标准化、技术升级与系统集成、组织协同与文化融合,企业可以充分发挥财务共享服务中心的潜力,为企业的战略决策和全球化运营提供有力支持。

在数字经济时代,企业的财务管理面临着前所未有的挑战和机遇。构建并优化财务共享服务中心,不仅是应对这些挑战的有效途径,更是企业实现可持续发展和长期竞争优势的关键。企业应通过科学的运营策略和持续的优化措施,确保财务共享服务中心的高效运行,为企业的整体发展提供坚实的财务保障。

第九章

企业数字化财务的标准化体系建设

第一节 制度标准化：数字化财务的顶层设计

一、数字化财务管理的战略背景

(一) 数字经济时代对财务管理的要求

在数字经济时代，企业面临的外部环境和内部管理需求发生了深刻变化。信息技术的飞速发展，不仅改变了企业的运营模式，也对财务管理提出了新的挑战和要求。传统的财务管理模式由于信息传递滞后、数据处理分散、决策支持不充分等问题，难以满足现代企业的高效运营和快速反应需求。因此，数字化财务管理成为企业应对数字经济挑战、提升财务管理效能的必然选择。

1. 传统财务管理的局限性

在传统的财务管理模式下，财务数据通常由不同的业务部门分别处理，数据在采集、处理和传递过程中存在较多的人为操作和手工输入。这种模式不仅容易出现数据不一致和错误，还增加了财务报告的周期和成本。此外，传统的财务管理主要依赖历史数据进行分析，缺乏对实时数据的处理能力，导致管理层在决策时缺乏及时和准确的信息支持。

2. 数字化财务管理的必要性

随着企业数字化转型的推进，财务管理的数字化也成为企业战略发展的重要组成部分。数字化财务管理通过信息技术手段，实现财务数据的自动采集、实时处理和智能分析，不仅提高了财务管理的效率和准确性，还为管理层提供了更为全面和及时的决策支持。例如，借助大数据分析技术，企业可以实时监控财务运营状况,快速识别潜在的风险和机会,优化资源配置,提升整体竞争力。

(二)顶层设计在数字化财务管理中的作用

数字化财务管理的实施,需要从顶层设计开始,通过制度标准化,确保整个系统的有序推进和有效运作。顶层设计不仅为数字化财务管理提供了战略方向和基本框架,还为制度标准化奠定了基础,确保各项财务管理活动能够在统一的规则和标准下进行。

1. 顶层设计的战略意义

顶层设计是企业数字化财务管理的蓝图,它从战略高度出发,为数字化财务管理提供了清晰的目标和路径。通过顶层设计,企业可以明确数字化财务管理的核心目标,如提高财务管理效率、优化资源配置、增强财务透明度等,并根据这些目标制定相应的实施策略和措施。此外,顶层设计还能够协调企业内部各部门的资源和力量,确保数字化财务管理的各项活动能够顺利实施和推进。

2. 制度标准化的基础作用

制度标准化是数字化财务管理得以顺利实施的重要保障。通过建立和完善一套标准化的制度体系,企业可以确保财务数据的处理、传递和应用过程符合统一的规范和标准,减少人为操作带来的错误和偏差。同时,制度标准化还能够提高财务管理的透明度和可控性,确保财务信息的真实性和一致性,为企业的财务决策提供可靠的数据支持。

二、数字化财务管理的制度标准化设计

(一)财务数据处理的标准化

在数字化财务管理体系中,财务数据的处理标准化是确保财务信息准确性和一致性的关键。标准化的数据处理流程,不仅能够提高财务数据的处理效率,还能够减少人工操作中的错误和风险,为财务管理的自动化和智能化奠定基础。

1. 数据采集标准化

数据采集是财务管理的起点,也是财务信息系统输入的源头。标准化的数据采集流程,能够确保各个业务部门在采集数据时遵循统一的标准和规范,避免因操作差异导致的数据不一致问题。例如,企业可以制定统一的发票处理标准,规定发票的录入、审核和存档流程,确保发票信息的准确性和完整性。此外,企业还可以通过引入自动化数据采集工具,如智能扫描仪和数据采集软件,减少手工录入带来的错误,提高数据采集的效率。

2. 数据处理与传递标准化

在财务数据的处理与传递过程中,标准化的流程设计同样至关重要。通过制

定统一的数据处理规则,企业可以确保各个环节的数据处理符合标准化要求,减少数据处理中的错误和偏差。例如,在应收账款管理中,企业可以制定统一的账龄分析和坏账准备计提标准,确保账款管理的标准化和一致性。同时,标准化的数据传递流程,还能够确保财务数据在不同部门和系统之间传递顺畅,避免因数据传递不及时或错误导致的管理问题。

(二)财务报表与报告的标准化

财务报表与报告是企业财务信息的最终呈现形式,是管理层进行决策的重要依据。标准化的财务报表与报告体系,不仅能够提高报表的编制效率,还能够确保财务信息的可比性和可理解性,帮助管理层准确把握企业的财务状况。

1.报表编制标准化

在数字化财务管理体系中,财务报表的编制标准化是实现信息一致性和透明度的基础。企业应制定统一的报表编制标准,包括报表格式、数据口径、计算方法等,确保不同业务单元和时期的财务报表具有可比性。例如,企业可以统一规定利润表、资产负债表、现金流量表的编制格式和内容,确保报表信息的完整性和一致性。此外,企业还可以通过引入自动化报表生成工具,减少手工编制的工作量,提高报表编制的效率和准确性。

2.报告生成与呈现标准化

标准化的财务报告生成与呈现流程,能够确保财务信息的及时性和可理解性,帮助管理层做出准确的决策。例如,企业可以制定统一的管理报告格式和内容,确保报告涵盖所有关键财务指标,并以直观的图表形式呈现,帮助管理层快速了解企业的财务状况和经营成果。同时,企业还可以通过智能化报告生成工具,实时生成和更新财务报告,提高报告的时效性和准确性。

(三)财务风险管理的标准化

在数字化财务管理体系中,财务风险管理的标准化设计是确保企业财务稳健运营的重要环节。通过标准化的风险管理流程,企业可以有效识别、评估和应对各种财务风险,保障企业的财务健康和可持续发展。

1.风险识别与评估标准化

财务风险的识别与评估是风险管理的起点,标准化的风险识别与评估流程能够帮助企业全面、准确地了解财务风险状况。例如,企业可以制定统一的风险识别标准和评估方法,确保各部门在识别和评估财务风险时遵循相同的标准和流程。例如,对于汇率风险,企业可以统一规定汇率波动的评估方法和影响分析,确保各部门对汇率风险的认识和评估一致。

2.风险应对与控制标准化

在识别和评估风险后,企业需要制定和实施相应的风险应对和控制措施。标准化的风险应对流程能够确保企业在面对风险时采取一致的行动,降低风险对企业的负面影响。例如,企业可以制定统一的对冲策略和风险预警机制,确保在汇率波动超出预设范围时,能够及时采取对冲措施,避免汇率风险对企业财务造成不利影响。

三、制度标准化在数字化财务管理中的实施策略

(一)制度标准化的实施路径

制度标准化的实施是一个系统性工程,需要企业从战略层面进行全面规划和设计,并通过逐步推进和不断完善,确保制度标准化能够在数字化财务管理中有效落地。

1. 顶层设计与战略规划

制度标准化的实施需要从顶层设计开始,企业应根据自身的战略目标和管理需求,制订全面的制度标准化规划。在制订规划时,企业应考虑各个业务单元和财务职能的特点,确保制度标准化能够覆盖财务管理的各个方面,并适应企业的整体战略方向。顶层设计的目标是为企业的数字化财务管理奠定坚实的基础,使标准化制度不仅成为日常操作的指南,也成为企业管理决策的重要依据。

2. 分阶段实施与持续优化

在顶层设计和战略规划的指导下,企业应采取分阶段实施的策略,逐步推进制度标准化的落地。在初期阶段,企业可以选择一些关键的财务管理领域,如数据处理、报表编制、风险管理等,率先推行标准化制度,并通过试点项目验证其效果。在初步成功的基础上,企业可以逐步扩大标准化制度的覆盖范围,最终实现全企业范围内的制度标准化。

在实施过程中,企业还应注意对标准化制度进行持续优化。随着市场环境的变化和企业业务的扩展,标准化制度可能需要进行调整和更新。企业应定期评估标准化制度的执行效果,收集各部门的反馈意见,并结合最新的技术发展和管理需求,对标准化制度进行修订和完善,确保其始终能够满足企业的管理需求。

制度标准化的实施路径与阶段详见表9.1。

表9.1 制度标准化的实施路径与阶段

实施阶段	主要任务	预期效果
顶层设计	制定全面的标准化制度规划和战略目标	为制度标准化提供战略指引,确保覆盖全面

续表9.1

实施阶段	主要任务	预期效果
初期阶段	选择关键领域进行试点,如数据处理、风险管理	验证标准化制度的可行性,积累实施经验
扩展阶段	扩大标准化制度的实施范围,涵盖更多财务领域	提升全企业财务管理的标准化水平
持续优化	定期评估和修订标准化制度,适应业务和市场变化	保证标准化制度的长期适用性和有效性

(二)制度标准化的管理与监督机制

在实施制度标准化的过程中,企业需要建立一套完善的管理与监督机制,确保标准化制度能够得到严格执行,并在实践中不断改进和提升。

1. 建立标准化管理委员会

企业可以成立一个专门的标准化管理委员会,负责制度标准化的制定、推广、执行和监督工作。该委员会应由企业的高层管理人员和各业务单元的代表组成,确保标准化制度的制定既符合企业的整体战略,又能够满足各业务单元的实际需求。委员会应定期召开会议,审议和更新标准化制度,并对其执行情况进行监督和评估,确保标准化制度在全企业范围内得到有效落实。

2. 制定标准化执行与监督流程

为确保标准化制度的有效执行,企业需要制定详细的执行与监督流程,包括责任分配、执行步骤、监督检查等内容。在执行过程中,各业务单元应按照统一的标准和流程操作,并定期向标准化管理委员会汇报执行情况。委员会应对各部门的执行情况进行审查,发现问题及时纠正,并根据实际情况提出改进建议。此外,企业还应建立相应的奖惩机制,鼓励各部门积极推进标准化制度的落实,确保标准化制度在实践中的有效执行。

3. 利用信息系统加强监督与反馈

在数字化财务管理体系中,企业可以利用信息系统加强对标准化制度执行情况的监督与反馈。通过财务管理系统的数据监控功能,企业可以实时跟踪各部门的操作行为和数据处理情况,及时发现和纠正不符合标准的操作。此外,企业还可以通过系统收集和分析各部门对标准化制度的反馈意见,了解实施中的难点和问题,为制度的持续改进提供数据支持。

(三)制度标准化的培训与推广

制度标准化的有效实施,离不开全体员工的理解和支持。企业需要通过系统的培训和推广活动,增强员工对标准化制度的认知和执行能力,确保标准化制度能够深入人心,成为日常工作的行为准则。

1. 开展全员培训

企业应针对不同岗位的员工,开展多层次的标准化制度培训。对于管理层,应重点培训制度标准化的战略意义和管理方法,帮助他们在日常管理中更好地落实和推广标准化制度。对于操作层员工,则应着重培训具体操作标准和流程,确保他们在日常工作中能够准确执行标准化要求。培训应采用多种形式,包括课堂讲授、在线课程、实操演练等,确保培训内容覆盖全面、深入浅出,便于员工理解和掌握。

2. 加强制度标准化的宣传与推广

为了让标准化制度深入人心,企业还应加强对制度标准化的宣传和推广。企业可以通过内部公告、宣传手册、定期会议等形式,向全体员工传达标准化制度的核心内容和实施进展。同时,企业还可以通过树立典型案例、表彰先进个人和团队,鼓励员工积极参与制度标准化的实施和推广,营造全员参与、共同推动的良好氛围。

3. 建立反馈与改进机制

在培训与推广过程中,企业应鼓励员工提出对标准化制度的意见和建议,并建立相应的反馈与改进机制。通过收集员工的反馈,企业可以及时发现标准化制度在实施中的问题,并根据反馈进行制度的调整和改进,确保标准化制度的可操作性和适用性。

四、数字化财务管理制度标准化的成功案例

在全球范围内,许多领先企业已经通过制度标准化,实现了财务管理的数字化转型,并取得了显著成效。以下是 A 公司在数字化财务管理中实施制度标准化的成功案例。

(一)案例背景

A 公司是一家跨国制造企业,随着业务的快速扩展,公司面临着财务数据处理复杂、管理成本上升、财务决策不及时等问题。为应对这些挑战,A 公司决定推行数字化财务管理,并以制度标准化为基础,构建了一套全面的财务管理体系。

(二)实施步骤与策略

1. 顶层设计与战略规划

在顶层设计阶段,A 公司明确了数字化财务管理的目标,即提高财务管理效率、优化资源配置、增强财务决策支持。公司制定了详细的标准化制度规划,涵盖数据处理、报表编制、风险管理等多个财务管理领域,并设立了标准化管理委员会,负责制度的制定与监督。

2. 分阶段实施与持续优化

A公司首先在应收账款管理领域进行试点，制定了统一的信用评估和账款催收标准，并通过自动化工具实现了数据处理的标准化。在取得成功后，公司逐步将标准化制度推广至其他财务管理领域，并通过定期评估和反馈机制，不断优化和完善标准化制度。

3. 培训与推广

为确保标准化制度的有效执行，A公司开展了全员培训和广泛的宣传推广活动。通过多层次的培训和典型案例的树立，A公司成功增强了员工对标准化制度的认知和执行力，使制度标准化成为全体员工的自觉行为。

(三) 实施效果

通过制度标准化的实施，A公司显著提高了财务数据处理的效率和准确性，降低了管理成本，增强了财务管理的透明度和可控性。此外，标准化制度的推广，还帮助A公司构建了高效的财务决策支持系统，使管理层能够及时、准确地获取财务信息，做出科学的管理决策，提升了公司的整体竞争力。

制度标准化是企业数字化财务管理的核心支柱，通过顶层设计、分阶段实施、持续优化、管理与监督、培训与推广等一系列策略，企业可以构建起一套高效的标准化财务管理体系。这一体系不仅能够提高财务管理的效率和准确性，还能够增强企业的财务透明度和决策支持能力，为企业的可持续发展提供坚实的财务保障。在数字经济时代，制度标准化将成为企业实现财务管理数字化转型、保持竞争优势的重要手段。

第二节　数据标准化：实现数据价值的基础

一、数据标准化的背景与重要性

(一) 数据标准化的背景

在数字经济时代，数据已经成为企业最重要的资产之一。随着信息技术的飞速发展，企业每天都会产生大量的数据，这些数据包括财务数据、客户数据、运营数据、供应链数据等。这些数据不仅数量庞大，而且来源广泛、格式多样。然而，尽管数据资源丰富，许多企业仍然难以有效利用这些数据，因为数据的不一致性、冗余性和不完整性等问题阻碍了数据价值的实现。

1. 数据爆发与管理难题

随着企业信息化程度的提高，各类业务系统产生的数据量呈现指数级增长。

尤其是在全球化运营的大型企业中,数据来源跨越不同的业务单元、地域和系统。尽管数据的可获得性极大增强,但其管理和利用难度也随之增加。企业面临着如何将这些数据进行有效整合、清洗和分析的挑战。

2. 数据不一致性与其影响

由于数据来源多样、格式复杂,企业常常面临数据不一致性的问题。不同系统之间的数据格式、字段定义、编码规则可能各不相同,甚至同一数据项在不同系统中存在不同的定义和含义。这种数据不一致性导致企业难以进行跨系统的数据分析和整合,削弱了数据的整体价值。此外,数据冗余和重复也是企业数据管理中的常见问题,增加了数据存储和处理的成本,同时降低了数据质量。

(二)数据标准化的重要性

在解决数据管理挑战的过程中,数据标准化被认为是至关重要的步骤。数据标准化通过统一数据格式、规范数据流程、优化数据结构,确保数据的一致性、完整性和可用性,为企业的数据分析和决策提供坚实的基础。

1. 提升数据的可用性

数据标准化有助于提升数据的可用性,使得企业能够在不同系统之间进行数据共享和整合。通过统一的数据标准,企业可以确保不同业务单元和系统之间的数据互通,使得数据分析更加准确、全面。例如,标准化的财务数据可以与运营数据无缝整合,支持企业进行更加深入的业财融合分析。

2. 促进数据的精准分析与决策

数据标准化是实现精准数据分析的前提条件。通过消除数据冗余、规范数据定义,企业可以确保数据的准确性和一致性,进而提高数据分析的质量。高质量的数据分析能够为企业提供更加科学的决策支持,帮助企业在复杂多变的市场环境中做出精准的战略调整。

二、数据标准化的关键要素与实施路径

数据标准化并不是简单的数据格式转换,而是一个系统工程,涉及数据的采集、处理、存储、共享和应用等各个环节。以下是数据标准化的几个关键要素和实施路径。

(一)数据标准的制定与推广

1. 统一数据格式与定义

制定统一的数据格式和定义是数据标准化的基础。企业应根据业务需求和行业标准,确定各类数据的格式规范、字段定义和编码规则。例如,企业可以制定统一的产品编码规则、客户信息格式和财务数据字段定义,确保在不同业务系统和部

门之间,数据具有一致性和可比性。

在制定数据标准时,企业还应考虑与外部合作伙伴和行业标准的兼容性,以便在跨组织、跨行业的合作中,数据能够顺畅地交换和共享。此外,数据标准应具有一定的灵活性和扩展性,能够适应未来业务发展和技术变化的需求。

2. 数据标准化的推广与培训

数据标准化的实施不仅需要制定标准,还需要在企业内部进行有效推广和培训。企业应通过制定数据管理规范,明确各部门和员工在数据采集、处理、存储过程中的职责和操作标准。与此同时,企业应为相关人员提供培训,确保他们理解并掌握数据标准化的要求和操作方法。

数据标准化的推广还需要高层管理者的支持和推动。管理层应将数据标准化纳入企业的战略规划,提供必要的资源和政策支持,确保数据标准化能够在全企业范围内顺利实施。

(二)数据治理与质量控制

1. 数据治理框架的建立

数据治理是数据标准化的重要组成部分。企业应建立完善的数据治理框架,包括数据管理政策、数据治理结构、数据质量控制机制等内容。数据治理框架的核心在于明确数据的所有权、管理责任和使用权限,确保数据在采集、处理、存储和共享过程中得到有效管理和保护。

在数据治理框架下,企业可以设立专门的数据治理委员会或数据管理部门,负责数据标准化的推进和数据质量的监控。该部门应与业务部门紧密协作,确保数据标准化的实施与企业业务发展保持一致。

2. 数据质量控制与监测

数据质量是数据标准化的核心目标之一。企业应建立数据质量控制机制,对数据的完整性、准确性、及时性和一致性进行全面监控。例如,企业可以通过数据清洗、数据去重、异常值检测等技术手段,提升数据的准确性和一致性。同时,企业应定期开展数据质量审计,及时发现和解决数据中的质量问题。

数据质量控制不仅是技术问题,还需要企业文化和管理制度的支持。企业应建立数据质量问责机制,明确各部门和员工在数据质量管理中的责任和义务,确保数据质量问题能够及时得到纠正和改进。

(三)数据共享与应用

1. 数据共享平台的构建

数据标准化的最终目的是实现数据的高效共享和应用。企业应通过构建数据共享平台,将各业务系统和部门的数据整合起来,形成一个统一的数据资源池。该平台应支持跨部门、跨系统的数据访问和分析,为企业的运营管理、决策支持、风险控制等提供全面的数据支持。

数据共享平台的建设需要充分考虑数据安全和权限管理问题。企业应通过分级权限管理、数据加密等手段,确保数据在共享过程中的安全性,防止未经授权的访问和数据泄露。

2. 数据驱动的业务决策

在实现数据标准化和数据共享的基础上,企业可以充分发挥数据的价值,通过数据驱动的业务决策提升管理水平。例如,企业可以利用标准化的数据开展大数据分析,预测市场趋势、优化供应链管理、提升客户体验等。此外,企业还可以通过数据分析发现潜在的业务机会和风险,及时调整经营策略,保持竞争优势。

数据驱动的业务决策不仅提高了企业的反应速度和决策准确性,还帮助企业在不确定的市场环境中做出更具前瞻性的战略规划。企业应通过持续优化数据标准化和数据应用能力,不断提升其数据驱动决策的水平。

三、数据标准化的应用案例与经验分享

在全球范围内,许多领先的企业已经通过数据标准化实现了显著的业务提升和财务优化。以下是几个典型的应用案例和经验分享,展示了数据标准化在企业中的实际效果。

(一)某跨国制造企业的数据标准化实践

某跨国制造企业通过数据标准化,实现了全球供应链的高效管理和运营成本的显著降低。该企业在全球范围内有多个生产基地和销售网络,各地区的数据系统和业务流程各不相同,导致数据整合困难、运营效率低下。

为了应对这一挑战,该企业制定了统一的数据标准,覆盖生产、库存、物流、销售等各个环节,并构建了全球数据共享平台。通过数据标准化,该企业实现了全球范围内的实时数据共享和业务协同,极大地提高了供应链管理的效率和准确性。此外,数据标准化还帮助该企业优化了库存管理和生产计划,减少了库存积压,降低了生产成本,提升了整体运营效益。

(二)某金融机构的数据标准化经验

某大型金融机构通过数据标准化,提升了其风险管理能力和客户服务水平。该机构拥有众多分支机构和业务线,各业务系统之间的数据难以互通,导致客户信息分散、风险评估滞后。

为了解决这一问题,该机构推行了全面的数据标准化战略,统一了客户信息、交易数据和风险指标的定义和格式,构建了集中的数据管理平台。通过数据标准化,该机构实现了客户信息的统一管理和风险数据的实时监控,显著提升了风险预警和应对能力。此外,数据标准化还支持了个性化客户服务的开展,提升了客户满

意度和忠诚度。

(三)数据标准化的成功要素与关键经验

通过上述案例,我们可以总结出数据标准化成功实施的几个关键要素和经验。

(1)数据标准化需要高层管理的强力支持和推动。管理层应将数据标准化纳入企业战略,并提供充足的资源支持和政策保障。管理层的积极参与和推动可以确保数据标准化战略在全企业范围内得到贯彻执行,并在遇到阻力时能够得到及时解决。

(2)数据标准化的实施需要明确的目标和路线图。企业在推进数据标准化时,应首先明确数据标准化的具体目标,如提高数据质量、促进数据共享、支持业务决策等。在此基础上,制定详细的实施路线图,分阶段推进数据标准化工作。每个阶段的目标、任务和时间表应清晰明确,并设立相应的评估指标,确保项目按计划推进。

(3)跨部门协作是数据标准化成功的关键。数据标准化往往涉及多个业务部门和IT系统的协同工作,单靠某个部门或团队难以完成。因此,企业应建立跨部门的工作组或委员会,确保各部门之间的有效沟通和协作。工作组应定期召开会议,协调各方利益,解决实施过程中出现的问题。

(4)数据标准化还需要注重员工的培训和文化建设。数据标准化的推广不仅是技术层面的改进,还涉及员工的工作习惯和思维方式的转变。企业应为相关员工提供必要的培训,帮助他们理解和掌握数据标准化的要求。同时,企业还应通过内部宣传和激励机制,营造良好的数据管理文化,鼓励员工积极参与和支持数据标准化工作。

(5)企业应持续监控和评估数据标准化的实施效果。数据标准化不是一蹴而就的工作,而是一个需要不断优化和改进的过程。企业应建立持续的监控机制,定期评估数据标准化的实施效果,并根据评估结果调整和优化实施策略。通过持续改进,企业可以逐步提升数据标准化的水平,最大限度地发挥数据的价值。

四、数据标准化的未来展望

随着数字化转型的深入推进,数据标准化将在企业中发挥越来越重要的作用。未来,数据标准化将不仅仅是企业内部的数据管理工具,还将成为推动企业创新和提升竞争力的重要手段。

(一)数据标准化与智能技术的融合

未来,数据标准化将与人工智能、大数据分析、区块链等智能技术深度融合,推动企业财务管理的智能化和自动化。例如,通过将标准化的数据输入人工智能模型中,企业可以实现自动化的财务分析、风险预警和决策支持。这种智能化的财务管理不仅提高了决策的准确性和效率,还能够实时应对市场变化,提升企业的灵活性和竞争力。

(二)数据标准化与跨组织协同的深化

随着企业生态系统的不断扩展,数据标准化的作用将从企业内部延伸到整个供应链和合作伙伴网络。未来,企业将更加注重跨组织的数据标准化,通过统一的数据标准,实现与供应商、客户、合作伙伴之间的数据无缝对接和协同工作。这种跨组织的数据标准化将帮助企业优化供应链管理、提升客户服务水平,并在全球市场中占据有利地位。

(三)数据标准化推动业务模式创新

数据标准化不仅是提高数据质量和管理效率的工具,未来还将成为推动业务模式创新的重要动力。通过数据标准化,企业可以更好地掌握市场动态、客户需求和行业趋势,从而探索和开发新的商业模式。例如,企业可以通过标准化的数据分析,识别潜在的市场机会,开发个性化的产品和服务,甚至开辟全新的市场领域。

第三节 应用标准化:数据驱动的业财融合

一、业财融合的背景与必要性

(一)数字化转型对业财融合的驱动作用

随着数字化技术的不断发展,企业的运营和财务管理正在经历深刻的变革。传统的财务管理模式通常相对独立,信息传递缓慢且不对称,导致决策效率低下,响应市场变化的能力不足。数字化转型为企业带来了前所未有的机遇,通过打破部门之间的壁垒,实现业务与财务的深度融合,企业能够更加高效地利用数据,提升决策的科学性和敏捷性。

1. 技术进步推动业财融合

随着大数据、人工智能、云计算等先进技术的飞速发展,企业实现业务与财务的深度融合得到了强有力的技术支持。这些技术的应用使得企业能够实时地采集和分析各种业务数据,并将其与财务数据进行无缝整合,构建起一个统一的数据平台。这个数据平台不仅能够有效地支持企业的日常运营活动,还能够为企业的战略决策提供坚实的数据支持和依据。

例如,企业可以借助大数据技术深入分析市场趋势和消费者行为,从而及时调整其生产和销售策略。通过精确的数据分析,企业能够更好地预测市场需求,优化库存管理,减少资源浪费,提高运营效率。此外,人工智能技术可以帮助企业实现自动化决策,通过机器学习算法不断优化决策模型,提升决策的准确性和效率。

云计算技术则为企业提供了灵活的计算资源,使得企业可以根据实际需求快速扩展或缩减计算能力,降低 IT 成本。同时,云计算平台的安全性和可靠性也得到了显著提升,确保企业数据的安全存储和高效处理。

2. 市场竞争加剧业财融合的需求

在全球市场竞争愈发激烈的背景下,企业要想保持自身的竞争优势,就必须不断提升其运营效率和加快决策的速度。业财融合作为一种有效的管理手段,能够有效地打破企业内部存在的"信息孤岛"现象,促进业务部门与财务部门之间的协同运作。这样一来,企业能够在瞬息万变的市场环境中迅速做出反应,抓住机遇,应对挑战。

通过实施业财融合,企业不仅能够优化资源配置,提高资源利用效率,还能够实现财务数据的实时监控和动态调整。这种实时监控和动态调整机制,使得企业能够及时发现和解决运营中的问题,从而提高整体运营效率。同时,业财融合还能够提高财务透明度,使企业内外部利益相关者能够更加清晰地了解企业的财务状况和经营成果,增强企业的信誉和市场竞争力。

(二)业财融合的战略意义

业财融合不仅是技术和业务层面的变革,更是企业战略升级的重要组成部分。通过实现业财融合,企业可以从根本上改变其运营模式和管理结构,使财务管理更好地服务于企业的整体战略目标。

1. 提升企业决策支持能力

业财融合的核心在于通过数据标准化和整合,打破信息孤岛,实现财务信息与业务信息的无缝衔接,进而构建一个全面、统一的数据分析框架。企业通过实施业财融合战略,可以将财务数据与业务数据深度结合,进行多维度、多层次的综合分析。这种整合式的数据分析能够为企业管理层提供更加精确、及时和全面的决策支持信息,使管理者能够在决策过程中全面考虑各业务单元的财务影响和业务表现。

在具体应用中,业财融合不仅为日常运营决策提供支持,如预算调整、成本控制和利润优化等,还在更高层次上助力企业的战略规划和风险管理。例如,通过整合历史财务数据和市场趋势数据,企业可以预测未来的财务状况,评估不同战略方案的财务可行性,并识别潜在风险。这样的决策支持体系能够有效提升企业在复杂多变的市场环境中的应对能力,帮助企业在面对不确定性时做出更加科学、精准的战略决策,确保企业长期稳健发展。

2. 增强企业的战略执行力

在传统企业管理模式中,业务部门与财务部门之间的沟通和协作往往存在障碍,导致各自为政的情况,进而影响战略目标的有效执行。这种分离不仅削弱了资源的优化配置能力,还常常导致战略执行过程中的偏差与滞后。通过业财融合,企业能够实现业务流程与财务流程的深度整合,将财务目标嵌入业务运营中,确保战略目标贯穿于各级业务活动的执行过程中。

业财融合使得财务管理不再局限于简单的成本核算和资金控制,而是深入渗透到企业的核心业务流程中,通过实时的数据监控和反馈机制,动态调整资源配置和业务策略。例如,当市场条件发生变化时,企业能够通过业财融合平台,快速获取业务和财务的综合反馈,及时调整运营策略和资源投入,避免战略偏差。同时,业财融合还通过建立统一的绩效考核标准,将战略目标细化到各部门和岗位,确保每一项业务活动都与企业的整体战略目标保持一致。这种机制不仅提高了资源利用效率,还能够动态调整战略执行路径,确保企业战略目标的高效达成,进而增强企业在市场竞争中的执行力和适应性。

二、业务与财务流程的标准化

在实现数据标准化的基础上,企业还需进一步推动业务与财务流程的标准化。通过流程标准化,企业能够实现业务活动与财务管理的无缝衔接,确保业财融合的顺利推进和高效运行。

1. 业务流程标准化

业务流程标准化是业财融合的核心基石。企业应全面梳理和优化各个业务环节,制定统一的业务流程标准,确保业务活动的高效性、一致性和可追溯性。标准化的业务流程不仅能够提升运营效率,还可以确保业务数据的实时同步,从而与财务管理系统无缝对接。

例如,在供应链管理中,企业可以制定统一的采购、生产、库存管理流程,确保各个环节的数据实时同步。这样,企业不仅能够提高供应链的运作效率,还能够通过实时数据分析进行动态库存管理和成本控制。此外,业务流程标准化还有助于在企业扩张和多元化经营时,确保新业务或新市场能够迅速融入现有管理体系,保持业务运作的连续性和一致性。

2. 财务流程标准化

财务流程的标准化是确保财务数据准确性和一致性的关键。企业应全面优化财务流程,包括预算编制、成本核算、资金管理等方面,确保所有财务活动均按照统一的标准和流程进行。

通过标准化的财务流程,企业可以实现财务信息的实时监控和动态调整,确保财务数据的及时性、准确性和透明度。例如,企业可以通过标准化的预算编制流程,确保各部门的预算编制基于相同的财务数据和假设条件,从而提高预算的合理性和可执行性。此外,财务流程的标准化还增强了财务数据的可追溯性,使得企业能够有效应对内外部审计要求,确保财务活动的合规性和透明度。

3. 业财流程的协同与优化

在实现业务与财务流程各自标准化的基础上,企业还需推动业财流程的协同与优化。通过建立业财协同机制,企业可以确保业务与财务信息的实时共享和联动,提升整体管理效率和决策支持能力。

例如,企业可以通过智能财务管理系统,实现业务数据与财务数据的自动同步,确保财务部门能够及时获取最新的业务信息,从而进行准确的财务分析和决策支持。业财流程的协同不仅提高了数据的流通效率,还增强了企业应对市场变化的敏捷性和战略执行力。此外,协同机制还能够优化资源配置,确保企业在动态环境中始终保持最佳运营状态,实现业财融合的最大效益。

三、数据驱动的业财融合实践

在企业数字化转型的进程中,数据驱动的业财融合不仅依赖标准化的应用框架,还需要结合企业的具体业务特征、市场环境和管理需求,制定切实可行的实施策略。通过具体的实践案例分析,企业可以更加清晰地理解数据驱动如何在业财融合中发挥作用,并实现管理和运营的优化。

(一)智能预算管理与业财协同

智能预算管理是数据驱动的业财融合中的关键组成部分,通过智能预算管理系统,企业能够实现从预算编制、执行到调整的全流程自动化管理。这一系统不仅能够实时采集业务数据,还能够根据实时的财务表现和市场变化,智能调整预算,确保预算的准确性、灵活性和前瞻性。

1. 智能预算管理的应用场景

智能预算管理的应用在制造业中尤为明显。例如,某大型制造企业在面临市场需求波动和原材料价格波动的情况下,传统的预算管理方式显得力不从心,无法及时反映市场变化带来的财务影响。为此,该企业引入了智能预算管理系统,将生产计划与财务预算进行无缝对接。通过这一系统,企业能够实时采集市场数据、生产数据和财务数据,并基于这些数据进行智能预算调整。

系统不仅实现了生产成本的精细化控制,还优化了资源配置。例如,当市场需求激增时,系统能够快速调整生产预算和生产计划,确保企业能够在短时间内增加产量,满足市场需求。同时,在市场需求下降时,系统又能够及时减少生产投入,避免库存积压和资源浪费。这种智能预算管理的应用,不仅提升了企业的运营效率,还增强了企业应对市场波动的能力,确保了财务管理的灵活性和前瞻性。

2. 智能预算管理的优势与挑战

智能预算管理的优势在于其高度的自动化和实时性。通过智能化的数据分析和决策支持,企业能够迅速调整预算,优化资源配置,减少人为干预带来的错误风险。然而,智能预算管理的实施也面临一些挑战,如系统的复杂性和数据准确性的要求。为了应对这些挑战,企业在实施智能预算管理系统时,必须确保数据的高质量和系统的稳定性,同时还需要培训相关人员,确保他们能够熟练操作和理解系统的输出。

(二)实时财务分析与业务支持

实时财务分析是数据驱动的业财融合中的核心功能之一,它通过实时数据分析,帮助企业管理层及时了解业务运营状况,支持快速决策。实时财务分析系统通过整合业务数据和财务数据,提供动态的财务报告和分析结果,帮助企业在瞬息万变的市场环境中保持竞争优势。

1. 实时财务分析的典型案例

以某零售企业为例,该企业引入了实时财务分析系统,将销售数据与财务数据进行整合,实现了销售动态的实时监控和财务效益的精准分析。该系统通过数据采集模块,实时获取门店销售数据、库存数据和客户行为数据,并将这些数据与财务数据进行匹配分析。

通过实时财务分析,企业管理层能够在每日的经营活动结束后,立即获得详细的销售报表和财务分析结果,了解各门店的销售情况、产品毛利率、库存周转率等关键指标。基于这些实时数据,企业能够快速做出业务决策,如调整库存、优化产品组合、制定促销策略等。这种快速响应机制,不仅提高了企业的经营效率,还增强了市场竞争力。

2. 实时财务分析的实施策略

为了成功实施实时财务分析系统,企业需要确保数据源的多样性和准确性,同时还需要具备强大的数据处理能力。企业应建立统一的数据平台,确保业务数据和财务数据的无缝对接。此外,企业还需要培训财务人员和业务人员,使其能够有效利用实时财务分析系统,提升决策的准确性和效率。

实时财务分析系统的部署不仅是技术上的挑战,还需要企业在管理流程上进行相应的调整,以确保系统的输出能够真正用于业务决策。在此过程中,企业应保持灵活性,及时根据市场变化调整分析模型和数据指标,确保系统的分析结果始终具有现实指导意义。

(三)供应链金融与财务管理的融合

供应链金融是数据驱动的业财融合中的一个重要应用场景。通过将供应链管理与财务管理相结合,企业可以实现供应链金融的创新应用,提升资金使用效率,优化现金流管理。

1. 供应链金融的应用与区块链技术的融合

在供应链管理中,现金流的高效管理至关重要。某大型制造企业通过引入区块链技术,将供应链上下游企业的交易数据与财务数据整合,实现了供应链金融的全流程管理。通过这一系统,企业能够实时获取供应链各环节的财务信息,进行精确的资金需求预测和融资决策。

区块链技术的应用确保了交易数据的不可篡改性和透明性,极大地增强了企业间的信任,使得供应链上的各个参与方能够更加放心地进行交易和合作。企业通过该系统,不仅能够及时了解供应链的资金流动情况,还能够根据实时数据进行供应链融资决策,优化资金流动性,降低融资成本。例如,在原材料采购环节,企业可以根据供应商的信用记录和交易数据,快速获取供应链融资,确保生产活动的顺利进行。

2. 供应链金融系统的实施要点

实施供应链金融系统的关键在于数据的可信度和系统的安全性。企业必须确保区块链平台的稳定性,避免因技术问题导致的数据丢失或篡改。此外,企业还需要与供应链上的各参与方建立紧密合作,确保数据的及时共享和信息的透明化。

供应链金融系统的成功实施,不仅能够提升企业的资金使用效率,还能增强供应链整体的抗风险能力,确保企业在市场波动中依然保持稳健的财务状况。然而,企业在实施该系统时,也必须面对法律和合规的挑战,确保所有交易活动均符合当地法律法规的要求。

四、业财融合的未来发展方向

随着技术的不断进步和市场环境的变化,数据驱动的业财融合将进一步深化,推动企业在数字化转型过程中实现更高效的管理和运营。企业必须紧跟技术发展的步伐,调整和优化业财融合的策略,以应对未来更加复杂的市场挑战。

(一)人工智能与业财融合的深入应用

未来,人工智能将进一步渗透到业财融合的各个环节,通过智能化的分析和预测,提升企业的决策支持能力。人工智能的应用不限于简单的自动化流程,还将在更深层次上改变企业的财务管理方式。

1. 智能预测与自动化决策

人工智能技术的应用,将使企业能够实现更加精准的业务预测和自动化的财务决策。通过机器学习算法,企业可以分析历史数据和外部市场数据,预测未来的销售趋势、库存需求和现金流状况。这种智能预测不仅能够帮助企业优化生产计划和库存管理,还可以提前识别潜在的财务风险,确保企业的资金链稳健。

例如,某零售企业通过智能预测系统,能够提前识别季节性销售高峰,调整库存策略,避免因库存不足或过剩导致的财务损失。智能预测还能够根据市场变化,动态调整价格策略,确保企业在竞争激烈的市场中保持价格优势和利润空间。

2. 智能审计与财务监控

未来,智能审计将成为业财融合中的重要一环。通过人工智能和区块链技术,企业可以实现财务数据的实时审计和监控,确保财务信息的真实性和完整性。例如,区块链技术可以为企业建立一个不可篡改的财务记录系统,确保所有财务交易的透明性和可追溯性。同时,人工智能技术可以自动识别财务数据中的异常情况,及时预警并生成审计报告,帮助企业快速应对财务风险。

智能审计的应用不仅能够提升企业的财务透明度,还能够增强企业的内控能力,确保财务管理的合规性和有效性。企业可以通过智能审计系统,实时监控各项财务活动,快速识别和纠正异常行为,减少财务舞弊的风险。

(二) 数据生态系统与业财融合的协同发展

随着数据的爆炸式增长,企业不仅需要内部的数据整合,还需要与外部数据生态系统实现协同发展。未来,数据驱动的业财融合将越来越依赖企业内部和外部的数据联动,通过构建数据生态系统,企业可以获取更全面、更精准的业务和财务信息,支持全方位的战略决策。

1. 跨部门数据联动

企业内部各部门的数据联动,是实现业财融合的基础。未来,企业将通过构建统一的数据平台,打破各业务部门和财务部门之间的壁垒,实现数据的共享和协同工作。跨部门的数据联动不仅能提高数据的可用性,还能确保决策基于最新、最全面的数据。

例如,在销售与财务的联动中,实时销售数据可以直接传递给财务部门,帮助财务部门进行精准的收入预测和成本控制。这种联动不仅能够优化现金流管理,还能提升企业对市场变化的快速反应能力。此外,企业的生产部门可以与采购、库存管理等部门实现数据共享,确保生产计划与物料供应的精准匹配,减少库存积压和原材料短缺的风险。

跨部门数据联动还可以帮助企业在复杂多变的市场环境中快速做出调整。例如,当市场需求出现波动时,企业可以通过数据联动迅速调整生产计划和销售策略,从而保持竞争优势。通过这种全方位的协同,企业能够更好地整合内部资源,实现高效的业财融合。

2. 外部数据整合与生态合作

在数字经济时代,企业不仅需要有效整合内部数据,还需要与外部数据生态系统实现协同,以获得更加全面的业务信息。外部数据整合包括与供应商、客户、合作伙伴及金融机构的数据共享与合作,帮助企业在更广泛的范围内优化其业务流程和财务管理。

例如,企业可以通过与供应链上下游合作伙伴的数据共享,获取实时的供应链信息,从而优化生产调度和库存管理,降低运营成本。同时,企业可以与客户进行数据对接，了解客户的需求和消费趋势，从而调整产品策略和市场推广计划。此外，与金融机构的数据合作，可以帮助企业获得宏观经济、市场趋势和政策法规等方面的重要信息，支持企业的战略规划和财务决策。

未来，随着数据生态系统的不断完善，企业将能够更加高效地整合内外部数据资源，实现业财融合的全面升级。通过外部数据的有效整合，企业不仅能够优化其运营效率，还能够在全球市场中提升竞争力，确保企业在日益复杂的市场环境中保持领先地位。

（三）业财融合的个性化与灵活性发展

随着市场需求的多样化和个性化趋势的加剧，未来的业财融合将更加注重个性化与灵活性发展。企业需要根据自身的业务特点和市场环境，灵活调整业财融合的策略，以满足客户的个性化需求和市场的快速变化。

1. 个性化业财融合解决方案

每个企业的业务模式和财务管理需求都存在显著差异，因此，未来的业财融合将更加重视个性化解决方案的开发和应用。例如，制造企业可能更加关注生产成本和库存管理，而服务企业则更倾向于客户关系管理和收入预测。针对不同类型的企业，定制化的业财融合解决方案将应运而生，以满足不同业务场景下的独特需求。

例如，在制造业中，企业可以通过定制化的业财融合系统，将生产、采购、库存、物流等业务数据与财务数据紧密结合，实现从原材料采购到产品销售的全流程管理。通过这种定制化解决方案，企业可以更精准地控制生产成本，提高生产效率，增强市场竞争力。而在服务业中，企业可以通过业财融合系统，实时监控客户行为数据和收入数据，预测客户需求，制定个性化营销策略，提高客户满意度和忠诚度。

2. 灵活的业财融合策略

市场环境的快速变化要求企业在业财融合中保持足够的灵活性。未来，企业将通过构建灵活的业财融合框架，快速调整业务流程和财务策略，以应对市场的变化。例如，当市场需求发生变化时，企业可以通过智能财务系统，快速调整生产计划和销售策略，优化资源配置，确保企业的持续盈利能力。

此外，企业还可以通过灵活的预算管理和财务控制，确保财务资源的高效利用。例如，在市场不确定性增加的情况下，企业可以采用滚动预算的方式，根据市场动态实时调整预算，确保财务计划的灵活性和可操作性。滚动预算不仅能帮助企业更好地应对市场变化，还能提高财务管理的准确性和敏捷性。

企业还可以通过动态的财务分析和风险评估工具，及时识别和应对潜在的财务风险。例如，在市场竞争加剧或原材料价格波动时，企业可以快速调整成本控制策略和价格政策，以保持利润率和市场份额。通过灵活的业财融合策略，企业可以在瞬息万变的市场环境中保持应变能力,确保企业在竞争中立于不败之地。

五、数据驱动的业财融合的长远影响

随着企业不断推进数字化转型,数据驱动的业财融合将对企业的管理方式、组织结构和竞争策略产生深远影响。企业需要不断调整和优化其业财融合策略,以充分利用数据驱动带来的管理和运营优势。

(一)数据驱动的业财融合对管理方式的转变

数据驱动的业财融合促使企业的管理方式发生了根本性转变。传统的管理方式往往依赖于经验决策和逐层汇报,而数据驱动的管理模式则强调基于实时数据的快速决策和全局视角下的综合分析。

通过数据驱动的管理方式,企业能够更加精准地掌握市场动态、运营状况和财务表现,从而做出更加科学的决策。例如,企业管理层可以通过实时的财务分析和业务监控系统,迅速了解各业务部门的运营状况,及时发现问题并进行调整。这种管理方式不仅提高了企业的决策效率,还减少了决策失误的风险,增强了企业的市场应对能力。

此外,数据驱动的管理方式还推动了企业的管理层与业务部门之间的紧密协作。通过统一的数据平台,管理层可以与业务部门共享最新的数据和分析结果,确保决策信息的透明化和及时性。管理方式的转变有助于企业在快速变化的市场环境中保持灵活性和竞争力。

(二)数据驱动的业财融合对组织结构的影响

数据驱动的业财融合不仅改变了企业的管理方式,还对企业的组织结构产生了深远影响。传统的组织结构通常是按职能部门划分的,各部门之间往往存在较高的壁垒,导致信息沟通不畅和协作效率低下。而数据驱动的业财融合要求企业打破部门壁垒,实现跨部门的协同工作和信息共享,从而推动组织结构向更加扁平化和灵活化的方向发展。

在这种新型组织结构中,数据部门、财务部门和业务部门之间的界限变得更加模糊,各部门通过数据平台实现无缝对接和协同工作。例如,财务部门可以实时获取业务部门的运营数据,进行精准的财务分析和预算编制;业务部门则可以通过数据平台,实时了解财务状况和资金使用情况,优化资源配置和业务决策。

这种组织结构的变革不仅提高了企业的运营效率,还增强了各部门之间的协作能力,促进了企业整体绩效的提升。同时,组织结构的灵活性也使得企业能够更快地适应市场变化,保持竞争优势。

(三)数据驱动的业财融合对竞争策略的影响

在数据驱动的业财融合背景下,企业的竞争策略也将发生显著变化。传统的竞争策略往往依赖价格、质量和市场覆盖率，而数据驱动的竞争策略则更加关注数据资源的整合利用和智能化决策的优势。

通过数据驱动的业财融合，企业可以更加精准地分析市场需求、竞争态势和客户行为，从而制定更加有效的竞争策略。例如，企业可以通过大数据分析，识别市场中的空白点和增长机会，快速推出新产品和服务，抢占市场先机。同时，企业还可以通过数据分析，优化供应链管理和成本控制，提升产品的市场竞争力。

此外，数据驱动的竞争策略还使得企业能够更加灵活地应对市场变化和竞争压力。例如，当市场环境发生变化时，企业可以通过数据驱动的实时分析，快速调整生产计划、营销策略和价格政策，确保企业在竞争中始终处于有利位置。数据驱动的业财融合不仅提高了企业的竞争力，还增强了企业的可持续发展能力。

应用标准化是实现数据驱动的业财融合的关键保障。在数字化转型的背景下，企业通过数据标准化和流程标准化，打破部门之间的壁垒，实现业务与财务的深度融合，从而提升决策效率、优化资源配置、增强市场竞争力。随着技术的不断进步和市场环境的变化，未来的业财融合将进一步朝着智能化、生态化和个性化方向发展。企业需要持续完善数据驱动的业财融合框架，灵活应对市场变化，确保在全球竞争中保持领先地位。

第十章

企业财务管理发展趋势与未来展望

第一节 全球经济环境与企业财务管理

一、全球经济环境的演变与企业财务管理面临的挑战

(一)全球化进程与经济环境的复杂化

在过去的几十年中,全球化进程推动了世界经济的深度融合。资本、技术、商品和服务的跨国流动,使得企业能够在更广阔的市场中寻求发展机会。然而,全球化的深入也带来了复杂的经济环境,这对企业的财务管理提出了新的挑战。

1. 跨国经营中的汇率风险

随着企业跨国经营的扩大,汇率波动成为影响财务表现的重要因素。不同国家的货币政策、经济状况和政治环境都会导致汇率的剧烈波动,企业在跨国交易中面临的汇兑损益风险显著增加。例如,一家在多个国家运营的企业,必须应对各国货币之间的汇率变化,汇率波动可能导致其利润大幅波动,甚至引发财务危机。

企业需要通过汇率风险管理策略,如汇率对冲工具、自然对冲策略和多元化经营,来减缓汇率波动对企业财务的影响。财务管理者必须密切关注国际货币市场的动态,合理配置外汇资产与负债,确保企业在复杂的汇率环境中保持财务稳健。

2. 国际税收与合规风险的增加

全球化使得企业的税收管理更加复杂。不同国家的税收政策、国际税收协定以及反避税措施等,都对跨国企业的税务筹划和合规管理提出了更高的要求。例

如,某些国家为吸引外资,提供了优惠的税收政策,而其他国家则可能加大反避税力度,限制企业通过税收筹划降低税负。

企业在全球化运营中,必须处理各国不同的税收法规,防范税务合规风险。财务管理者需要深入了解各国的税收政策,并在此基础上进行全球化的税务筹划,确保企业能够合法合规地优化税务负担,避免潜在的法律风险和声誉损失。

(二)全球经济波动与不确定性加剧

全球经济环境的不确定性日益加剧,这给企业的财务管理带来了前所未有的挑战。无论是经济周期波动、地缘政治冲突,还是全球供应链的中断,都可能对企业的财务状况产生重大影响。

1. 经济周期波动

经济周期波动是全球经济环境中的常态,企业在扩张和衰退的周期中必须进行灵活的财务调整。例如,在经济扩张期,企业可能面临资金需求的增加,以支持生产扩张和市场开发。而在经济衰退期,市场需求的下降和收入的减少则可能导致企业的流动性风险增加,迫使企业缩减成本、减少投资,甚至裁员。

财务管理者在应对经济周期波动时,需要具备前瞻性的预测能力,合理规划企业的资本结构和现金流管理。在扩张期,财务管理者应避免过度借贷,保持适度的财务杠杆;在衰退期,则需要加强成本控制和现金流管理,确保企业在经济下行中保持财务稳健。

2. 地缘政治风险与全球供应链管理

地缘政治风险是全球经济环境中的重要变量,尤其是在国际贸易摩擦、政治冲突和区域动荡频发的背景下,企业面临的政治风险显著增加。例如,中美贸易摩擦、英国脱欧等事件,不仅影响国际贸易和投资环境,还直接冲击了全球供应链的稳定性。

企业财务管理者需要深入分析地缘政治风险对企业运营和财务的潜在影响,制定相应的风险应对策略。例如,企业可以通过多元化供应链布局,减少对单一国家或地区的依赖,从而降低供应链中断带来的财务风险。此外,财务管理者还应保持高度的政治敏锐性,密切关注国际局势的发展,及时调整企业的全球战略和财务安排。

二、全球化对企业财务管理的推动作用

全球化不仅带来经济环境的复杂化,也为企业财务管理带来了新的发展机遇。通过全球化,企业可以在更广阔的市场中获取资源、扩大业务,并实现财务管理的国际化和精细化。

(一)跨国资源配置与资本结构优化

全球化使得企业可以在全球范围内配置资源,优化资本结构,提升财务管理的效率和效果。企业可以利用不同国家的资源优势,实现成本的最低化和效益的最大化。

1. 全球融资与资本结构优化

全球化背景下,企业可以通过全球融资渠道,优化其资本结构。例如,企业可以在资本成本较低的国家进行融资,降低整体融资成本;也可以通过发行国际债券、股票等方式,吸引全球投资者,扩大融资规模。此外,跨国企业还可以利用各国不同的税收政策和融资环境,优化资本结构,提高资本回报率。

财务管理者在进行全球融资时,需要综合考虑各国的融资环境、税收政策和汇率波动等因素,制定合理的融资策略,确保企业在全球范围内实现最优的资本配置。

2. 跨国并购与价值创造

跨国并购是全球化进程中的重要战略手段,通过并购,企业可以快速进入新市场、获取技术和品牌、实现规模经济,从而提升企业价值。例如,某些企业通过并购国际品牌,迅速扩大市场份额,提升全球竞争力。

然而,跨国并购也伴随着整合风险和文化冲突等挑战。财务管理者在跨国并购中,必须进行详尽的财务尽职调查,评估并购标的的财务健康状况和整合潜力。此外,并购后还需要制订详细的整合计划,确保并购的协同效应能够顺利实现。

(二)全球市场扩展与财务战略调整

全球化使得企业的市场不再局限于本国,而是扩展到全球范围。企业在进入国际市场的过程中,需要对财务战略进行相应的调整,以适应不同市场的财务环境和竞争态势。

1. 国际市场的进入与扩展

企业在进入国际市场时,需要制订相应的市场进入策略和财务措施。例如,在进入新兴市场时,企业可能面临较高的市场风险和法律不确定性,财务管理者需要通过风险评估和财务规划,确定合理的市场进入模式,如合资、独资或战略合作。同时,企业还需要根据当地市场的特点,调整产品定价、成本控制和资金管理策略,确保市场进入的成功。

在国际市场扩展的过程中,财务管理者还需要保持财务的灵活性和敏捷性,以快速响应市场变化。例如,企业可以通过灵活的资本结构和融资安排,支持市场扩展中的资金需求,并根据市场表现及时调整财务计划和预算。

2. 跨国运营的财务管理

在全球化运营中,企业的财务管理复杂性显著增加。企业需要应对不同国家的财务法规、税收政策、金融市场和文化差异,这要求财务管理者具备全球化的视野和多元化的管理能力。

跨国企业在全球化运营中,必须建立健全财务管理体系,确保各子公司与总部之间的财务信息共享和协调。财务管理者需要通过集中化的财务管理系统,实现全球范围内的资金调度、风险控制和财务报告,确保企业在全球市场中的财务稳健性和合规性。

三、企业财务管理的未来展望

随着全球经济环境的不断变化和科技的飞速发展,企业财务管理将面临更多的机遇和挑战。企业需要不断创新财务管理模式,提升管理能力,以应对未来的不确定性。

(一)技术进步与财务管理创新

1. 人工智能与大数据在财务管理中的应用

未来,人工智能和大数据技术将在企业财务管理中发挥越来越重要的作用。通过智能化的数据分析和预测模型,企业可以实现财务决策的自动化和精准化。例如,人工智能可以帮助企业实时监控财务状况,预测未来的资金需求和风险,并自动调整财务策略。此外,大数据技术可以从海量的财务和业务数据中提取有价值的信息,支持企业的战略决策和风险管理。

2. 区块链与财务透明化

区块链技术将推动企业财务管理的透明化和安全性。通过区块链,企业可以建立不可篡改的财务记录系统,确保所有财务交易的透明性和可追溯性。这不仅有助于提升财务报告的准确性和可靠性,还能够增强企业的合规能力和外部审计的有效性。

通过区块链技术,企业可以实现财务数据的实时共享和自动对账,减少人为操作错误和欺诈行为。例如,在供应链金融中,区块链可以记录每一笔交易的详细信息,确保供应商、生产商和金融机构之间的交易透明,减少因信息不对称导致的信用风险。此外,区块链还可以简化跨境支付流程,降低汇兑成本,提高资金流动效率。

3. 云计算与财务管理的灵活性

云计算技术为企业财务管理提供了前所未有的灵活性和可扩展性。企业可以通过云平台实现财务管理系统的集中化和模块化,按需扩展或缩减资源,快速响应业务需求的变化。云计算还支持企业在全球范围内实时访问财务数据,提升跨国财务管理的效率和协同性。

云计算的另一个优势在于其成本效益。企业无须投入大量资本建设和维护本地服务器和 IT 基础设施,而是可以按使用付费,这不仅降低了初期投资成本,还减少了系统维护和升级的负担。此外,云计算还支持企业通过 API 接口与其他业务系统进行无缝集成,进一步推动业财融合和数据共享。

(二)全球化与本地化的财务管理平衡

1. 本地化管理的必要性

尽管全球化为企业带来了更广阔的市场和资源,但每个国家和地区都有其独特的市场环境、文化和法规。因此,企业在进行全球化布局时,必须考虑本地化管理的需求。财务管理者需要根据各地的经济环境和法律要求,制定适应性的财务政策和操作流程,确保企业在不同市场中合法合规地运营。

例如,在税务管理上,财务管理者需要理解并遵守各地的税收法律,合理规划税务安排,防范潜在的税务风险。企业还需要根据当地市场的经济状况和金融环境,调整其融资策略和资本结构,确保资金的高效利用和财务的稳健性。

2. 全球化视野与本地化执行的结合

成功的跨国企业往往能够在全球化视野与本地化执行之间找到平衡。财务管理者需要具备全球化的战略眼光,确保企业在全球范围内的财务目标一致性,同时又能够因地制宜,灵活应对各地市场的特殊需求。

这种平衡可以通过建立一个集中化与分权相结合的财务管理体系来实现。企业可以在全球范围内统一制定财务战略和标准化流程,而在具体的执行层面,允许各地子公司根据本地市场的需求进行调整。这种管理模式既能确保企业全球战略的实施,又能提高各地市场的竞争力和适应性。

(三)可持续发展与财务管理的结合

1. 环境、社会和公司治理(ESG)与财务管理

随着全球对可持续发展的关注不断增加,ESG 因素已成为企业财务管理的重要考量。投资者、客户和监管机构越来越重视企业在环保、社会责任和公司治理方面的表现,这些因素不仅影响企业的声誉和市场价值,也直接关系到企业的财务表现。

企业财务管理者需要将 ESG 融入财务决策和风险管理中。例如,在资本投资和项目评估中,除了考虑财务回报外,还要评估项目的环境影响和社会责任履行情况。在融资决策中,企业可以通过绿色债券和可持续发展贷款等金融工具,获取资金支持其可持续发展项目。

2. 可持续财务战略的制定

企业在全球化运营中,需要制定长期的可持续财务战略,以应对气候变化、资源枯竭和社会责任等全球性挑战。可持续财务战略不仅关注企业的财务健康,还关注企业在环境和社会方面的长期影响。

例如，企业可以通过能源管理系统和碳足迹监控，减少运营中的碳排放和能源消耗，降低环境风险。此外，企业还应积极参与社会公益和社区发展项目，通过企业社会责任（CSR）战略提升品牌形象和客户忠诚度。

企业还需要考虑可持续发展的长期财务影响。例如，在评估新市场或新项目时，财务管理者不仅要考虑短期的财务收益，还要评估项目的环境和社会影响，以及这些影响可能带来的长期财务风险和机遇。

全球经济环境的不断变化和科技的迅速发展，对企业财务管理提出了前所未有的挑战与机遇。企业财务管理者必须具备全球化的视野和本地化的执行能力，通过智能化技术的应用和可持续发展的财务战略，提升企业的全球竞争力。

企业财务管理将更加依赖人工智能、大数据、区块链和云计算等技术，推动管理模式的创新和效率的提升。同时，企业必须在全球化与本地化之间找到最佳平衡，确保在全球运营中保持财务的稳健性和合规性。此外，随着 ESG 议题的重要性不断上升，企业需要将可持续发展纳入其核心财务战略，以应对未来的不确定性和全球性挑战。

第二节　技术革新与财务管理转型

一、信息技术对财务管理的深远影响

（一）大数据与财务分析的变革

随着大数据技术的发展，财务管理进入了一个新的时代。传统的财务管理主要依赖历史数据进行分析和预测，而大数据技术的应用，使得企业能够处理海量的实时数据，进行更加精准和及时的财务分析。这种变革不仅提高了财务管理的效率，还为企业的战略决策提供了更加科学的依据。

1. 实时财务分析与决策支持

大数据技术使得企业能够实时监控和分析财务数据，快速发现问题并采取应对措施。例如，企业可以通过实时分析销售数据和成本数据，及时调整市场策略和运营计划，优化资源配置。这种实时财务分析还可以帮助企业识别潜在的市场机会和风险，提前做好准备，减少不确定性带来的影响。

此外，大数据技术还使得企业能够进行更为复杂和全面的财务预测和决策支持。通过对大量历史数据和实时数据的分析，企业可以预测未来的市场趋势和财务表现，制订更加精准的战略计划。例如，企业可以通过分析客户行为数据，预测未来的销售增长点，并相应调整生产和库存计划，降低库存成本，提高销售效率。

2.数据驱动的财务管理转型

大数据技术不仅改变了财务分析的方式,也推动了财务管理的转型。在传统的财务管理模式中,财务部门主要负责数据的记录和报表的编制,缺乏对业务运营的深度参与。而在大数据时代,财务部门通过对业务数据的分析,能够更加主动地参与到企业的运营管理中,为业务决策提供数据支持,推动企业整体管理的优化。例如,财务部门可以通过对采购数据的分析,发现供应链中的问题,并提出改进建议,从而提高供应链的效率和成本效益。

(二)人工智能与财务自动化的趋势

人工智能技术的发展,使得财务管理的自动化成为可能。通过人工智能技术,企业可以将大量重复性高、耗时长的财务操作交由智能系统处理,减少人为操作的错误,提升工作效率。同时,人工智能技术还为财务管理的智能化和精准化提供了支持,使得财务部门能够更好地服务于企业的战略需求。

1.财务机器人与流程自动化

财务机器人是人工智能技术在财务管理中的重要应用之一。通过使用财务机器人,企业可以实现财务流程的自动化处理,例如发票的自动审核与处理、费用报销的自动化操作、财务数据的自动对账等。这些财务机器人的应用,不仅大幅减少了财务人员的工作负担,还提高了财务流程的准确性和效率。

例如,企业可以使用财务机器人自动处理大量的发票,减少手工录入的错误,并加快发票的处理速度。此外,财务机器人还可以自动生成财务报表,进行账目核对,甚至根据设定的规则自动执行资金调配等操作。这些自动化流程不仅节省了时间,还提高了数据处理的精度,降低了财务操作中的人为风险。

2.智能化财务决策支持

人工智能不仅在财务流程自动化中发挥作用,还为企业的财务决策提供了智能支持。通过机器学习和深度学习算法,人工智能系统能够对历史财务数据进行深度分析,识别出隐藏的模式和趋势,提供预测分析和决策建议。例如,人工智能可以根据历史销售数据、市场动向、经济指标等,预测企业未来的现金流情况,并建议最优的资金管理策略。

此外,人工智能还能够模拟不同的财务决策方案,评估其潜在的财务影响,帮助企业选择最佳的决策路径。这种智能化的决策支持,不仅提高了财务决策的科学性和准确性,还使得企业能够更快地响应市场变化,保持竞争优势。

二、区块链技术与财务透明度的提升

(一)区块链技术在财务管理中的应用

区块链技术以其去中心化、不可篡改和透明性等特点,正在逐步改变财务管理的传统模式。区块链技术的应用,使得企业能够在确保数据安全和透明的同时,实现财务信息的高效传递和共享。

1. 财务数据的透明化管理

在传统的财务管理模式中,财务数据往往集中在某个中心化的数据库中,数据的管理和更新主要由特定的机构或部门负责。这种模式不仅容易产生信息孤岛,也存在数据篡改和泄露的风险。区块链技术通过分布式账本,使得财务数据的记录和更新能够在全网络节点上同时进行,确保数据的透明性和安全性。

通过区块链,企业可以实现财务数据的透明化管理,所有的财务交易都可以在区块链上进行记录,且这些记录一旦生成就无法被篡改。这不仅提高了财务信息的透明度,也增强了企业的财务可信度。例如,在供应链金融中,企业可以通过区块链技术实现供应链上各个环节的资金流动记录,确保各方都能实时获取并核实财务信息,减少了因信息不对称带来的风险。

2. 智能合约与自动化财务交易

区块链技术中的智能合约功能,为企业的财务管理提供了新的自动化工具。智能合约是一种自动执行的合同,当预定条件满足时,合约条款将自动执行,无须人为干预。这种自动化功能,特别适用于财务交易中的付款、结算和清算等操作。

例如,在跨境交易中,企业可以使用智能合约自动执行付款流程,当货物交付确认后,资金自动从买方账户转移到卖方账户,整个过程公开透明、不可篡改,减少了交易风险和操作成本。智能合约的应用,不仅提高了财务交易的效率,还增强了企业间的信任,促进了更高效的商业合作。

(二)区块链技术带来的财务管理新模式

区块链技术的应用,正在推动财务管理向更加透明、高效和安全的方向转型。企业可以通过区块链技术,构建起一个开放、共享的财务信息平台,实现各方的高效协同和数据共享。

1. 去中心化的财务信息系统

传统的财务信息系统通常依赖于中心化的数据管理和处理模式,这种模式虽然方便,但存在数据集中和管理风险。区块链技术的去中心化特性,使得财务信息系统可以摆脱对单一中心化管理机构的依赖,实现多方共同维护和管理的模式。这种去中心化的系统,不仅提高了财务信息的安全性和可靠性,还减少了由于单点故障或数据泄露带来的风险。

企业可以利用区块链技术,建立一个去中心化的财务信息系统,所有参与方都能够实时获取并验证财务数据,确保信息的透明和一致。例如,企业在进行跨国并购时,可以通过区块链系统与各方共享财务尽职调查的结果,确保各方对财务状况有统一的认知,减少信息不对称引发的风险。

2. 跨境财务管理的革新

区块链技术为跨境财务管理提供了全新的解决方案。在跨境交易中,传统的财务管理模式往往面临汇率波动、支付延迟和结算复杂等问题。区块链技术通过其分布式账本和智能合约功能,可以大大简化跨境交易的财务管理流程,提高交易的速度和安全性。

通过区块链,企业可以实现跨境交易的实时结算,避免因汇率波动和支付延迟带来的财务风险。此外,区块链还可以实现多货币管理和结算,支持企业在全球范围内进行资金调配和管理。例如,跨国企业可以通过区块链平台,将不同国家的资金流动统一管理,实时监控和调整各地的资金状况,优化全球资金配置。

三、云计算与财务管理的数字化转型

(一) 云计算在财务管理中的应用

云计算技术为企业的财务管理提供了强大的数字化支持。通过云计算,企业可以实现财务数据的集中管理和共享,提升财务管理的效率和灵活性。

1. 财务数据的集中化管理

在传统的财务管理模式中,财务数据往往分散在不同的部门和系统中,导致数据孤岛和信息割裂。云计算技术通过将财务数据集中存储在云端,使得企业能够实现财务数据的统一管理和高效共享。这种集中化管理,不仅提高了数据的可访问性,还简化了财务数据的处理和分析流程。

例如,企业可以将各地子公司的财务数据集中到云端,统一进行数据处理和报表编制。这种模式不仅提高了财务报告的及时性和准确性,还使得管理层能够实时获取全公司的财务状况,为决策提供支持。

2. 灵活的财务管理应用

云计算的灵活性为财务管理带来了更多的应用场景。企业可以根据需要,灵活部署和调整财务管理应用,满足不同业务场景下的财务需求。例如,在预算编制和成本控制中,企业可以通过云计算平台,灵活配置预算模型和成本核算模块,实时调整预算和成本管理策略,适应市场变化。

此外,云计算还支持企业的财务管理系统与其他业务系统的无缝集成,实现业财融合。通过云平台,企业可以将财务系统与销售、采购、库存等业务系统集成,实时共享数据,提高整体运营效率和财务管理水平。

(二) 财务管理的云端协同与创新

云计算不仅为财务管理提供了技术支持,还推动了财务管理模式的创新。通过云端协同,企业可以实现财务管理的高效协同和创新,提升企业的竞争力。

1. 财务团队的云端协同

云计算使得财务团队能够通过云平台进行实时协同,无论地理位置如何,财务人员都可以随时访问和处理财务数据。这种云端协同,不仅提高了财务工作的效率,还增强了财务团队的灵活性和响应能力。例如,企业的全球财务团队可以通过云平台共同编制财务报表,实时共享数据和分析结果,提高报表编制的速度和准确性。

2. 创新的财务管理模式

云计算为财务管理模式的创新提供了可能。通过云计算,企业可以探索新的财务管理模式,如共享财务服务、虚拟财务团队等。这些创新模式,依托云计算的高效协同和灵活部署,为企业提供了更具竞争力的财务管理解决方案。

例如,一些企业通过建立共享财务服务中心,将财务管理的非核心业务集中到云端处理,实现了规模化管理和成本节约。这种模式,不仅降低了财务管理的运营成本,还提高了财务管理的服务质量和效率,增强了企业的竞争力。

全球经济环境的变化和技术的快速发展,正在深刻影响企业的财务管理模式。企业在应对全球化带来的财务挑战和机遇时,必须通过技术革新实现财务管理的转型升级。大数据、人工智能、区块链和云计算等前沿技术的应用,为企业的财务管理提供了新的工具和方法,使得财务管理更加智能化、自动化和透明化。

未来,随着全球经济的不确定性增加和技术的持续进步,企业财务管理将朝着更加灵活、高效和智能的方向发展。企业需要紧跟技术潮流,积极拥抱财务管理的数字化。

第三节 环境、社会和公司治理与财务管理的融合

一、环境、社会和公司治理(ESG)的兴起与财务管理的转型

(一)ESG兴起的全球背景与企业责任的扩展

随着全球环境问题的日益严峻、社会公平意识的增强以及对公司治理要求的提高,ESG概念在全球范围内迅速发展。ESG不仅成为投资者评价企业长期价值的重要标准,也推动了企业在财务管理中融入可持续发展的理念。企业的财务管理因此面临着从传统的财务指标导向,向更广泛的责任导向转变的要求。

1. ESG驱动的财务管理变革

在ESG框架下,企业不再仅仅关注财务报表中的短期盈利能力,而是开始重视长期的可持续发展。这种转变促使财务管理从传统的利润最大化目标,向包括

环境保护、社会责任和良好治理在内的多维度价值创造转型。具体来说,企业需要考虑环境因素(如碳排放、资源使用)、社会因素(如员工福利、社区关系)以及治理因素(如管理结构、股东权利)对企业财务状况和长期可持续性的影响。

例如,企业在制定投资决策时,不仅要考虑财务回报,还需要评估投资项目的环境影响和社会效益。通过这种方式,财务管理不仅服务于企业的经济目标,还为社会和环境的可持续发展贡献力量。

2. 投资者与市场对 ESG 的关注

近年来,越来越多的投资者将 ESG 因素纳入投资决策中,推动企业在财务管理中融入 ESG 原则。投资者希望通过支持在 ESG 方面表现良好的企业,来实现长期稳定的投资回报。这一趋势迫使企业财务管理在传统的财务分析基础上,增加对 ESG 相关指标的关注,确保企业在环境、社会和治理方面的表现能够满足投资者和市场的期望。

例如,许多大型投资基金现在会使用 ESG 评分系统来评估企业的综合表现。企业若要吸引这些投资,就必须在 ESG 领域表现出色。因此,企业的财务管理部门必须与其他部门合作,确保 ESG 相关信息的准确性和透明度,以提升企业的市场吸引力和资本获取能力。

(二)ESG 对财务管理实践的影响

ESG 的整合不仅改变了企业的财务管理理念,也对具体的财务管理实践产生了深远的影响。企业在财务管理中需要系统地考虑环境、社会和治理因素,调整其战略规划、风险管理和绩效评估体系。

1. 战略规划中的 ESG 整合

在战略规划过程中,企业需要将 ESG 因素纳入长期发展战略。财务管理部门应在资本预算和资源配置时,优先考虑那些能够在提升财务绩效的同时促进可持续发展的项目。例如,投资清洁能源、绿色建筑或社会企业等项目,虽然短期内可能不会带来高额利润,但从长期来看,这些项目能够增强企业的社会责任感和品牌价值,降低环境风险和监管风险,最终为企业带来更为稳健的财务回报。

此外,财务管理部门还需确保企业的资本配置符合 ESG 战略。例如,企业可以通过绿色债券或社会责任债券等工具,募集专用于环境保护和社会福利项目的资金。这不仅能够满足投资者的 ESG 偏好,还可以降低企业的融资成本,优化资本结构。

2. 风险管理中的 ESG 因素

ESG 因素在企业的风险管理中发挥着越来越重要的作用。企业财务管理需要识别和评估 ESG 相关的潜在风险,并将其纳入整体风险管理框架。例如,气候变化带来的极端天气事件可能对企业的资产和供应链造成破坏,从而影响企业的运营和财务状况。财务管理部门应通过建立气候风险评估模型,预测气候变化对企业财务表现的潜在影响，并制定应对措施，如提高供应链的弹性或购买气候保险。

社会和治理因素同样不可忽视。例如，劳资纠纷或不公平的薪酬分配可能导致员工士气低落、生产力下降，甚至引发法律诉讼，给企业带来经济损失。企业应在风险管理中充分考虑这些因素，制定相应的管理策略，以减少潜在的财务损失。

3. 绩效评估与 ESG 指标

在传统的绩效评估体系中，财务指标往往是衡量企业成功与否的主要标准。然而，在 ESG 导向下，企业需要将环境、社会和治理绩效纳入绩效评估体系中，形成财务与非财务指标并重的综合评估框架。例如，企业可以通过减少碳足迹、提高能源效率、促进多样性和包容性等 ESG 指标来衡量企业的整体表现。

财务管理部门应与其他相关部门合作，开发适合企业的 ESG 绩效指标，并将其融入管理层的考核体系中。这不仅能够激励管理层在财务管理中更加重视可持续发展，还能够提高企业在市场中的竞争力和声誉。

二、ESG 信息披露与财务透明度

（一）ESG 信息披露的必要性

随着 ESG 概念的普及，利益相关方对企业 ESG 表现的关注度不断提高，推动企业更加主动地披露 ESG 相关信息。ESG 信息披露不仅有助于企业提升透明度和信任度，还能够为投资者提供更全面的决策依据，从而提高企业的市场价值。

1. 提升企业透明度与信任度

在当前的信息化社会，利益相关方希望能够及时了解企业的经营状况和未来发展方向。通过定期披露 ESG 信息，企业可以向利益相关方展示其在环境保护、社会责任和公司治理方面的努力，增强透明度和信任度。这不仅能够提升企业的市场形象，还能够吸引更多愿意投资可持续发展的投资者。

例如，一家制造企业定期发布 ESG 报告，详细披露其在减少污染物排放、改进工作环境、提高员工福利等方面的具体措施和成果。这种透明的信息披露，不仅能够增强企业与公众、投资者的信任关系，还能够提升企业的社会声誉。

2. 满足投资者与监管机构的要求

随着 ESG 成为全球投资趋势，越来越多的投资者和监管机构要求企业披露 ESG 相关信息。投资者希望通过这些信息来评估企业的可持续性和长期投资价值，而监管机构则通过信息披露来确保企业遵守相关法律法规。财务管理部门应积极应对这些要求，确保 ESG 信息的披露不仅符合法律规定，还能够满足投资者的需求。

例如，在一些国家和地区，监管机构已经出台了 ESG 信息披露的强制性要求,要求上市公司在年度报告中披露其 ESG 表现。企业应根据这些要求,制订详细的信息披露计划,确保所有 ESG 相关信息的完整性、准确性和可比性。

(二)ESG 信息披露的财务管理实践

财务管理部门在 ESG 信息披露中扮演着重要角色,负责确保披露的信息既反映企业的 ESG 实践,又能够支持企业的财务管理目标。为此,财务管理部门需要与其他部门密切合作,建立完善的 ESG 信息披露机制。

1. ESG 信息的收集与整合

有效的 ESG 信息披露首先需要建立系统化的信息收集与整合机制。财务管理部门应与环境、社会责任、治理等相关部门合作,建立 ESG 信息的收集渠道和数据整合平台,确保所有信息的来源可靠、数据准确无误。例如,企业可以通过内部审计、第三方认证和员工反馈等方式,收集相关的 ESG 数据,并通过信息系统进行整理和分析,为后续的信息披露做好准备。

2. ESG 报告的编制与发布

在收集和整合信息的基础上,财务管理部门需要负责 ESG 报告的编制和发布工作。ESG 报告应包括企业在环境保护、社会责任和公司治理方面的具体措施、成效和未来计划,重点突出企业如何将 ESG 与财务管理融合,以支持长期可持续发展。报告应遵循国际通行的报告标准,如全球报告倡议(GRI)标准,确保披露的信息具有全球可比性和公信力。

财务管理部门还应关注 ESG 信息的发布渠道,确保信息能够广泛传达给利益相关方。例如,企业可以通过年度报告、公司官网、投资者会议等多种途径发布 ESG 报告,增强信息的传播效果和影响力。

三、ESG 与企业财务绩效的双向驱动

(一)ESG 对财务绩效的影响

ESG 实践不仅是企业履行社会责任的体现,更直接影响着企业的财务绩效。企业在环境、社会和治理方面的良好表现,可以增强投资者信心,优化资源配置,降低运营风险,进而提升财务绩效。同时,ESG 因素的整合还能帮助企业发掘新的业务机会,增强市场竞争力。

1. 降低风险与提升收益

企业在环境管理方面的积极措施,如减少碳排放、提高能源效率等,不仅有助于降低环境风险,还能减少因环境法规或市场变化带来的潜在财务损失。例如,随着全球气候变化议题的加剧,越来越多的国家和地区出台了严格的环保法规。企业若未能提前应对这些法规,可能面临巨额罚款或被迫进行昂贵的技术改造。而积极的环境管理可以让企业提前适应法规要求,避免未来的财务风险。

在社会和治理方面,企业通过改善员工福利、加强社区关系、提高治理透明度等措施,可以提升品牌形象和市场声誉,从而吸引更多的客户和投资者。例如,一家公司通过改善工作条件和福利政策,能够提升员工的工作积极性和留职率,进而提高生产效率和产品质量。这种正向的内部管理改善,最终也将反映在企业的财务表现上,如销售额增加、成本降低和利润增长。

2. 吸引长期投资与降低资本成本

ESG 实践表现良好的企业,往往更能吸引具有长期投资视野的投资者。这些投资者通常关注企业的长期可持续性,而不仅仅是短期财务回报。通过积极的 ESG 管理,企业不仅能够获得稳定的长期资本支持,还可以通过提升市场信任度来降低资本成本。

例如,越来越多的机构投资者将 ESG 因素纳入其投资决策流程。对于这些投资者来说,ESG 表现良好的企业意味着更低的投资风险和更稳定的回报。因此,企业通过优化其 ESG 实践,可以更容易获得低成本的融资,进而改善资本结构,增强财务稳定性。

(二)财务管理推动 ESG 绩效提升

反过来,企业的财务管理实践也可以积极推动 ESG 绩效的提升。通过将 ESG 目标融入财务管理流程,企业可以实现经济效益和社会效益的双赢,进一步强化其可持续发展能力。

1. ESG 导向的资本分配与投资决策

企业在进行资本分配和投资决策时,财务管理部门可以通过 ESG 导向,确保资金投向那些能够提升企业长期可持续性的项目。例如,在选择投资项目时,财务管理部门可以优先考虑那些对环境友好、社会效益明显或治理结构完善的项目。这不仅有助于企业实现可持续发展目标,还能提高投资回报率,优化资产组合。

例如,一家制造企业决定投资建设一座利用可再生能源的工厂。尽管该项目的初期投资成本较高,但从长期来看,由于能源成本降低和减少碳排放带来的潜在合规收益,企业不仅可以提高利润率,还能提升其在市场中的绿色形象,吸引更多关注可持续发展的客户和投资者。

2. 绩效管理与 ESG 目标的对接

财务管理部门可以通过调整绩效管理体系,将 ESG 目标与企业的财务绩效目标对接。例如,企业可以将减少碳排放、提高能源使用效率、改善员工福利等 ESG 指标纳入高管和员工的绩效考核中。这种做法不仅能够激励员工和管理层更加重视 ESG 目标的实现,还可以在全公司范围内营造一种追求可持续发展的文化氛围。

例如,企业可以设立一套基于 ESG 指标的绩效奖金制度,当管理层和员工在减少碳足迹、提高资源利用效率或推动社会责任项目等方面达到预定目标时,给予额外的奖励。这种激励机制能够有效推动企业各级员工为实现 ESG 目标而共同努力,从而提升整体 ESG 表现和财务绩效。

(三) ESG 与财务管理融合的未来展望

随着 ESG 理念深入人心,企业财务管理与 ESG 的融合将进一步深化。未来,财务管理将不仅仅是企业经济效益的守护者,还将成为推动企业可持续发展的核心力量。通过将 ESG 因素深度融入财务管理,企业不仅可以实现经济价值和社会价值的双重提升,还可以为全球可持续发展贡献力量。

1. 全面 ESG 整合的企业财务管理模式

未来,企业财务管理将更加全面地整合 ESG 因素,形成新的管理模式。这种模式不仅会影响企业的内部财务决策,还会在更广泛的商业生态系统中发挥作用。企业可能会通过建立更加透明和开放的财务信息披露体系,定期发布全面的 ESG 报告,增强与利益相关方的沟通和互动。此外,企业还将更加重视 ESG 相关风险的识别和管理,确保其财务管理策略与可持续发展目标高度一致。

例如,未来的企业财务报告可能会包含更加详细的 ESG 数据,如碳排放量、员工多样性指标、供应链可持续性等,这些数据将与传统财务指标一起,成为评估企业整体绩效的重要依据。通过这种全面的 ESG 整合,企业将能够更加系统地管理和提升其社会、环境和治理绩效,从而在市场中获得更大的竞争优势。

2. 技术推动的 ESG 与财务管理融合

随着大数据、人工智能和区块链等技术的不断发展,ESG 与财务管理的融合将获得更加有力的技术支持。例如,企业可以通过大数据分析,更加精准地预测和评估 ESG 风险,优化资源配置;通过区块链技术,企业可以建立更加透明和可信的 ESG 信息披露平台,增强与投资者和公众的信任关系。

此外,人工智能技术可以帮助企业自动化处理大量 ESG 相关数据,实时监控和评估企业的 ESG 表现,发现潜在风险和机会,从而做出更加及时和有效的财务决策。这种技术推动下的 ESG 与财务管理融合,不仅将提升企业的运营效率,还将进一步推动全球可持续发展的进程。

ESG 已成为企业财务管理不可或缺的一部分,代表了企业从单纯追求经济效益向追求全面可持续发展的重大转变。企业通过将 ESG 因素深度融入财务管理,不仅能够提升财务绩效,还可以创造更广泛的社会和环境价值。未来,随着 ESG 理念的进一步普及和技术的持续进步,企业财务管理将朝着更加综合、智能和可持续的方向发展,为全球经济的可持续繁荣贡献更大的力量。

第四节 财务人才培养与文化建设

一、数字经济时代的财务人才需求变化

（一）数字化转型对财务人才的要求

随着数字经济的快速发展，企业财务管理正经历深刻的变革，传统的财务职能逐步被智能化、自动化的财务模式所取代。这一变化对财务人才的能力结构和职业发展提出了新的要求。企业需要培养具备数字化思维、数据分析能力和跨领域知识的复合型财务人才，以应对日益复杂的财务管理挑战。

1. 智能财务技术的应用

在智能财务模式下，诸如大数据、人工智能和区块链等新兴技术已成为财务管理的核心工具。财务人员不仅需要掌握传统的会计与财务知识，还必须熟悉这些技术的应用，能够利用智能工具进行数据处理和财务分析。例如，通过大数据分析，财务人员可以从海量的业务数据中提炼出有价值的信息，为企业的战略决策提供数据支持。而通过人工智能，财务人员可以自动化处理重复性工作，如账目核对和报表生成，节省时间，提高效率。

2. 跨领域知识的整合

数字经济时代的财务管理要求财务人才不仅要精通财务本身，还需要掌握与财务相关的其他领域知识，如信息技术、法律、环境管理等。这样的跨领域知识有助于财务人员在更广阔的视角下理解和处理财务问题。例如，在管理跨境交易时，财务人员需要了解国际金融法规和税收政策，以及数据跨境流动的合规要求。这种跨领域的能力，有助于财务人员在企业内部更好地协调不同部门的工作，推动企业整体战略的有效执行。

（二）财务人才的培养

财务人才的培养是企业实现财务管理创新和可持续发展的关键。只有具备前瞻性视野和创新能力的财务人才，才能够在数字经济时代引领企业的财务转型，增强企业在全球市场中的竞争力。因此，企业必须将财务人才培养作为战略任务来推进，制定系统的培养路径，确保财务团队能够持续适应市场变化和技术进步。

1. 培养复合型财务人才

在传统财务管理模式中，财务人员的职业路径往往是相对单一的，主要集中在会计、审计、财务分析等领域。然而，随着企业管理复杂性的增加和技术的不断进步，企业需要具备多种技能的复合型财务人才。复合型人才不仅能够胜任专业的

财务工作,还能参与企业的战略制定和运营管理,推动企业整体价值的提升。

例如,企业可以通过内部轮岗、跨部门合作项目等方式,培养财务人员在不同业务领域的经验和技能,使其不仅能够处理财务数据,还能理解业务流程、客户需求和市场动态。这种多元化的能力结构,使得财务人员在面对复杂的商业环境时,能够提供更加全面和深入的财务支持。

2. 创新思维与领导力的培养

数字经济时代,财务人员不仅需要执行现有的财务流程,还需要具备创新思维,能够在工作中发现问题、提出改进建议并实施创新举措。企业应通过系统的培训和实践机会,培养财务人员的创新思维和领导力,使其能够在智能财务模式下引领变革。

例如,企业可以定期组织财务人员参加创新思维培训、领导力发展课程和实战项目,帮助他们在实际工作中锻炼和提升这些能力。同时,企业还应鼓励财务人员参与企业的创新项目,如新业务模式探索、财务流程再造等,使他们在实践中积累经验,提高创新能力。

二、智能财务模式下财务人才培养路径

(一)技术能力的强化培训

在智能财务模式下,技术能力成为财务人才的核心竞争力。企业应通过一系列强化培训,提升财务人员在数据分析、信息系统管理和智能工具应用方面的能力,使其能够熟练运用先进的技术手段进行财务管理。

1. 数据分析与大数据应用

数据分析能力是智能财务的基础。企业应为财务人员提供大数据分析工具的使用培训,如 SQL、Python、R 等编程语言,以及 Power BI、Tableau 等数据可视化工具。这些工具能够帮助财务人员高效处理大量数据,并从中提炼出对企业决策有价值的见解。

通过系统的培训,财务人员可以学会如何清洗、处理和分析数据,识别数据中的趋势和模式,进而为企业的财务决策提供科学依据。例如,财务人员可以利用大数据技术,对客户行为数据进行分析,预测未来的销售趋势和市场需求,从而制定更加精准的预算和销售策略。

2. 智能财务工具的应用

除了数据分析,智能财务工具的应用能力也是财务人员必须掌握的技能。企业应引入并推广先进的财务管理软件和自动化工具,如企业资源计划系统(ERP)、财务机器人流程自动化(RPA)、人工智能驱动的审计工具等,并为财务人员提供相关培训。

通过这些工具的培训,财务人员能够自动化处理日常财务事务,如账单核对、报销审批、财务报表生成等,大大提高工作效率。此外,财务人员还可以通过智能审计工具,实时监控企业财务活动,及时发现和防范潜在的财务风险,保障企业的财务安全。

(二)跨领域知识的综合培养

在智能财务模式下,单一的财务知识已无法满足现代企业的需求。企业应通过多元化的学习和实践机会,培养财务人员在法律、管理、信息技术等多个领域的知识和能力,打造具有综合素质的财务人才。

1. 法律与合规知识的强化

随着全球化进程的加快,财务人员需要了解并遵守多国的法律法规,以确保企业在各个市场的合规性。企业应定期组织财务人员参加法律和合规培训,特别是国际财务报告标准(IFRS)、税务政策、反洗钱法规等领域的学习。

通过这些培训,财务人员可以熟悉各国的法律框架,掌握合规操作的要点,确保企业在跨境经营中的财务活动符合当地的法律要求,避免因法律和合规问题引发的财务风险和法律纠纷。

2. 管理与运营知识的拓展

财务管理已不限于财务数据的记录和分析,而是需要与企业的整体运营战略紧密结合。企业应通过内部轮岗、跨部门合作等方式,培养财务人员的管理与运营知识,使其能够更好地理解业务流程、市场动态和客户需求。

例如,财务人员可以参与到企业的战略制定过程中,从财务角度提出运营优化的建议,帮助企业提升效率、降低成本。通过在不同部门的轮岗,财务人员还可以积累丰富的业务经验,增强其在企业内部的影响力和决策支持能力。

(三)创新思维与领导力的培养

创新思维和领导力是财务人员在智能财务模式下脱颖而出的关键能力。企业应通过系统的培训和实践项目,帮助财务人员培养创新思维,提升领导力,推动企业财务管理的持续创新与变革。

1. 创新思维的培养

创新是企业持续发展的动力。企业应通过创新培训、头脑风暴和跨部门合作项目,激发财务人员的创新思维,使其能够主动发现并解决财务管理中的问题。例如,企业可以定期举办创新挑战赛,鼓励财务人员提出新的财务管理方法或工具,并在实践中检验其效果。

2. 领导力的提升

在智能财务模式下,财务人员不仅是执行者,更是变革的推动者。企业应通过领导力发展课程、管理模拟和实际管理经验的积累,提升财务人员的领导力,使其能够在团队中发挥更大的影响力,引领财务管理的创新。

例如,企业可以选拔有潜力的财务人员参与管理培训计划,通过实际项目管理、与高层管理者的交流和模拟管理环境等方式,帮助其提升战略思维和决策能力,最终成长为企业的领导者。

三、财务文化建设与组织创新

(一)财务文化的构建与发展

财务文化是企业文化的重要组成部分,反映了企业在财务管理方面的价值观和行为准则。企业应通过构建积极进取的财务文化,促进财务团队的凝聚力和创新能力,推动企业的可持续发展。

1. 透明与诚信的文化

财务管理的核心价值在于透明和诚信。企业应通过明确的制度和行为规范,树立财务透明与诚信的文化,确保所有财务活动都能在公开、透明的环境下进行,杜绝舞弊和腐败现象。企业可以通过制定严格的财务报告制度、加强内部审计和外部监督,来巩固财务透明与诚信的文化。

例如,企业可以定期公开财务报表,向利益相关方展示其财务状况和经营成果,增强透明度。此外,企业还可以设立财务诚信奖,表彰在工作中坚持诚信原则、表现突出的财务人员,鼓励全体员工将诚信作为职业操守的核心。

2. 创新与持续改进的文化

在智能财务模式下,创新和持续改进是企业保持竞争力的关键。企业应通过构建鼓励创新和不断改进的文化,推动财务团队在工作中不断寻找新的方法和工具,以提高效率和效果。

企业可以鼓励财务人员提出改进现有流程和工具的建议,并为这些创新举措提供支持。例如,设立创新基金,支持财务人员开发和实施新的财务管理工具或流程改进方案。此外,企业还可以通过定期举办创新分享会,鼓励员工交流成功经验和失败教训,形成学习和进步的文化氛围。

(二)组织创新与财务文化的协同

组织创新是财务文化建设的重要保障,只有在一个灵活、开放的组织环境中,财务文化才能得到充分发挥。企业需要通过组织结构的优化、工作方式的变革和团队合作的加强,促进财务文化与组织创新的协同发展。

1. 扁平化的组织结构

传统的金字塔式组织结构往往导致信息传递缓慢、决策效率低下,这与快速变化的数字经济环境不相适应。企业应通过组织结构的扁平化,减少管理层级,缩短信息传递的链条,提高决策效率。扁平化的组织结构还能够促进部门之间的协作,增强团队的创新能力。

例如,企业可以通过设立跨职能团队,将财务人员与其他部门的员工共同纳入项目中,推动财务与业务的深度融合。这种组织结构的创新,使财务文化能够更好地在整个企业中传播和落实。

2. 灵活的工作方式

随着技术的发展,远程办公、灵活工作时间等新型工作方式逐渐普及。企业应通过灵活的工作方式,提升财务人员的工作满意度和创造力,促进财务文化的深化。

企业可以鼓励财务人员根据自身情况选择远程办公或弹性工作时间,以提高工作效率,平衡工作与生活。同时,企业还应提供必要的技术支持,如云财务系统、在线协作平台等,确保财务人员在任何时间和地点都能高效完成工作任务。

3. 团队合作与知识共享

团队合作是推动财务文化建设的重要途径。企业应通过强化团队合作和知识共享,提升财务团队的整体素质和战斗力。企业可以通过项目制管理、跨部门合作、团队培训等方式,增强团队成员之间的协作和信任。

例如,企业可以定期组织团队建设活动,如工作坊、团队讨论会等,帮助财务人员加强沟通和协作。此外,企业还可以建立知识共享平台,鼓励员工分享工作经验、工具和方法,形成互助共赢的工作环境。

(三)财务文化建设的长期规划

财务文化的建设是一个长期的过程,企业需要制订系统的长期规划,确保财务文化能够在企业的各个层面深入人心,并在实际工作中得到有效落实。

1. 制度化的文化建设

为了使财务文化建设成为企业的一项持续性工作,企业应将财务文化纳入企业的制度框架,制订明确的文化建设目标和实施计划。企业可以通过建立文化建设委员会,负责制定和监督财务文化的实施,并定期评估文化建设的成效。

企业还应将财务文化建设与绩效考核挂钩,确保员工在日常工作中践行财务文化的核心价值观。例如,企业可以将财务透明、创新精神和团队合作等文化指标纳入绩效考核体系,鼓励员工在工作中自觉实践这些价值观。

2. 持续的文化教育与培训

文化建设需要通过持续的教育和培训来巩固和深化。企业应通过定期的文化培训、研讨会和讲座,帮助财务人员深入理解财务文化的核心价值观,并在工作中自觉践行。

例如,企业可以邀请行业专家、学者和内部优秀员工,定期为财务团队讲解最新的财务管理趋势、技术应用和文化建设经验。此外,企业还可以通过案例分析、情景模拟等方式,帮助员工在实际工作中更好地理解和运用财务文化的理念。

财务人才的培养与文化建设是企业应对数字经济挑战、推动财务管理创新的关键。通过系统的培训和实践,企业可以培养出具备多元化技能、创新思维和领导力的复合型财务人才,为企业的长期可持续发展提供有力支持。同时,企业还应通过构建积极进取的财务文化,推动财务团队在透明、诚信、创新和合作的文化氛围中,不断提升自身素质和工作效果,进而增强企业在全球市场中的竞争力。在智能财务模式下,财务人才培养和文化建设的协同发展,将成为企业实现财务管理转型和长期繁荣的重要保障。

第五节 企业财务管理的未来展望

一、财务管理的数字化与智能化发展

(一)财务管理数字化的必然趋势

随着数字经济的不断深入,企业财务管理的数字化转型已成为不可逆转的趋势。数字化不仅改变了财务数据的采集、存储和处理方式,还深刻影响了财务管理的决策过程和战略规划。未来,财务管理数字化将进一步深化,推动企业从传统的财务控制向更为智能、高效的管理模式转变。

1. 数据驱动的决策与实时财务管理

在传统的财务管理模式中,决策往往依赖于历史数据的分析,而这种滞后的信息反馈往往难以应对快速变化的市场环境。数字化财务管理通过实时数据采集和分析,提供了更为及时和精准的财务信息,支持管理层做出快速、科学的决策。

例如,通过大数据技术,企业可以实时监控各个业务部门的财务表现,识别异常情况并及时采取措施。这样的数据驱动决策模式,不仅提高了企业的应变能力,还减少了决策中的不确定性。未来,随着数据处理技术的不断进步,财务管理的实时性和精准性将进一步提升,助力企业在复杂多变的市场环境中保持竞争优势。

2. 人工智能与自动化财务流程

人工智能和自动化技术正逐步取代传统的手工财务流程,大幅提升了财务管理的效率和准确性。通过财务机器人流程自动化(RPA)和人工智能算法,企业可以自动化处理大量重复性财务任务,如账目核对、发票处理、费用报销等,减少人为错误的同时,释放财务人员的时间用于更高价值的工作。

未来,随着人工智能技术的进一步成熟,财务管理中的更多复杂任务将实现自动化。例如,人工智能可以帮助企业自动生成财务报告、预测现金流、进行风险评估,甚至支持战略规划。这样的技术进步将使企业财务管理从"被动反应"转变为"主动预测",在市场竞争中抢占先机。

（二）财务管理智能化的未来趋势

智能化是财务管理未来发展的重要方向。通过整合人工智能、机器学习、区块链等前沿技术,财务管理将从传统的职能型管理转向更加战略导向的管理模式。智能化的财务管理不仅提高了操作效率,还显著增强了企业的决策支持能力和风险防范能力。

1. 智能财务系统的构建与应用

未来的智能财务系统将成为企业财务管理的核心工具。这些系统不仅能够自动处理和分析财务数据,还可以通过机器学习算法,从历史数据中提取规律,进行复杂的财务预测和决策支持。例如,通过智能财务系统,企业可以实现精细化的预算管理和动态调整,优化资源配置,最大化财务绩效。

智能财务系统还将支持企业的全面风险管理,通过对市场、运营、财务等多维度数据的实时监控,提前识别潜在风险,并提供应对方案。这种前瞻性的风险管理方式,能够帮助企业更好地应对市场波动和不确定性,确保财务稳健。

2. 区块链技术在财务管理中的应用

区块链技术以其去中心化、透明性和不可篡改性,正在重塑企业的财务管理模式。未来,区块链技术将在财务管理中发挥越来越重要的作用,尤其是在资金流转、合同管理、供应链金融等领域。

通过区块链,企业可以建立一个透明的财务管理平台,所有交易记录都可以在区块链上进行验证,减少了由于信息不对称导致的财务风险。例如,在供应链金融中,企业可以通过区块链技术确保所有参与方的资金流动和信用信息透明可见,从而降低信用风险,提升资金运作效率。

此外,区块链还可以通过智能合约实现自动化的财务交易和结算,减少人为干预,提升财务流程的效率和安全性。这将为企业提供一个更加可靠、便捷的财务管理解决方案,助力企业在数字经济中获得更大的竞争优势。

二、财务管理的全球化与本地化平衡

（一）全球化带来的财务管理挑战

全球化的发展使得企业的财务管理面临越来越多的跨国界挑战。企业在全球多个市场运营,必须应对不同的法律法规、税收政策、货币波动和市场环境。这种复杂性要求企业在全球范围内协调财务活动,同时还要确保各个市场的财务合规性和运营效率。

1. 跨国财务管理的复杂性

在全球化背景下,企业的财务管理需要处理来自不同国家和地区的多样化财务问题。例如,不同国家的会计准则、税务法规和汇率波动都可能对企业的财务报告和税务合规带来影响。企业需要建立一套能够兼容多国财务标准的管理体系,确保财务数据的准确性和一致性。

此外,跨国财务管理还需要应对复杂的资金流动和外汇风险。企业在全球市场的投资和运营活动中,必须合理配置和调度资金,确保全球范围内的资金高效运作,降低外汇波动对企业财务的负面影响。

2. 本地化财务策略的必要性

尽管全球化为企业带来了广阔的发展空间,但在具体的市场运作中,企业仍然需要采取本地化的财务策略,以应对各地的特殊市场环境和监管要求。例如,在一个高通胀国家,企业可能需要采取特殊的成本管理和价格调整策略,以保持财务稳健性。

本地化的财务策略还需要考虑到文化差异、市场需求和消费者行为的不同,这些因素都会对企业的财务决策产生影响。因此,企业应通过建立本地财务团队,深度了解和适应当地市场,为全球运营提供有力的财务支持。

(二)全球化与本地化的财务管理平衡

在全球化与本地化的财务管理中,如何找到平衡点是企业成功的关键。企业需要在全球战略与本地执行之间进行权衡,确保财务管理既能满足全球化的整体要求,又能灵活应对本地市场的挑战。

1. 建立全球财务管理框架

企业可以通过建立统一的全球财务管理框架,规范各个国家和地区的财务管理活动。这一框架应包括统一的会计准则、财务报告制度、资金管理策略等,确保全球财务数据的一致性和可比性。同时,企业应保留足够的灵活性,允许各地根据本地市场的需求进行财务策略调整。

例如,企业可以在全球范围内实施统一的 ERP 系统,实现财务数据的集中管理和实时监控。同时,为应对本地市场的特殊需求,企业可以允许本地团队根据具体情况调整预算、成本管理和资金调度策略,从而在全球战略与本地执行之间取得最佳平衡。

2. 全球财务共享服务中心的建设

全球财务共享服务中心是企业实现全球化与本地化平衡的一种有效途径。通过共享服务中心,企业可以将分散的财务管理职能集中化管理,提高财务流程的效率和一致性,降低运营成本。同时,共享服务中心还可以根据各地的市场需求和业务特点,提供本地化的财务支持,增强企业在全球市场中的灵活性和竞争力。

共享服务中心的建设不仅有助于企业优化全球资源配置,还可以通过标准化的流程和技术平台，提高财务管理的透明度和风险控制能力。例如，通过 SSC，企业可以实现全球范围内的资金集中管理，优化跨国资金流动，降低汇率风险和财务成本。

三、财务管理的可持续发展与社会责任

（一）可持续发展对财务管理的影响

随着全球对环境保护和社会责任的重视程度不断提高，企业财务管理的关注点也在发生变化。财务管理不仅要关注经济效益，还必须考虑 ESG 因素对企业长期发展的影响。可持续发展的理念正在逐步融入企业的财务管理实践，推动企业从短期盈利向长期价值创造转型。

1. 环境因素与财务决策

环境保护已成为企业财务管理中不可忽视的因素。企业在进行资本投资、资源配置和运营决策时，必须考虑环境风险和环境成本。例如，企业在投资新项目时，需评估该项目的碳足迹、水资源消耗和废弃物处理成本，确保其环境影响在可控范围内。

通过将环境因素纳入财务决策，企业不仅可以减少环境风险，还能提升品牌形象，获得社会和市场的认可。此外，企业在减少碳排放、提升能源效率和推动绿色技术创新方面的投入，往往能够获得政府的激励政策和税收优惠，从而进一步提升财务绩效。

例如，一些企业通过投资于可再生能源项目，不仅减少了对传统能源的依赖，降低了运营成本，还通过出售碳信用获得了额外的收入。这种双重效益，使得环境因素的融入成为企业财务管理的战略重点。

2. 社会责任与财务管理的整合

社会责任已逐渐成为衡量企业综合表现的重要标准。财务管理在整合社会责任方面，起到了关键作用。企业在制定财务战略时，必须考虑如何在利润最大化的同时，履行社会责任，如改善员工福利、支持社区发展和推动社会公益。

企业可以通过将社会责任目标融入财务预算和绩效考核中，确保社会责任与财务管理相辅相成。例如，企业可以设定一定比例的利润用于社会公益项目，并通过财务审计确保这些资金得到合理使用。此外，企业还可以通过发布社会责任报告，向公众披露其在社会责任方面的投入和成果，增强透明度和社会信任度。

（二）ESG 因素在财务管理中的作用

ESG 因素正在重塑企业的财务管理模式。企业在制定财务战略和进行投资决策时，必须全面考虑 ESG 因素的影响。这不仅有助于企业实现可持续发展，还能提高企业在资本市场中的竞争力。

1. ESG 投资与财务回报

越来越多的投资者将 ESG 因素纳入投资决策中,推动企业在财务管理中融入 ESG 理念。研究表明,ESG 表现良好的企业通常在财务回报和市场表现上更为稳定,吸引了大量长期投资者。因此,企业在财务管理中积极融入 ESG 因素,不仅能够降低运营风险,还能提升资本市场的认可度。

例如,企业在进行投资组合管理时,可以优先选择那些在 ESG 方面表现优秀的项目或合作伙伴。这种投资策略不仅符合可持续发展的要求,还能获得更高的长期回报,优化企业的资本结构。

2. ESG 信息披露与财务透明度

财务管理在推动 ESG 信息披露方面扮演着重要角色。企业需要建立完善的 ESG 信息披露机制,向投资者和公众透明展示其在环境、社会和治理方面的表现。这不仅有助于提升企业的声誉,还能增强资本市场对企业的信任,从而降低融资成本。

企业可以通过发布 ESG 报告,详细披露其在减少环境影响、提升社会福利和加强公司治理方面的具体措施和成效。例如,一些领先企业定期发布可持续发展报告,展示其在减少碳排放、推进多样性和包容性、提升供应链透明度等方面的努力和成果。通过这种透明的披露,企业可以增强与利益相关方的沟通,建立更强的社会责任形象。

四、财务管理的人才发展与文化创新

(一)财务人才的转型与提升

随着财务管理的数字化、智能化和全球化发展,企业对财务人才的需求也在发生根本性变化。未来的财务人才不仅需要具备传统的财务知识,还必须掌握数字技术、数据分析和跨文化管理等多方面的技能。企业需要通过系统的培训和发展计划,培养能够适应新时代要求的复合型财务人才。

1. 数字技术与财务技能的融合

数字技术已成为现代财务管理的核心工具。未来的财务人才需要熟练掌握各种数字工具和分析软件,如大数据分析、人工智能应用、区块链技术等。企业可以通过提供定期培训、鼓励自主学习和参与跨部门项目等方式,提升财务人员的数字技能。

企业可以引入先进的财务管理系统,并通过实际操作培训,使财务人员掌握如何利用这些系统进行数据分析、风险预测和财务决策。通过这种技能提升,财务人员不仅能够提高工作效率,还能为企业的战略决策提供更有力的支持。

2. 跨文化与跨领域能力的培养

在全球化背景下,财务人才还需要具备跨文化沟通和跨领域协作的能力。企业可以通过国际化的培训计划、跨国轮岗和多元化项目合作,帮助财务人员积累国际经验,提升其在全球范围内的财务管理能力。

企业可以安排财务人员参与海外子公司的财务管理工作,帮助他们理解不同国家的财务法规、文化差异和市场需求。这种跨文化的工作经验,不仅能够提升财务人员的全球视野,还能为企业的全球化运营提供更具针对性的财务支持。

(二)财务文化的建设与创新

财务文化是企业文化的重要组成部分,是推动企业财务管理变革的重要动力。未来,企业需要构建开放、创新和责任导向的财务文化,支持财务管理的持续创新和可持续发展。

1. 开放与透明的财务文化

在数字经济时代,财务管理的开放性和透明度已成为企业成功的关键因素。企业需要通过构建开放的财务文化,促进信息共享和部门协作,确保财务管理的透明和高效。

企业可以通过设立透明的财务报告机制,定期向内部和外部利益相关方披露财务状况和经营成果。此外,企业还可以通过开放的沟通渠道,鼓励员工和管理层之间的财务信息交流,促进集体决策和风险防范。

2. 创新驱动的财务文化

创新是企业应对市场变化和技术进步的关键。财务文化的创新驱动体现在鼓励财务人员不断探索新方法、新工具,提升财务管理的效能和效益。企业应通过激励机制和创新平台,支持财务人员创新尝试,推动财务管理持续改进。

例如,企业可以设立创新基金,资助财务团队开发新的财务管理工具或优化现有流程。同时,企业还可以定期举办创新大赛或工作坊,鼓励财务人员提出创新方案,并在实际工作中进行试点和应用。这种创新驱动的文化,将使企业的财务管理始终处于行业领先水平,具备应对未来挑战的能力。

展望未来,企业财务管理将继续朝着数字化、智能化、全球化和可持续发展的方向演进。在这一过程中,财务管理将不仅仅是企业的后台支持职能,而是成为企业战略决策和价值创造的核心驱动力。通过整合前沿技术、强化全球视野、融入ESG因素以及推动人才培养和文化创新,企业将能够在复杂多变的市场环境中保持竞争优势,实现长期可持续发展。企业必须积极应对这些趋势,构建面向未来的财务管理体系,才能在全球经济新格局中取得更大的成功。

结　语

在数字经济的快速发展背景下,企业财务管理已经发生了深刻变革,从传统的财务核算和报表管理,逐步演变为依托数字技术驱动的智能财务管理体系。本书围绕"数字经济时代企业财务管理创新"这一核心主题,系统地分析了智能财务的概念、理论基础、实施框架和未来发展趋势,旨在为企业财务管理者提供理论指导和实践参考。

首先,本书从数字经济的大背景出发,深入探讨了智能财务的基本内涵及其在企业财务管理中的重要性。在全球经济日益数字化的趋势下,智能财务不仅为企业带来了新的技术机遇,也提出了更多的管理挑战。第一章明确指出,智能财务的核心在于通过大数据、人工智能、区块链等技术的应用,提升财务管理的实时性、准确性和决策支持能力,帮助企业在快速变化的市场环境中保持竞争力。

其次,传统财务管理模式在数字经济时代的局限性也得到了深入剖析。第二章从财务管理的理论基础和传统流程入手,阐明了传统财务模式在应对复杂市场和数据爆炸时的不足。数字技术的介入,不仅改变了财务管理的流程,还极大地扩展了财务管理的职能,将财务管理从后台支持推向了前台,成为企业战略决策的核心组成部分。

在此基础上,本书的第三章和第四章详细阐述了财务管理环节和流程的创新。财务预测、预算、控制、分析等核心环节在智能财务的推动下逐步实现自动化和智能化,提升了管理效率和决策准确性。企业必须在流程设计中引入先进的数字工具和方法,确保财务管理能够高效整合各类数据资源,灵活应对市场变化,并通过实时数据驱动的财务报告和决策支持,确保企业的战略决策具备前瞻性和可靠性。

风险管理作为财务管理的重要组成部分,在数字经济时代也迎来了新的挑战和机遇。第五章从财务风险的识别、评估、量化到控制,全面分析了智能财务技术在提升风险管理效率、减少人为失误方面的作用。同时,新兴技术如区块链和人工智能的应用也使得财务风险管理变得更加智能化,能够提前识别和应对潜在风险,增强企业的抗风险能力。

第六章至第八章进一步通过大型企业智能财务的实施案例,探讨了智能财务系统在实际运营中面临的挑战、优化方向和实施路径。大型企业由于其业务复杂性和全球化运营的特点,对智能财务的需求尤为迫切。在实施过程中,企业不仅需要面对技术整合的复杂性,还需解决数据管理、安全合规等问题。此外,财务共享模式作为智能财务的重要实践模式,通过集中管理和流程自动化,极大地提高了企业的财务管理效率和协同能力。

最后,本书在第九章和第十章对未来企业财务管理的发展趋势进行了展望。全球经济的波动、技术的不断革新,以及环境、社会责任和公司治理要求的提升,都对企业财务管理提出了新的要求。未来,企业的财务管理将更加注重标准化建设,尤其是在数据管理、业务融合和流程标准化方面,确保财务系统具备高度灵活性和适应性。同时,财务管理将更加深度融入企业的可持续发展战略中,不仅关注经济效益,还需综合考虑环境和社会效益。

总体而言,智能财务是企业在数字经济时代保持竞争力的重要引擎,它通过技术革新、流程优化和风险管控,帮助企业实现财务管理的转型升级。然而,智能财务的成功实施离不开企业对技术、数据、人才和文化等多方面的支持。本书希望通过理论与实践的结合,为企业财务管理的创新与发展提供全面、系统的指导。随着智能财务的不断深化应用,企业财务管理将迎来更加智能、可持续和全球化的未来。

参考文献

[1] 王志娟,蒋文兵.数字化时代财务管理创新研究[M].长春:吉林出版集团股份有限公司,2023.

[2] 余静宜,胡凯.数字化转型:数字经济重塑企业创新优势[M].北京:中国铁道出版社有限公司,2022.

[3] 任振清,王淑珍,运玉贞.财务数字化转型:大型企业智能财务创新应用实践[M].北京:清华大学出版社,2023.

[4] 陈春花,徐少春.数字化加速度:工作方式、人力资源、财务的管理创新[M].北京:机械工业出版社.2021.

[5] 饶明亮.华为财务BP转型实战[M].北京:人民邮电出版社.2024.

[6] 万龙,陈玮,孙佳宁.财务管理创新与实践[M].太原:三晋出版社.2024.

[7] 周露等.一流财务管理体系设计与创新实践[M].北京:中国财政经济出版社,2023.

[8] 马娱,李佩文,郝晏柔.高校财务管理创新研究[M].北京:现代出版社,2023.

[9] 刘莉.我国中小企业财务管理创新研究[M].北京:中国商务出版社,2023.

[10] 施玉,张伟,李励琨.财务管理与创新[M].北京:中华工商联合出版社有限责任公司,2023.

[11] 陈素兰.基于"互联网+"的财务管理创新研究[M].长春:吉林人民出版社,2022.

[12] 夏娟,蔺超,程承.大数据时代推进企业财务管理创新研究[M].北京:现代出版社,2022.

[13] 李明慧.财务管理与会计实践创新研究[M].北京:中国原子能出版社,2022.

[14] 焦争昌,高真,肖何.新时期企业财务管理模式创新策略研究[M].北京:中国纺织出版社有限公司,2023.

[15] 蒋旭.中小企业财务管理问题与改革创新研究[M].郑州:郑州大学出版社,2023.

[16] 程平.财务共享服务中心功能定位与实现路径[M].北京:经济科学出版社,2023.